Peter Strasser

Theorie der Erlösung

Eine Einführung in die
Religionsphilosophie

Wilhelm Fink Verlag

Umschlagabbildung:
William Blake, *Jacob's Dream*, ca. 1800–1803

Bibliografische Information der Deutschen Bibliothek

Die Deutsche Bibliothek verzeichnet diese Publikation in der
Deutschen Nationalbibliografie; detaillierte bibliografische Daten
sind im Internet über http://dnb.ddb.de abrufbar.

ISBN 3-7705-4238-X

© 2006 Wilhelm Fink Verlag, München

www.fink.de

Einbandgestaltung: Evelyn Ziegler, München
Herstellung: Ferdinand Schöningh GmbH, Paderborn

Nackt kam ich hervor aus dem Schoß meiner Mutter;
nackt kehre ich dahin zurück.
Der Herr hat gegeben, der Herr hat genommen;
gelobt sei der Name des Herrn.

Ijob 1,21

ENGEL *schwebend in der höheren Atmosphäre,*
Faustens Unsterbliches tragend.
Gerettet ist das edle Glied
Der Geisterwelt vom Bösen:
Wer immer strebend sich bemüht,
Den können wir erlösen.

Goethe: *Faust. Der Tragödie zweiter Teil,* V. Akt

And I said, "You have to decide whether you want God to be here
with you as a part of your everyday life, or whether you want God to
be distant from you, not returning until you've created a world perfect
enough for Him to re-enter."

Douglas Coupland: *Eleanor Rigby* (2004)

Inhaltsverzeichnis

Vorbemerkung

Obwohl dieses Buch eine Einführung in die Religionsphilosophie bieten soll, ist es zugleich ein Selbstgespräch – und dabei eine den Leser hoffentlich mitbewegende Denkbewegung, die sich in ihr Thema hineinzuschrauben versucht, fast so, als ob es zum ersten Mal gedacht würde. Hier will sich jemand darüber klar werden, was es heute noch bedeuten mag, eine religiöse Haltung einzunehmen, falls man nicht bereit ist, den Preis der Regression zu zahlen, also das zu praktizieren, was Immanuel Kant wenig zimperlich „Afterglaube und Fetischdienst" nannte. Dieser jemand bin ich, und ich nenne den Gegenstand meines Selbstgesprächs „eine Art religiöser Haltung". Damit will ich andeuten, dass das, worum es hier geht, vom traditionellen Standpunkt aus möglicherweise nicht als religiös im eigentlichen Sinne – wozu ja stets eine Konfession samt Glaubenspraxis gehört – anerkannt werden kann.

Eine andere Abgrenzung, die für dieses Buch typisch ist, betrifft seinen durchgehenden Widerstand gegen die postmetaphysische Philosophie. Diese kann eine Einführung in die Religionsphilosophie nur so schreiben, dass sie zeigt, warum alle Argumente für den „Glauben" vom Standpunkt der natürlichen Vernunft aus falsch oder sinnlos sind. Derlei Einführungen demonstrieren uns die Scheinevidenz der Gottesbeweise, die Leerheit und Widersprüchlichkeit der göttlichen Attribute, das Scheitern einer jeden Rechtfertigung Gottes angesichts der Übel der Welt, usw. Ich attackiere den postmetaphysischen Ansatz freilich nicht direkt (und viele seiner Argumente sind ohnehin schlüssig). Stattdessen versuche ich zu zeigen, dass unsere Alltagserfahrungen unaufhebbar metaphysische Gehalte mit sich führen, die ihrerseits zwanglos zu religiösen Fragen Anlass geben.

Dabei finde ich in der Literatur zu meinem Bedauern wenig Verbündete. Das hat selbstverständlich nichts damit zu tun, dass meine Sicht der Dinge so originell wäre, sondern im Gegenteil: sie wird, wie ich weiß, von vielen Geistern auf der Höhe der Zeit als antiquiert gerügt. Immerhin, ich befinde mich dabei in Gesellschaft einer Autorin, deren Größe die Höhe der Zeit überragt: Iris Murdoch, 1919–1999. Ihrem Buch *Metaphysics as a Guide to Morals* (London 1992) fühle ich mich sehr verbunden. Als Philosophin ist Murdoch eine „Art Platonikerin", was bedeutet, dass sie Platon liest, als ob es unserer Zeit erst oblägе, sich philosophierend seiner Höhe anzunähern. Das bedeutet natürlich, das ewig Moderne an Platon herauszuheben, und zwar mit den begrifflichen Mitteln, die uns angemessen sind. Auf diese Weise wird nicht nur Platon neu gelesen; wir selber werden durch die Anverwandlung des Historischen erweitert, über die dumme Höhe der Zeit, auf der wir uns befinden, hinweggehoben – und so entsteht auch bei Iris Murdoch und allen, die ähnlich denken und fühlen wie sie, eine „Art religiöser Haltung".

Ein Letztes vorweg: Auch wenn es sich im Folgenden nur um *eine Art* religiöser Haltung handelt, so nimmt diese doch zu bestimmten Fragen eine unmissverständliche Position ein. Dazu gehört die Erkenntnis, dass religiöse Ansprüche

Wahrheitsansprüche sind, und daher jede religiöse Haltung, die sich selbst ernst nimmt, universalistisch sein *muss*. Sie bindet prinzipiell die ganze Menschheit, nicht bloß die bekennenden Mitglieder einer Konfession. Das schließt ein, die Suche nach allgemeinen Antworten in Religionsfragen als den einzig dauerhaften Garanten eines Religionsfriedens zu erweisen, wie er heute in Teilen der Welt noch immer schmerzlich vermisst wird.

Prolog
Muss der religiöse Mensch Atheist sein?

4. Oktober 2004. Abends im Fernsehen ein Bericht über Nordkorea. Eine BBC-Reporterin bereist den Süden des Landes, denn der Norden wird vor der Öffentlichkeit abgeschirmt. Im Süden begegnet sie immerfort singenden, tanzenden, ihre Führer bejubelnden Menschen. Ein Musical. Alle sind glücklich, hier leben zu können, und alle hassen die USA, die alles zerstören wollen. Der Süden ist nachts beleuchtet. Im Norden, so erfährt der Zuschauer aus Satellitenaufnahmen, gehen mit dem Anbruch der Dunkelheit keine Lichter an. Im Norden befinden sich die riesigen Straflager. Dort werden nicht nur die Kriminellen und Staatsfeinde oft ein Leben lang malträtiert, sondern – schenke ich dem BBC-Bericht Glauben – auch deren Kinder und Kindeskinder. Denn das Böse vererbt sich bis ins wer weiß wievielte Glied.

Was der ehemalige Kommandant des Straflagers mit der Nummer 22, der jetzt in Südkorea für die dortige Regierung arbeitet, zu sagen hat, sagt er, ohne mit der Wimper zu zucken: Er selbst hat viele Menschen umgebracht, regulär exekutiert. Dabei empfand er kein Mitleid. Jahrelang hat er viele Menschen gefoltert. Das hat ihm Spaß gemacht. Es foltern immer die, denen es Spaß macht. Wenn das Foltern aufhört, Spaß zu machen, werden andere eingesetzt, unverbrauchte Kräfte, denen das Foltern wieder Spaß macht. Auch ihm, dem Ex-Kommandanten des Lagers 22, hat das Foltern irgendwann keinen Spaß mehr gemacht. Zum Schluss hat ihm nichts mehr Spaß gemacht.

Als Kommandant des Lagers 22 konnte er beobachten, wie an Gefangenen chemische Waffen erprobt wurden. Oft wurden ganze Familien dem Giftgas ausgesetzt, an dem sie qualvoll zugrunde gingen, nicht ohne dass die Eltern häufig versuchten, ihren erstickenden Kindern zu helfen, indem sie sie beatmeten, was völlig sinnlos war. Die Menschen starben in Räumen, die von oben durch eine Glasscheibe eingesehen werden konnten: dort saßen Ärzte und Gefängnispersonal. Während sich die Familien, die dem Gas ausgesetzt wurden, meistens in der Mitte des Raumes zusammendrängten, postierten sich alleinstehende Personen an den Wänden. Das war so. Niemand unter den Beobachtern hinter der Glasscheibe hatte Mitleid mit den Sterbenden. Ihre Qualen erweckten nichts, Interesse zwar, doch keine Gefühle.

Wieder zurück im Süden Nordkoreas. Vor dem Monumentalgrab des Gründers der nordkoreanischen Republik spricht eine Schauspielerin zu Besuchern, die sie innerhalb weniger Minuten durch die Erzählung vom Tod des ruhmreichen Gründers der Demokratischen Volksrepublik Korea, Kim Il Sung, zum Weinen bringen muss. Es gelingt ihr. Während die Männer versuchen, ihre Rührung zu zügeln, rinnen den Frauen die Tränen über die Wangen.

Erneuter Ortswechsel: Im amerikanischen Exil berichtet eine ehemalige Nordkoreanerin, die das Straflager überlebte und der es irgendwann zu fliehen gelang, von Frauen, die schwanger ins Lager eingeliefert wurden. Gleich nachdem sie entbunden hatten, wurden ihre Babys von den Gefängnisaufsehern am Boden zertreten. Die Neugeborenen schrieen, während ihr Genick unter den Stiefeln brach, die Mütter, vor deren Augen das geschah, verfielen dem Wahnsinn.

Schwenk. Die BBC-Reporterin berichtet über die Rüstungslage. Zurzeit produziert Nordkorea nicht nur Giftgas in vermutlich großen Mengen und baut Raketen mit großer Reichweite; es schickt sich auch an, eine Atombomben-Nation zu werden. Das Fernziel: die USA und alle Länder des US-verseuchten Westens, namentlich Frankreich und Deutschland, in die Schranken zu weisen. Der Zuschauer kann sich die Phantasien derer, die so reden, gut vorstellen: Terror, Bomben, Gase – der Megatod.

Es ist, wie es ist, und es ist schlecht. Ich will, ermuntert vom Verleger, mit einer Einführung in die Religionsphilosophie beginnen. Aber wo anfangen? Das ist die Frage, die mich bedrängt. Nun kommt mir vor, ich muss mit der Existenz des Bösen beginnen. Denn als ich den Fernsehbericht über Nordkorea sehe (um mich herum ist alles ruhig, ich sitze zuhause im Frieden, die Lampe neben mir spendet ein mildes Licht, von draußen dringen die Geräusche der Nacht zu mir herein), da beschleicht mich kalt ein mir vertrautes Gefühl, und es schleicht sich wieder einmal tief ein: Die Existenz dieser Welt ist mit der Existenz Gottes unvereinbar, jedenfalls eines Gottes, der in dieser Welt in irgendeiner Form anwesend wäre. Wäre er anwesend, er würde die Schergen in Nordkorea – und alle Schergen sonst wo – daran hindern, ihr Werk zu tun: „Ihr werdet kein Kind zertreten!" Da aber Kinder in Nordkorea und sonst wo zertreten werden, ist es undenkbar, dass Gott hierorts existiert.

Doch sind Leute, die so fühlen wie ich, geeignet, über Gott zu philosophieren? Meine Vorstellung von einem Religionsphilosophen, wie ich ihn aus den Werken der Literatur kenne, ist folgende: Konfrontiert mit der Existenz des Bösen, wird der Religionsphilosoph zum Nussknacker. Er knackt die Nuss des Bösen, meistens, indem er die Kiefer der Liebe arbeiten lässt. Ich sage das so, weil die Liebe, wenn sie mit Gott zusammengebracht wird, allzu leicht etwas Nussknackerartiges bekommt. Gott ist die Liebe und weil Gott den Menschen liebt, hat er dem Menschen die Freiheit gegeben, die dieser – ach! – zu missbrauchen beginnt. Statt Gutes, tut der Mensch Böses.

Und schon öffnen sich die Tore zu einem Straflager, wo die Folterer gerade literweise Wasser in eine Gefangene pumpen. Sie legen ihr ein Brett über den Bauch und beginnen, darauf herumzutrampeln, bis der Bauch platzt oder auch nicht, egal. Wie knackt man diese Nuss? Natürlich, sagt der Religionsphilosoph, durch die Liebe Gottes, der dem Menschen die Freiheit schenkt, die der Mensch missbraucht.

Leute wie ich – und wie vermutlich alle Leute, die der Gefühlsart des Iwan Karamasow bei Dostojewskij nahe stehen, bis hin zu Nietzsche, der in Turin angeblich einem Pferd um den Hals fiel, das vom Kutscher misshandelt wurde – haben das Gefühl, die Liebe Gottes könne nichts wert sein, wenn sie die Folterer, die in Ausübung ihrer Freiheit die arme Frau quälen, nicht augenblicks zu Boden streckt. Hier müsste Gott handeln! Aber die Folterer trampeln weiter auf dem

Bauch der Frau herum. Gott hält sich heraus. Wie ist das möglich? Die einzige mir greifbare Antwort, die Gott nicht beschädigt, lautet: Er ist nicht da. Er ist abwesend, und zwar auf eine tiefreichende Weise. Er ist so abwesend, dass ihn der Umstand, dass er sich heraushält, nicht belastet. Wie ist das möglich?

Ich sitze vor dem Fernseher, bin in Sicherheit. Dabei sehe und höre ich, was alles möglich ist auf dieser Welt. Im sanften Licht der Lampe, gegen das die kalten Bilder des Fernsehers nicht ankommen, stelle ich mir Gott als jemanden vor, der gerade ausgegangen ist. Kaum ist er bei der Türe draußen, schon ist daheim der Teufel los. Macht nichts, er wird zurückkommen und die Sachen, die in Unordnung geraten sind, wieder zurechtrücken. Da schrecke ich hoch, ich war wohl eingenickt, eingesunken in eine kleine Träumerei, eine Reminiszenz an frühe Hoffnungen. Man war als Kind allein zuhause, aber die Eltern blieben ja nicht ewig fort. Die Bilder aus dem Fernseher – soeben sind die Tränen zu sehen, die den Besucherinnen vor dem Grab des ruhmreichen Gründers Kim Il Sung über die Wangen laufen – sprechen eine andere Sprache: *Es gibt kein Zuhause, in dem sich zuversichtlich darauf warten ließe, dass Gott wiederkommt und die Dinge in Ordnung bringt.*

Dessen eingedenk neigt der religiöse Mensch zu der Ansicht, dass entweder Nordkorea oder Gott nicht existiert. Nordkorea existiert. Muss der religiöse Mensch also Atheist sein? Das ist *die* Frage, die in allen Verzweigungen der Religionsphilosophie rumort. Sie ist ein Hintergrundrumoren, das den religiösen Menschen begleitet, wo immer ihn seine Erlebnisse, Gedanken und Gefühle hinbringen mögen – so wie die Hintergrundstrahlung überall im Universum da ist, als Folge des Urknalls, mit dem alles beginnt.

1. Kapitel
Der religiöse Standpunkt

Die Frage nach dem Bösen hat für den religiösen Menschen einen anderen Sinn als für den nicht religiösen. Aber ist böse nicht gleich böse, ganz egal, von welcher Warte aus man das Böse betrachtet? Sind die Folterknechte im nordkoreanischen Lager 22 nicht von jedem Standpunkt aus böse – böse ganz gleich, ob es Gott gibt oder nicht gibt?

Ein bekanntes Argument lautet, dass für das Opfer alle metaphysischen Perspektiven, die religiösen mit eingeschlossen, in einem bestimmten, ethisch höchst belangvollen Sinne belanglos sind. Die Qualen des Gefolterten sind gleichsam absolut. Keine geistige oder geistliche Einstellung dem Universum gegenüber kann etwas daran ändern, dass die Qualen für den, der sie erleidet, das sind, was sie sind: pure Faktizität und als solche schrecklich. Das ist wahr, und doch: es gibt das Schreckliche von einem gewissermaßen neutralen, nämlich wissenschaftlich wertfreien Standpunkt aus. Von diesem Standpunkt aus ist das Schreckliche schrecklich, aber als solches schließt es keinen ethischen Gehalt ein. Das Schreckliche ist nicht an sich böse, es wird es erst dadurch, dass wir ihm diesen Titel verleihen.

Der religiöse Mensch verwahrt sich prinzipiell gegen eine solche Sicht der Dinge. Das Böse ist böse, weil etwas in der Welt *ist*, dass es zu dem macht, was es ist. Was dieses Etwas ist, darüber mögen die Meinungen weit auseinander gehen. Aber sie gehen nicht hinsichtlich der Frage auseinander, ob der ethische Gehalt des Bösen bloß eine *Zutat der Subjekts* sei, welches das Böse erfährt und es womöglich selbst erleiden muss. Die Antwort darauf, die vom wissenschaftlichen Standpunkt aus jedenfalls ein Ja wäre – ja, es handelt sich um eine wertende „Zutat des Subjekts" zu den Fakten, die es subjektiv als „böse" beurteilt –, ist vom religiösen Standpunkt aus jedenfalls ein Nein.

Aber was ist das: der religiöse Standpunkt? Ich werde mich im Folgenden nicht bemühen, den unzähligen Versuchen, aus der Vielfalt der Religionen ein historisch belegbares „Wesen des Religiösen" herauszudestillieren, noch einen weiteren Versuch hinzuzufügen. Angesichts der tatsächlichen Vielfalt der Religionen fördern derartige Versuche wenig Aussagekräftiges zutage. Irgendwie wird in allen Religionen irgendetwas verehrt, was mächtig genug ist, um die Welt und das Leben in ihr hervorzubringen und einigermaßen aufrecht zu erhalten. Genaueres gilt immer nur für bestimmte Typen von Religionen, ob es sich um einen oder keinen oder mehrere Götter handelt, ob ein Jenseits mit „Himmel und Hölle" oder eine unpersönliche Weiterexistenz nach dem Tod im Spiel ist, ob es um einen Endzeitglauben oder den Glauben an die Ewigkeit des Lebenskreislaufes geht, usw.

Darüber hinaus gibt es einen gewichtigen erkenntnistheoretischen Grund, sich bei der Frage, was es bedeutet, religiös zu sein, nicht wie ein Historiker zu verhalten. Dieser Grund, vielleicht der wichtigste von allen, lautet: Die überwiegende

Mehrzahl historischer Religionen werden wir uns nicht mehr ernsthaft aneignen wollen, ja, als Menschen mit aufgeklärtem Herzen und mitfühlendem Verstand gar nicht mehr aneignen können.

1.1 Irdisch, außerirdisch, übernatürlich

Machen wir ein Gedankenexperiment, das für unsere Glaubenskultur noch immer Bedeutung hat. Das Christentum glaubt daran, dass es ein Ende der Welt geben wird, das nicht natürlich, sondern – wie wir sagen müssen – „übernatürlich" ist. Jesus wird, als Messias, also als Menschheitsrichter und Menschheitserlöser, noch einmal kommen. Wie das genau vor sich geht, darüber berichtet die Offenbarung des Heiligen Johannes, die bekanntlich ein Bestandteil des Neuen Testaments ist.

Die Offenbarung des Johannes steht ganz in der Tradition der Apokalypsen. Die alte kosmische Ordnung wird zerstört, und ein neuer Himmel und eine neue Erde werden, nach der großen Endschlacht zwischen Gut und Böse, errichtet. Auf dieser neuen Erde leben, wie einst im Paradies, die Erretteten für immer in der seligen Anschauung Gottes, nachdem die Seelen der Verdammten zusammen mit dem Teufel in einem Feuersee vernichtet worden sind. Johannes malt das Ende der Welt mit dem noch einmal losgelassenen Satan in sehr starken Bildern:

„Und ich sah: Ein Tier stieg aus dem Meer, mit zehn Hörnern und sieben Köpfen. Auf seinen Hörnern trug es zehn Diademe und auf seinen Köpfen Namen, die eine Gotteslästerung waren. Das Tier, das ich sah, glich einem Panther; seine Füße waren wie die Tatzen eines Bären und sein Maul wie das Maul eines Löwen. […] Und die ganze Erde sah dem Tier staunend nach. Die Menschen […] beteten das Tier an und sagten: Wer ist dem Tier gleich, und wer kann den Kampf mit ihm aufnehmen?" (Offb 13,1–4)

Man *kann* diese Stelle, so wie das heute üblich ist, symbolisch lesen. Dann symbolisiert das Tier aus dem Meer das römische Kaisertum, welches göttliche Verehrung fordert und die Christen verfolgt. Aber wenn man die Stelle so liest, dann interessiert sie uns Heutige nur noch als historisches Dokument. Denn das römische Kaisertum, von dem geredet wird, ist längst Geschichte. Das Ergebnis einer solchen Lesart wäre freilich, dass es sich bei der Offenbarung des Johannes gar nicht um einen Text handeln kann, der vom *zukünftigen* Ende der Welt handelt. Will man einen solchen anti-apokalyptischen Effekt vermeiden (ihm zufolge hätte die Apokalypse schon längst eintreten müssen, sie ist es aber nicht), ohne zugleich die symbolische Interpretation des Textes aufzugeben, dann stellt sich wiederum die Frage: Was bedeuten denn die Symbole?

Entledigt man die Offenbarungs-Symbole ihres historischen Kontexts, dann bedeuten sie freilich nicht viel mehr, als dass am Ende der Zeiten die Menschen irgendetwas oder irgendwen anbeten werden, den sie nicht anbeten sollten, einen Götzen, der vom Satan selbst – bei Johannes steht dafür das Symbol des Drachen – seine Macht erhält. Auf diese Weise wird der Text zwar nicht völlig leer, doch viele seiner Details bleiben undeutbar. Die sieben Häupter und die zehn Hörner sind für den Historiker unschwer als Symbole der römischen Macht entzifferbar, doch wenn sie nicht historisch verstanden werden dürfen, was bedeuten sie dann? Darauf muss noch der gläubigste Christ antworten, falls er sich nicht eine Privatmythologie zusammenspinnen will: „Keine Ahnung…"

Und in der Tat, aus vielen Stellen der Offenbarung geht hervor, dass Johannes sie nicht bloß symbolisch gemeint haben kann. Schließlich sind die Wiederkehr des Messias, das Endgericht und die Vision vom himmlischen Jerusalem, das heißt von „einem neuen Himmel und einer neuen Erde" (Offb 21,1), als *endzeitliche Tatsachen* gemeint. Das symbolische Verständnis des Textes darf nicht so weit gehen, dass am Schluss die Endzeit selber nur mehr ein Symbol wäre. Ja, wofür denn? Wäre es denkbar, dass die Welt gar nicht vernichtet wird, und folglich die Endzeit samt dem damit verbundenen Ende etwas ganz innerhalb der Weltzeit wäre? Denkt man sich die Apokalypse auf diese Weise, ist sie möglicherweise nicht nichts, aber sie ist bestimmt nicht mehr das, was man unter einer „Apokalypse" im gewöhnlichen Sinn des Wortes versteht.

Versuchen wir also für einen Moment, die Offenbarung des Johannes in ihren großen Zügen wörtlich zu nehmen. Dann treffen wir auf die Vorstellung, dass irgendwann in der Zukunft eine Reihe von schauerlichen und gloriosen Ereignissen die Erde heimsuchen wird: Heuschrecken so groß wie Rosse, bewehrt mit Skorpionstacheln; Plagen, Posaunen, Schlachten. Jesus wird aus dem Himmel, der offen steht, als kriegsführender Triumphator wiederkommen.

Die Vision vom offen stehenden Himmel (Offb 19,11) zeigt uns, wie schwierig es ist, Texte, die in einem antiken, teilweise archaischen Weltbild verankert sind, heute wörtlich zu nehmen. Wie sollen wir, bei unserem kosmologischen Wissensstand, uns einen „offen stehenden" Himmel ausmalen? Ein solcher Himmel ist für uns keine mögliche Tatsache mehr, sondern, wörtlich genommen, einfach ein Unding, dem in der Welt nichts entsprechen kann.

Sei's drum: Wir stellen uns vor, dass Jesus auf seinem Schlachtross am Himmel erscheint, um einerseits die Feinde des Glaubens und alle Bösewichte zu vernichten, und andererseits die, die an ihn glauben und nach den christlichen Geboten leben, unsterblich zu machen. Man darf wohl annehmen, dass dieser Anblick, neben den anderen zumeist grauenerregenden Ereignissen der Apokalypse, geeignet wäre, aus vielen Ungläubigen Gläubige zu machen.

Aber was wäre das für ein Gläubigsein? Was wäre der Inhalt dieses Glaubens? Auf einer ganz oberflächlichen Ebene verstehen wir sofort, dass ein Mensch, der dem Stress der Apokalypse ausgesetzt wird, auch bei großer Furchtlosigkeit einen psychischen Zusammenbruch erleidet. Was soll man von einem Menschen im Anblick einer umgestürzten Welt verlangen, in der Katastrophen auftreten, die es gar nicht geben könnte, hätten die Naturgesetze noch Geltung? Soll man verlangen, er möge gefälligst seinen Verstand beisammen halten und die Dinge nüchtern betrachten? Das wäre grotesk. Denn was ist in einer Welt, in welcher die Naturgesetze nicht mehr gelten, der Verstand wert? Offensichtlich nichts. Verständig lässt sich von einer solchen Welt nur sagen, dass sich jedes Verstehen erübrigt. Aus allem kann alles werden, und nicht einmal die Gesetze der Logik sind anwendbar.

Ich will diesen letzten Punkt kurz erläutern, um die Dramatik des Umsturzes zu verdeutlichen. Man sagt, dass die Gesetze der Logik unverbrüchlich sind. Der Satz vom Widerspruch gilt demnach in jeder denkbaren Welt, in unserer wie in jener der Apokalypse. Denn wenn auch die Heuschrecken, in Durchbrechung aller Gesetze der Evolution, plötzlich so groß wie Rosse sind, kann es doch nicht sein, dass sie *zugleich so groß und nicht so groß* wie Rosse sind. Darauf ist immerhin Verlass, und insoweit steht der Verstand immer noch auf festem Boden.

Freilich, das ist eine abgehobene Sicht der Dinge. Sie mag für Leute taugen, die im Kinosessel sitzen und, ausgestattet mit Popcorn und Cola, sich die Kino-Apokalypse anschauen. Leute hingegen, die real erfahren müssten, dass die Apokalypse möglich ist, würden vermutlich bereit sein zu sagen: „Wenn *das* möglich ist, dann ist *alles* möglich!" Was heißt das? Verhalten sich solche Leute unlogisch? Das hängt davon ab, wie viel Vertrauen man angesichts der apokalyptischen Ereignisse, welche die Welt von oben nach unten kehren, überhaupt noch in die Prinzipien des Verstandes hat. Ist vielleicht die Logik ein Regelwerk, das nur für *unseren* Verstand absolut bindend ist?

Für uns gilt der Satz vom Widerspruch absolut. Für uns ist also die Idee, dass etwas ist und zugleich nicht ist, bloß hässlicher Unsinn. Aber was hat das in einer Welt zu bedeuten, auf die Prädikate wie „sein" und „nicht sein" mangels Stabilität und Ordnung nicht mehr regulär anwendbar sind? Dass etwas ist oder nicht ist, setzt voraus, dass es etwas gibt, das ist oder nicht ist. Aber dass es überhaupt etwas gibt, von dem sich sagen lässt, es sei oder es sei nicht, setzt die Geltung irgendwelcher Naturgesetze voraus. Auf das Chaos ist die Logik deshalb nicht anwendbar, weil auf das Chaos unsere Begriffe (die alle eine relative Ordnung und Stabilität voraussetzen) nicht anwendbar sind. Das ist zwar nicht dasselbe, wie zu sagen, dass etwas zugleich ist und nicht ist. Doch es läuft darauf hinaus zu sagen, dass sich auf eine solche Welt der Satz vom Widerspruch, wie auch jedes andere logische Gesetz, nicht mehr anwenden lässt. Denn eine solche Welt entzieht sich der Sprache.

Die Offenbarung des Johannes zeigt uns keine Welt, die ein pures Chaos wäre. Aber sie zeigt uns eine Welt, in der die Naturgesetze an beliebigen Punkten durchbrochen werden, nämlich überall dort, wo es die „Logik der Apokalypse" erfordert. Das ist eine Situation, die gleichsam damit droht, dass unsere Begriffe versagen und unser verständiges Reagieren auf die Tatsachen der Welt keinen Anhaltspunkt mehr hat. So eine Art der Bedrohung erklärt, abgesehen von den manifesten Tatbeständen des Schreckens, wohl hinreichend, warum man bereit ist, buchstäblich alles zu „glauben", sogar das, was vor dem Hintergrund dessen, was man empirisch und theoretisch über den Himmel weiß, eigentlich gar keinen Sinn ergibt: „der Himmel öffnet sich …", usw.

Die Frage stellt sich also nach wie vor: Einmal abgesehen von dem Stress, der die Vernunft lahm zu legen droht, woran glaubt man, wenn man an die Apokalypse glaubt? Glaubt man an etwas Übernatürliches, das heißt im eigentlichen Sinne an das Auftreten religiöser Tatsachen mitten in der Welt? Das Problem an dieser Frage ist jedoch – das dürfte jetzt klar geworden sein –, sie richtig zu verstehen. *Was sind religiöse Tatsachen?* Kein Zweifel, dass schon allein durch die Begrifflichkeit der Johanneischen Offenbarung bei uns der Eindruck erweckt wird, wir hätten es mit religiösen Tatsachen zu tun. Der Satan, die Engel, der Messias, das Gericht am Ende der Zeiten, das neue Jerusalem, der neue Himmel und die neue Erde – das alles ist die Begrifflichkeit des Übernatürlichen. Doch was *bedeutet* sie? Was bedeutet es, Satan zu sein oder ein Engel oder der Messias?

Dabei dürfen wir nicht übersehen, dass wir diese Frage keineswegs unschuldig stellen können. Wir stellen sie nicht vor dem Hintergrund irgendeines Weltbildes, etwa des antiken Weltbildes von Nero und Domitian, also etwa der Zeit zwischen 70 und 95 nach Christus, in der die Apokalypse des Johannes vermutlich entstand. Nein, wir stellen sie vor dem Hintergrund unseres eigenen Weltbildes. Denn es ist dieses und kein anderes Weltbild, das festlegt, welche Bedeutung die Begriffe, egal, ob von natürlichen oder übernatürlichen Tatsachen, *annehmen können*. Oder klarer gesagt: Unser Weltbild fixiert, über die Festlegung des Naturbegriffes, auch die mögliche Bedeutung dessen, was man traditionellerweise „übernatürlich" nennt.

In der Johanneischen Apokalypse finden sich viele Ereignisse, deren übernatürlicher Charakter vor allem damit zu tun hat, dass sie von übernatürlichen Wesen, zum Beispiel Engeln, herbeigeführt werden. So in den Abschnitten 8 bis 11, wo das geradezu sprichwörtliche siebente Siegel geöffnet wird und sieben Engel, die vor Gott stehen, in sieben Posaunen blasen, um eine Kette von Plagen auszulösen. Es beginnt damit, dass Hagel und Feuer, die mit Blut vermischt sind, vom Himmel fallen und, wie es heißt, „ein Drittel des Landes, ein Drittel der Bäume und alles grüne Gras" verbrennen (Offb 8,7). Als Nächstes wird etwas, das einem großen Berg gleicht, ins Meer geworfen. Daraufhin wird ein Drittel des Meeres zu Blut, ein Drittel der Meerestiere geht zugrunde und ein Drittel der Schiffe versinkt.

So geht es weiter, immer wüster; als der vierte Engel in seine Posaune bläst, wird ein Drittel der Sonne, des Mondes und der Sterne „getroffen", so dass sie ein Drittel ihrer Leuchtkraft verlieren (Offb 8,12). Wie schon gesagt: An diesen Ereignissen ist vor allem übernatürlich, dass sie von Engeln herbeigeführt werden. Die Ereignisse selbst, obwohl teilweise phantastisch und unerklärlich, spielen sich in Raum und Zeit ab. Es handelt sich um monströse Vorgänge innerhalb der Natur, allgemeiner, der empirischen – also der menschlichen Erfahrung zugänglichen – Welt.

Dass Blut in riesigen Mengen vom Himmel fällt oder ein Drittel des Meeres zu Blut wird, ist zwar ein gespenstischer Vorgang, von dem wir ohne die Annahmen der Apokalypse nicht wissen, wie er zustande kommen sollte. Doch das reicht für uns gewiss nicht aus, um ein übernatürliches Ereignis zu begründen, wenn darunter verstanden werden soll, dass es sich zugleich um eine religiöse Tatsache handelt. *Denn wir können diesem Ereignis gegenüber eine wissenschaftliche Haltung einnehmen.* Wir können das Blut analysieren, die Vorgänge am Himmel und im

Meer studieren. Auch wenn am Ende das Ereignis rätselhaft bleiben sollte, handelt es sich dennoch um *ein prinzipiell erklärbares,* weil und insofern es sich um ein empirisches Ereignis handelt.

Und das ist selbst dann noch der Fall, wenn ein Ereignis die uns bekannten Naturgesetze verletzt. Dass nämlich ein Ereignis nicht naturgesetzkonform abläuft, lässt sich ebenfalls wissenschaftlich feststellen. Auf eine solche Entdeckung gibt es zwei Reaktionen. Erstens, man findet ein neues Naturgesetz, das die beschränkte Reichweite der bisher bekannten Gesetze feststellt und das rätselhafte Ereignis als eines ausweist, das unter das neu entdeckte Gesetz fällt. Oder zweitens, man gibt nach vergeblichen Mühen zu, dass man für das Ereignis keine Ursachen finden kann. Das ist dann zwar ein negatives, aber immerhin auch ein Ergebnis ohne übernatürlichen Zusatz.[1]

An diesem Punkt machen die Apokalypse-Filmer gerne einen Schwenk, der den Zuschauer nur dann nicht verärgert, wenn er – was meistens der Fall ist – zu einer Art spielerischen Regression neigt. Der Schwenk funktioniert nach dem Motto: Die Wissenschaft hat versagt, es lebe die Bibel! Beispielsweise beobachtet ein Physiker, wie der Regen, der vom Himmel fällt, blutig wird. Nachdem der Physiker, Rationalist durch und durch, sein ganzes Fachwissen und einige nobelpreisverdächtige Kollegen mobilisiert hat, die alle nicht weiterwissen, hört er nebenbei von einem halbwahnsinnigen Ex-Mönch, der im Besitz uralter Schriften sein soll, die auf den Tag genau das weltweite Auftreten blutigen Regens voraussagen. Natürlich ist der Physiker durch und durch skeptisch, macht grobe Scherze über den Glaubensunfug, bloß, um schließlich doch an die Türe des halbwahnsinnigen Ex-Mönchs zu klopfen. Die Prämisse, unter der das ganze Schwenkmanöver vonstatten geht, lautet dem Drehbuch zufolge: Abkehr von der Welt der natürlichen Ereignisse, Hinwendung zum Übernatürlichen. Denn in den uralten Schriften geht es immer nur um eines: um das Übernatürliche und seine Implosion in unsere Welt.

Aber Regen, der zu einem Drittel aus Blut besteht, ist zwar ein scheußlicher Gedanke, „apokalyptisch", und jedenfalls auf den ersten Blick unerklärlich. Doch (wir wissen es bereits) er ist unerklärlich als ein natürliches Ereignis unter anderen. Vielleicht gibt es ja eine Erklärung. Möglich, dass dieser Regen – und damit wandern wir ab ins UFO-Genre – von irgendwelchen Außerirdischen in unsichtbaren Raumschiffen produziert wird, um uns zu terrorisieren. Dabei wird

---

1 Für beide Fälle gibt es in der modernen Wissenschaft Beispiele, die überhaupt nichts mit religiösen Situationen zu tun haben. *Falltyp 1:* Ereignisse bei sehr hohen Geschwindigkeiten verletzen Newtons Bewegungsgesetze. Erst Einsteins Spezielle Relativitätstheorie konnte zeigen, dass diese Ereignisse die Naturgesetze nicht verletzen. Die Naturgesetze funktionieren vielmehr so, dass sie von den Gleichungen Newtons nur annäherungsweise erfüllt werden, und zwar bei Geschwindigkeiten, die hinlänglich weit unter der des Lichts liegen. *Falltyp 2:* Eine, allerdings umstrittene, Vermutung lautet heute, es sei im Bereich der Quanten-Ereignisse den so genannten objektiven Zufall gibt. Das würde bedeuten, dass quantenphysikalische Ereignisse „spontan" passieren, also ohne naturgesetzliche Abhängigkeit vom Auftreten eines kausalen Vorgänger-Ereignisses, einer Ursache.

vorausgesetzt, dass die Außerirdischen natürlichen Ursprungs sind. Sie kommen von irgendwoher aus den Weiten des Alls …

Und jetzt fragen wir uns: Inwiefern unterscheiden sich die Engel, welche die Posaunen der Offenbarung blasen, von den Außerirdischen? Wenn wir darauf antworten, dass die Engel „übernatürlichen" Ursprungs seien, dann beginnen wir uns im Kreis zu drehen. Das hat auch damit zu tun, dass der Himmel in der Offenbarung noch immer als ein Palast oder eine Stadt vorgestellt wird, als eine Stätte der Macht und des Glanzes, die über den Wolken Gott und den Seinen eine Heimstatt bietet. Deshalb kann sich der Himmel öffnen, so wie sich die Tore eines Palasts oder einer Stadt öffnen, um den rüstungsbewehrten Messias zu entlassen. Kein Zweifel, die großen Religionen beruhen samt und sonders auf Mythen, die uns Geschichten über die Entstehung der Welt, das Wirken der Götter, den Fall des Menschen, das Leben nach dem Tod und das Ende aller Zeiten erzählen. Und alle diese Geschichten sind, weit davon entfernt, uns mit übernatürlichen Tatsachen bekannt zu machen, ganz und gar eingebettet in die Welt des Natürlichen. Deshalb lassen sie sich, mit den Mitteln des optischen Tricks, verfilmen.

Es gab Epochen, in denen das Natürliche nur phantastisch genug sein musste, um als übernatürlich anerkannt zu werden. Aber heute sehen wir die Dinge anders. Unsere Welt ist, so möchte ich sagen, in sich geschlossen. Damit in ihr das Übernatürliche in Erscheinung treten kann, muss es sich zuerst in Natürliches, wie phantastisch auch immer, verwandeln. Das hat zur Folge, *dass es in unserer Welt schließlich gar nichts Übernatürliches mehr gibt.* Alle empirischen Wirkungen haben empirische Ursachen, und alles, was darüber hinaus geht, wird von uns, sobald es sich überhaupt fassen lässt, als ein weiteres Feld des Natürlichen (Empirischen) begriffen.

Wenn wir uns vorzustellen versuchen, was „vor" dem Urknall, aus dem unser Universum hervorging, existierte, so dass daraus der Urknall „entstehen" konnte, dann sind wir dabei, uns die Möglichkeit eines unser Universum umschließenden Hyperuniversums vorzustellen. Wenn der Urknall der absolute Anfang unserer Welt war, dann sind mit ihm Zeit und Raum mitentstanden und es hat keinerlei Sinn, nach einem „Vorher", das unsere Welt „umschließt", zu fragen. Fragen wir dennoch danach, so fragen wir nicht nach dem Übernatürlichen, sondern nehmen eine dramatische Erweiterung der Welt vor – eine Erweiterung, zu der sich unsere Wissenschaft, da sie ja gewissermaßen von innerhalb der Urknall-determinierten Ereignisse aus argumentiert, nur agnostisch verhalten kann.

Jemand also, der im Rahmen unseres Weltbildes angesichts des Stresses, den eine Apokalypse in ihm auslöst, an deren Offenbarungsgehalt zu „glauben" beginnt, verhält sich wie ein verängstigtes Kind, das gelernt hat, dass es keine Gespenster gibt, und dennoch bei wehenden Vorhängen des Nachts damit rechnet, dass eines schon im Fenster steht. Jemand kann theoretisch wissen, dass jede Apokalypse hierorts bloß eine Quasi-Apokalypse ist, da nach dem Stand unseres Weltwissens ihr übernatürlicher Offenbarungsgehalt bloß dem Scheine nach besteht. Praktisch indessen beginnt er zu „glauben". Aber woran glaubt er denn? Nun, er glaubt an die Möglichkeit himmlischer und teuflischer Mächte, die sich in unterschiedlichen empirischen Gestalten zeigen können und dabei fähig sind, innerhalb der Welt Gutes zu tun, aber auch Katastrophen zu inszenieren. Kurz gesagt: Er unterwirft sich einem *mythologischen Weltbild,* das deutlich dämonische und spiritistische Züge aufweist.

Der Ausdruck „mythologisch" ist selbstverständlich parteiisch; er sieht die Welt der Götter und Geister schon vom Standpunkt eines aufgeklärten, wissenschaftlich strukturierten, eben modernen Weltbilds aus. Das heißt keineswegs – wie man oft hört –, es könnte Götter und Geister prinzipiell nicht geben. Denn gerade ein wissenschaftliches Weltbild darf sich dem Umstand nicht verschließen, dass möglicherweise Wesen existieren, von denen wir mit unseren Sinnen und den sie unterstützenden Instrumenten bisher keinen oder jedenfalls keinen systematisch nachweisbaren Beleg erhalten konnten. Schließlich vermuten wir ja auch die Existenz der dunklen Materie und der Higgs-Teilchen, ohne sie durch experimentelle Belege außer Frage gestellt zu haben.

Doch mit dieser Bemerkung sind wir schon beim springenden Punkt. Wäre es möglich, die Existenz von Geistern nachzuweisen, so wäre damit die Welt der Geister als eine Teilwelt unserer, der empirischen Welt erwiesen. Geister wären dann so natürlich wie Higgs-Teilchen! Und falls sich auf dieselbe Weise zeigen ließe, dass in unserer Welt ungeheure Kräfte am Werk sind, die von personartigen Wesen ausgehen, dann wären wir gut beraten, nicht abzuleugnen, dass es in unserer Welt Wesen gibt, die unsere Vorfahren zu Recht „Götter" genannt haben. Vielleicht handelt es sich bei den Göttern ja, wie Erich von Däniken in seinen Bestsellern so eloquent darlegte, um Außerirdische, die uns, den armen, unvollkommenen Menschen, seit jeher helfen wollten? In Dänikens Sprachgebrauch zeigt sich auch, dass Götter Bewohner der natürlichen Welt sein können, und dass ihre Herkunft nirgendwo anders als in der natürlichen Welt zu suchen ist: die UFOs kommen aus den Tiefen des Alls, und dort sind sie entstanden. Däniken verwendet den Götter-Begriff so, wie er im mythologischen Weltbild verwendet wird.

Und das bedeutet nun aber für uns Heutige, dass dieser Götter-Begriff ein wesentliches Merkmal religiöser Tatsachen nicht mehr widerspiegelt. Ich meine das Merkmal des Übernatürlichen. Werfen wir von hier aus noch einmal einen Blick auf die Offenbarung des Johannes. Die dort geschilderten Ereignisse, so sagten wir, sind schreckliche, unverständliche Katastrophen, deren übernatürlicher Charakter aber erst dadurch entsteht, dass sie von übernatürlichen Wesen inszeniert werden, an ausführender Stelle den Engeln, welche die Posaunen des Jüngsten Gerichts blasen.

Nun müssen wir fragen: Inwiefern sind denn die Engel übernatürlich? Und die Antwort lautet, wie wir deutlich sehen: Sofern wir versuchen, uns die Engel derart vorzustellen, dass wir ihnen begegnen oder jedenfalls auf die Spur kommen könnten (auch von den Higgs-Teilchen könnten wir ja höchstens Spuren finden), würde es sich bei ihnen um Bewohner der natürlichen Welt handeln, um „Außerirdische", gewiss, aber nicht um Übernatürliche. Dadurch würden sie jedoch zugleich aufhören, Akteure im kosmischen Drama zu sein, *die imstande wären, religiöse Tatsachen zu erzeugen* – Tatsachen, an die wir in einem spezifisch religiösen Sinne *glauben* könnten.

1.2 Das Kriterium der Transzendenz

Was ich also behaupte, läuft darauf hinaus, dass sich im Laufe der Zeit unsere Verwendung religiöser Begriffe wie „göttlich", „übernatürlich" und „gläubig" gegenüber dem mythologischen Weltbild grundlegend verändert hat. Wenn es so wäre, dass Engel irgendwo im Universum entstehen, dann wäre es nicht ausgeschlossen, dass wir in sie unsere Hoffnung für die Zukunft der Menschheit setzen würden. Aber diese Hoffnung wäre doch eine grundsätzlich andere als jene, die wir auf ein Wesen richten, das uns als *anbetungswürdig* erscheint. Und damit meine ich auch: Es ist nicht leicht zu sagen, was wir *der Bedeutung nach* tun, wenn wir zu einem Engel oder zu Gott beten, immer vorausgesetzt, wir verhalten uns nicht einfach abergläubisch oder kindlich. Denn es ist nicht leicht zu sagen, was es heißt, zu einem übernatürlichen Wesen zu beten; und nur als ein solches ist ein Engel und ist Gott anbetungswürdig.

An einer Stelle seiner *Logisch-philosophischen Abhandlung (Tractatus logico-philosophicus)* schreibt Wittgenstein, als ob er – ganz Moderner seiner Zeit – ein Resümee aus den hier angestellten Überlegungen ziehen wollte: Gott offenbart sich nicht innerhalb der Welt (Satz 6.432). Keine Tatsache der Welt kann etwas Übernatürliches zum Ausdruck bringen. Demgegenüber finden sich in Wittgensteins späteren Notizen verschiedentlich Stellen, in denen er darauf besteht, dass das „religiöse Sprachspiel" (Gebete, Rituale, Dogmen) nichts mit dem „Sprachspiel" der Naturwissenschaft oder der Historiker zu tun habe. Deshalb sei es auch witzlos und im Übrigen Ausdruck eines tiefliegenden Missverständnisses, mit wissenschaftlichen Argumenten gegen Wunder zu argumentieren, oder mit dem Nachweis geschichtlicher Fehlerhaftigkeit die religiöse Wahrheit der Evangelien zu bekämpfen.

Ich denke, dass Wittgenstein – mögen sich die Theologen noch so gerne auf ihn berufen – mit den zuletzt genannten Thesen in die Irre führt, während er im *Tractatus* einen für den modernen Glauben essentiellen Punkt trifft. Nicht nur lassen sich in der Praxis die „Sprachspiele" nicht gegeneinander abdichten. Wenn Jesus nachweislich achtzig Prozent der Worte, die ihm zugeschrieben werden, niemals gesagt hat, dann kann nur ein Ignorant meinen, das sei für den Glauben belanglos. Denn das liefe in der Konsequenz darauf hinaus, dass Jesus niemals existiert zu haben brauchte, und wir trotzdem „glauben" dürften, dass er der Menschensohn und Erlöser sei. Doch gesetzt den Fall, ein Theologe wollte, um den Glauben zu retten, diese Konsequenz tatsächlich ziehen, dann hätte er ein noch viel größeres Nachfolgeproblem zu lösen. Dann nämlich müsste er erklären, was das religiöse „Sprachspiel" in seinen Einzelheiten *bedeutet*.

Woran glaubt man, wenn man (einmal angenommen) an eine Person glaubt, die nie existiert hat, oder an eine Lehre, die niemals gelehrt wurde? Angenommen, das Letzte Abendmahl fand nie so statt, wie die Evangelien davon berichten – was wäre dann die Bedeutung des Brotbrechens („das ist mein Leib") und des Weintrinkens („das ist mein Blut") in der christlichen Messe? Gerade in diesen rituellen Akten muss, damit sie etwas bedeuten, die fortlebende historische Spur einer realen religiösen Stifterhandlung erkannt werden. Daran führt im Glauben an Jesus kein Weg vorbei, auch nicht der Weg der vielen interpretatorischen Worte, den heute die theologischen Ausleger gerne beschreiten.

Demgegenüber spitzt Wittgenstein im *Tractatus* das Problem des religiösen Menschen in der Moderne zu. Woran „glaubt" denn dieser, wenn ihm alles, was innerhalb der Welt überhaupt in Erscheinung treten kann, zu einer natürlichen Tatsache wird? Für den Wittgenstein des *Tractatus* ist es ein Kennzeichen natürlicher Tatsachen (und damit der einzigen Tatsachen, über die sich sinnvoll reden lässt), dass sie allesamt nur bedingt gelten. Alle Einzelsachverhalte hängen von den Naturgesetzen ab und alle Naturgesetze gelten, streng genommen, ohne Notwendigkeit, das heißt, sie könnten auch andere sein oder gar nicht existieren. Demgegenüber denkt Wittgenstein das Göttliche immer zugleich als das, was absolut und notwendig gilt, ohne an eine andere Bedingung als an die seines eigenen, göttlichen Wesens geknüpft zu sein. Daraus folgt, dass es im Reich des Natürlichen keine Repräsentation des Übernatürlichen – Wittgenstein sagt: des Mystischen, Transzendentalen – gibt.

Wir wollen hier Wittgensteins Auffassung vom unfassbaren Wesen des Übernatürlichen so ausdrücken, dass wir fragen: Wenn alles, woran man überhaupt sinnvoll glauben kann, eine Art und Abart des Natürlichen ist, wodurch unterscheidet sich dann eigentlich der religiöse Glaube vom gewöhnlichen Glauben? Nur dadurch, dass der religiöse Glaube ein Glaube an phantastische, durch unser gegenwärtiges Wissen unerklärliche Dinge ist, Dinge wie beispielsweise die Engel, die in Posaunen blasen, oder den Blutregen, der vom Himmel fällt? Wenn es so wäre, wäre dann nicht unser religiöser Glaube jederzeit das, was Immanuel Kant als „Afterglaube" abqualifizierte, nämlich Aberglaube?

Ich schlage vor, uns ohne große definitorische Präzisionsbemühung auf folgenden Begriff des „Aberglaubens" zu einigen: *Abergläubisches Denken, Fühlen, Handeln ist dadurch charakterisiert, dass es natürliche Tatsachen in den Rang von übernatürlichen erhebt und als solche an sie „glaubt".* Was dabei „Glaube" meint, hängt selbstverständlich von dem religiösen Umfeld ab, in dem der Aberglaube auftritt. Außerdem hat der Begriff des Aberglaubens, wie seine Charakterisierung zeigt, einen Sinn nur, sofern es bereits eine eingebürgerte Unterscheidung zwischen natürlichen und übernatürlichen Tatsachen gibt.

Es macht also einen großen Unterschied, ob ein afrikanischer Volksstamm, der sich in Sachen Religion noch auf einer halb magischen Ebene bewegt, an die Wirksamkeit des Voodoo-Zaubers glaubt (denn in einer magischen Welt zu leben bedeutet eben, den Unterschied zwischen natürlich und übernatürlich in keiner Weise grundsätzlich zu verstehen), oder ob ein Mensch der Moderne an Voodoo, Hexerei und ähnliche Dinge zu „glauben" beginnt. Der Glaube ist hier dann Ausdruck einer Störung der Rationalität und des Gefühlslebens – das mag zu privater Versponnenheit und Sektenneigung führen –, oder aber er wird spielerisch praktiziert. So zum Beispiel „glaubt" man an Horoskope, doch im Konversationsstil: hilft es, gut, hilft es nicht, kann man auch nichts machen.

Ein Intellektueller wie Ernst Jünger glaubte ebenfalls an die Macht der Sterne, doch er glaubte nicht an sie, wie man an Tatsachen glaubt. Er sprach von einem symbolischen Wissen (in Jüngers Welt konnte alles zum religiösen Gleichnis werden), einem durch empirische Fakten unwiderlegbaren Wissen, dessen Voraussagen sich nur in dem Maße bewahrheiten, in dem man sich anstrengt, dass sie wahr werden. Auf diese Weise kann man in den modernen Gesellschaften viele Formen eines gleichsam kultivierten Aberglaubens finden; sie alle stellen die Trennung zwischen dem Natürlichen und dem Übernatürlichen nicht ernsthaft infrage.

Vertiefen wir diesen Punkt noch ein wenig. Angenommen, ein Mann würde auftreten und behaupten, er sei der wiedergekehrte Jesus, nur nicht jener, den uns die Offenbarung des Johannes schildert. Der Text des Johannes sei eine Ausgeburt des Wahnsinns, er, Jesus, hingegen hier und jetzt real. Er, Jesus, komme nicht auf dem hohen Ross vom Himmel her, angetan mit einer Kriegsrüstung, sondern einfach, bescheiden, als gewaltloser Lehrer der Menschheit, die, wie jeder sehen könne, dabei sei, ihre Lebensgrundlagen und damit sich selbst zu zerstören … Natürlich werden wir dem Mann nicht ohne weiteres Glauben schenken, geschweige denn, dass wir ohne Umstände an ihn glauben werden. Wir werden vielmehr verlangen, dass er sich uns als der wiedergekehrte Menschensohn zu *erkennen* gibt.

Doch wie könnte jener Mann *das* bewerkstelligen? Beginnt er, uns eine Moral der Ehrfurcht vor dem Leben zu predigen, dann werden wir sagen: Schön und gut, aber *das* konnte Albert Schweitzer, der legendäre Urwald-Arzt, Priester, Philosoph, Orgelbauer, Erforscher des Lebens Jesu, auch. Was würde nun passieren, wenn der Mann, der Jesus zu sein behauptet, seine Zuflucht zu einem Mittel nähme, das zu Zeiten des historischen Jesus sozusagen Wunder wirkte: Was, wenn er tatsächlich hier und jetzt ein Wunder wirkte, sagen wir, einen schon halbverwesten Toten auferstehen ließe?

Kein Zweifel, *das* würde uns gehörig beeindrucken, und einige von uns würden zweifellos gleich damit beginnen, den Wunderwirker anzubeten. Doch die Besonnenen, Realistischen unter uns, besonders die wissenschaftlich Gebildeten, würden anders reagieren. Sie würden etwa sagen: Schön, da ist etwas passiert, was wir mit unseren Mitteln nicht erklären können. Höchst bemerkenswert! Dieser Mann ist offenbar in der Lage, die uns bekannten Naturgesetze außer Kraft zu setzen, Prozesse, die in unserer Welt eine eindeutige Richtung haben, umzukehren. Aber welchen Grund hätten wir, jemanden, der mit einer so außerordentlichen Fähigkeit begabt ist, als Sohn Gottes – oder unspezifischer gesprochen: als göttlich – zu verehren?

Vielleicht würde jetzt der Mann, der behauptet, Jesus zu sein, fragen: „Was könnte ich denn noch tun, um euch von meiner Göttlichkeit zu überzeugen?" Und da wäre es schon möglich, dass sich jemand meldete und frei heraus sagte: „Vor allem dürftest du nicht *da* sein, hier, bei uns; denn alles, was hier bei uns ist,

ist von dieser Welt." Ich will das diesem Argument zugrunde liegende Kriterium im Folgenden als *Kriterium der Transzendenz* bezeichnen.

In einer pointierten Form hat es schon Sören Kierkegaard in seinem Buch *Einübung im Christentum* (1850) vertreten. Dort sagt er, dass die Menschwerdung Gottes mit dem „tiefsten Inkognito" des Göttlichen im Menschen Jesus einhergehe. Mit anderen Worten: Der Mensch ist gleichsam unendlich weit von Gott entfernt, daher kann an keinem besonderen Anzeichen abgelesen werden, dass der Mensch Jesus zugleich Gott sei. Für Kierkegaard bestand eben darin das radikale Wagnis des Christentums: einen Glauben an Gott zu haben, der sich auf Anzeichen stützen muss, die ganz der Immanenz, dem Endlichen und Bedingten, dem Menschsein des Jesus in dieser Welt, verhaftet sind.

Man braucht nicht lange herumzureden. Was Kierkegaard im Glaubenseifer als eine besondere Herausforderung des Christentums preist, wird dem modernen Menschen zu einem Ärgernis, ob er es nun im Einzelfall als solches zu bezeichnen weiß oder nicht. Das Ärgernis lässt sich in die Frage kleiden: Erfüllt Jesus *als Mensch* das Kriterium der Transzendenz? Denn nur, wenn er es erfüllt, ist das ein Anzeichen dafür, dass er nicht bloß ein Geschöpf der natürlichen Welt ist, wie wir anderen Menschen auch. In den Evangelien wird die Frage mit Ja beantwortet, und es werden Beweise vorgelegt. Jesus wurde von einer Jungfrau empfangen und geboren, er tut Wunder, er weiß Dinge im Voraus. Wie wir indessen gesehen haben, sind solche „Beweise" (ihre Richtigkeit einmal unterstellt) im Rahmen unseres Weltbildes nicht stichhaltig. Denn sie berichten bloß von unerklärlichen Dingen und Fähigkeiten *innerhalb* der Welt des Natürlichen. Sie führen aus der Immanenz nicht hinaus in die Transzendenz.

1.3 Geborgenheit im Schlechten

Wenn wir also davon ausgehen, dass religiös zu sein bedeutet, an religiöse Tatsachen zu glauben – und der *Begriff* des Glaubens dadurch bestimmt wird, dass es sich um einen Glauben an *religiöse* Tatsachen handelt –, dann begegnen wir jetzt der Frage in verschärfter Form: Um welche Tatsachen könnte es sich denn handeln, wenn der Bereich der Tatsachen dadurch charakterisiert wird, dass alles, was überhaupt Tatsache werden kann, ob erklärbar oder unerklärbar, eine *natürliche* Tatsache ist? Heißt religiös zu sein etwa, an einen *leeren* Bereich zu glauben?

An diesem Punkt ist es angebracht, noch einmal auf die selektive Funktion unseres Weltbildes hinzuweisen. Offenbar bedeutet religiös zu sein im Laufe der Menschheitsgeschichte nicht immer dasselbe. Man kann zwar sagen, dass die Menschen schon immer nach wahrer Religiosität strebten, aber man kann nicht sagen, dass sie immer schon entdeckt hatten, worin sie besteht. Wir sind in der Tat einen Schritt weiter als unsere Vorfahren, wenn es auch sein mag, dass wir noch sehr weit – vielleicht unendlich weit – von der ganzen Wahrheit entfernt sind. Denn wir haben gelernt, das Mythologische und den Aberglauben vom wahrhaft Religiösen zu trennen.

Der Religionsphilosoph – wie allgemein derjenige, der nach religiöser Wahrheit strebt – will nicht einfach wissen, was die Menschen im Laufe ihrer Geschichte schon alles für eine religiöse Tatsache gehalten haben. Er will wissen, was religiöse Tatsachen *sind.* Er unterscheidet zwischen Religion und *wahrer* Religion. Und der heutige Religionsphilosoph weiß darüber hinaus, dass bei dieser Unterscheidung das Kriterium der Transzendenz eine entscheidende Rolle spielt. Denn dieses Kriterium liefert uns eine Idee, oder Grenzidee, des Übernatürlichen, von der allein wir behaupten dürfen, dass sie unserem Weltbild angemessen ist.

Was aber ist das für eine Idee? Bevor ich die Idee selbst erläutere, will ich eine Travestie, ein schauerliches Zerrbild dieser Idee schildern. Zum Jahreswechsel 2004/2005 standen wir alle unter dem Eindruck einer schrecklichen Erdbeben- und Flutkatastrophe in Südostasien, die weit über 250.000 Menschenleben forderte, von den Opfern der Nachfolgeereignisse (Hunger, Krankheiten, Seuchen) ganz zu schweigen. Diese Katastrophe benützten manche kirchlichen Würdenträger, um damit – ich sage das so sachlich wie möglich – Missionshoffnungen zu verbinden. Beispielsweise unternahm es ein katholischer Kardinal zum Fest der Heiligen Drei Könige (6. Januar 2005), in einer österreichischen Zeitung die Gesinnung der Überlebenden folgendermaßen zu charakterisieren:

„Hier in Indonesien hat mich beeindruckt, wie alle Überlebenden, mit denen ich sprechen konnte, ob Muslime oder Christen, die Sprache Gottes aus den Ereignissen vom 26. Dezember [dem Tag der Flut] herausgehört haben. Der Sinn all dieses Leidens ist nicht immer und jedem sofort klar. Dazu ist der Schmerz zu groß. Aber wie berührend ist es, überall dem Vertrauen zu begegnen, dass Gott in all diesem Leid zu finden ist."

Doch, so der Kardinal zweifelnd, wird überall die gleiche Einsicht vorzufinden sein, vornehmlich in den hochentwickelten Staaten des Westens? „Ich frage mich: Werden wir heute, mit all unserem Wissen, auch Gottes Sprache und Handschrift in den Ereignissen der Flutkatastrophe lesen können? Werden wir uns von diesem gewaltigen Naturphänomen ansprechen lassen und darin Gottes Wort an uns vernehmen?" Ja, der Kardinal sorgt sich regelrecht: „Werden die Mächtigen das Zeichen verstehen, das Gott ihnen gegeben hat?" Werden sie es verstehen, so wie jener „einfache Christ in Banda Aceh", der sagte: „Gott ruft uns alle zur Bekehrung durch diese Ereignisse. Wird Sein Ruf gehört werden?"

Wenn man aus dieser frommen Betrachtung eines herauslesen kann, dann Folgendes: Gott wollte, indem er mehr als eine Viertelmillion Menschen in der Flut umkommen ließ, ein Zeichen geben. So viele Tote, vom Leid der Überlebenden ganz zu schweigen, waren demnach unumgänglich, damit wir den Ruf zur Bekehrung wieder vernehmen und ernst nehmen. Das Einzige, was einem Menschen mit Verstand und Herz dazu einfällt, ist meines Erachtens, sich umzudrehen und wegzugehen: weg von diesem Kardinal und seinem Gott, der das Leid zahlloser Unschuldiger braucht, nur um ein Zeichen zur Bekehrung – was immer das heißen mag – zu setzen. Eine Religion, die es notwendig hätte, so einen Gott anzubeten, wäre es nicht wert, dass man einen Gedanken an sie verschwendet; sie wäre zuinnerst verdorben.

Wir können also getrost davon ausgehen, dass die geistliche Betrachtung des Kardinals mit dem christlichen Wesen nur insofern etwas zu tun hat, als dass das Christentum seit jeher einen missionarischen Eifer zeigt, der mit Gottes „Plänen" – von denen wir nichts wissen – sowenig zu tun hat wie mit dem immerfort beschworenen Gott der Liebe. Auf ihn setzt auch der Kardinal, ohne dabei zu merken, dass er ihn lästert, ja verleugnet, wenn er von der Flut als einem göttlichen Zeichen spricht.

Dennoch ist nicht auszuschließen, dass hinter den Worten des Kardinals eine im eigentlichen Sinne religiöse „Intuition" steckt, eine unerschütterliche Gewissheit, die sich merkwürdig einfach ausdrücken lässt, obwohl sie, wie wir noch sehen werden, von großer innerer Komplexität ist. Ich will versuchen, diese Gewissheit mit einem einzigen Satz zu umreißen: *Es ist, wie es ist, und es ist gut.* Die sich darin ausdrückende – man könnte sagen – „Geborgenheit im Schlechten" ist das Ärgernis des Glaubens. Nicht nur Voltaire hat sich darüber lustig gemacht, indem er über Leibnizens „beste aller möglichen Welten" spottete, sondern auch die Aufklärer, Agnostiker, Pragmatiker, Atheisten aller Färbungen und Zeiten.

Wenn der Wissenschaftler auf die Welt blickt, dann ist seine Haltung zumindest aus methodischen Gründen das, was man „wertfrei" nennt. Ihr entspricht der Satz: „Es ist, wie es ist." Und die moderne Welt ist voll von Realisten, die ebenso denken; sie alle würden die Erweiterung des wertfreien Satzes zu dem Satz „Es ist, wie es ist, und es ist gut" bloß mit einem Kopfschütteln quittieren. Außerdem gibt es in der modernen Welt genügend Skeptiker, Pessimisten und Apokalyptiker, die fragen würden, warum dieser Satz in irgendeiner Weise dem gegenteiligen Satz, wonach es ist, wie es ist, und dabei aber schlecht, vorgezogen werden sollte.

Wenn wir den Kardinal bona fide interpretieren wollen, dann können wir sagen, dass sein missionarischer Eifer die verdrehte, aktivistische Form der religiösen Einstellung zu den Dingen der Welt ist. Denn diese Einstellung beharrt auch noch angesichts der schrecklichsten Katastrophen, ob selbstverschuldet oder nicht, auf der Gewissheit, „dass alles einen guten Sinn hat". Die religiöse Einstellung ist dadurch charakterisiert, dass alles einen guten Sinn hat, weil nichts, was passiert und überhaupt passieren kann, etwas daran zu ändern vermag, dass alles einen guten Sinn hat. Das meint „Geborgenheit im Schlechten". Dabei ist offenkundig, dass hier die Begriffe „Sinn" und „gut" nicht in der gewöhnlichen Bedeutung verwendet werden, der zufolge man ohne weiteres Situationen angeben kann, die weder einen Sinn haben, noch gut sind, zum Beispiel das Erbeben von Lissabon aus dem Jahre 1755, das mit einem Schlag den dummen Optimismus der Aufklärung erschütterte.

Es ist mir klar, dass der Weg, den ich andeute, vielen suspekt sein muss. Viele werden ihn aus historischen und anderen, mehr systematischen Gründen ablehnen, wofür die Vielfalt religiöser Wirklichkeiten jeden nur denkbaren Anlass zu geben scheint. Nicht wenige werden verschärfend argumentieren, dass der angedeutete Weg zu überhaupt keiner verständlichen Auffassung vom Wesen des Religiösen führt. Ich werde versuchen, den Einwänden zu begegnen, indem ich sie Schritt für Schritt auflöse.

2. Kapitel
Das Reden über religiöse Tatsachen

Ich möchte mit einem Einwand beginnen, der sprachkritischer Natur ist. Wie – so lautet der Einwand – können Begriffe eine Bedeutung haben, wenn es keine empirische Situation gibt, auf die das, was sie meinen, *nicht* zutrifft. Wir lernen die Bedeutung von Wörtern ja gerade dadurch, dass wir lernen, auf welche Situationen sie zutreffen und auf welche nicht. Das kleine Kind lernt, dass nur bestimmte Gegenstände Bälle sind, während andere Gegenstände keine Bälle sind, was immer sie sein mögen, ob Würfel, Katzen oder Fernsehapparate. Was hingegen würde ein Kind lernen, wenn es dahinter käme, dass das Wort „Ball" auf buchstäblich alles anwendbar wäre, auf Bälle, Würfel, Katzen, Fernsehapparate, und so weiter? Eine mögliche Antwort könnte lauten: Nun, in einer solchen Sprache würde das Wort „Ball" so etwas Ähnliches bedeuten wie „Etwas".

In unserer Sprache kann zur Not alles ein Etwas sein. Doch angenommen, ich schaue in einen leeren Raum und sage: „Dort in der Ecke ist etwas …", und neben mir stehen Leute und sagen: „Nein, Sie irren sich, dort ist nichts." Würde ich *darin* eine Bestätigung meines Urteils sehen und erwidern: „Das sage ich ja, dort in der Ecke ist etwas", dann hätte ich mit belustigten Reaktionen zu rechnen: „Für Sie ist wohl alles etwas, auch der Umstand, dass dort nichts ist?" Was wäre, wenn ich dem zustimmen wollte? Der Sprachkritiker würde darauf beharren, dass ich dem Wort „etwas", ob klein- oder großgeschrieben, keine Bedeutung gegeben hätte; und dass dasselbe für das Wort „Ball" gälte, falls alles „ballig" wäre, ganz gleich, um welche Situation es sich handelte.

2.1 Sprachkritische Komplikationen

Angenommen, ich ließe mich durch das Argument des Sprachkritikers nicht beeindrucken. Ja, es aufnehmend, würde ich mich darin versteifen, dass alles ballig sei. Müsste der Sprachkritiker nicht immerhin den seltsamen Umstand würdigen, dass ich – indem ich erkläre, alles sei ballig – mir zwar der Verletzung der gewöhnlichen Bedeutung des Wortes „Ball" bewusst sei, dies aber in Kauf nähme, um auf einen mir wichtig scheinenden Punkt meiner Weltsicht hinzuweisen? Jener Punkt kann indessen kein empirischer sein, denn empirisch gesehen ist es schlichtweg falsch, dass alle Dinge der Welt irgendwie wie Bälle ausschauen.

Wir finden schon am Anfang der europäischen Philosophie um 500 v. Chr. Aussagen, die das eben geschilderte Beispiel vorwegnehmen, freilich im vollen Ernst (was man vom Balligsein der Welt nicht wird behaupten wollen). Während Heraklit aus Ephesos die Behauptung zugeschrieben wird, dass alles fließe, besitzen wir von Parmenides aus Elea ein Lehrgedicht, aus dem hervorgeht, dass sich in Wirklichkeit nichts verändere. Wenn wir uns einen Augenblick lang auf Parmenides konzentrieren, dann stellen wir fest, dass seine Überlegung darauf hinausläuft, dass uns die Sinne täuschen, indem sie uns vorgaukeln, es gäbe Bewegung. Dass sie uns täuschen, können wir daher nicht wiederum mit den Sinnen erkennen, sondern nur mit dem Verstand.

Die Verstandesargumente des Parmenides lauten ungefähr folgendermaßen: Erstens, bei jeder Veränderung verschwindet etwas ins Nichts, nämlich dasjenige, was zuerst da war, dann aber, nach der Veränderung, nicht mehr da ist, sondern durch etwas anderes ersetzt wurde. Zweitens, das Nichts ist undenkbar, weil es einen Widerspruch einschließt, nämlich den, der sich durch den Satz ausdrücken lässt: „Es gibt ein Nichts, in das bei jeder Veränderung dasjenige verschwindet, was zuerst da war und dann aber nicht mehr da ist." Der Widerspruch besteht darin, dass dem Insgesamt dessen, was *nicht* ist, zugeschrieben wird, *zu sein.* Aus der Undenkbarkeit eines solchen Widerspruchs folgt laut Parmenides gegen das Zeugnis all unserer Erfahrungen, dass es im Sein keinerlei Veränderungen und daher auch keine Zeit geben kann, die vergeht.

Wir brauchen uns über die Haltbarkeit der Argumentation des Parmenides hier keine Gedanken zu machen. Immerhin, sein Schüler Zenon wird sie noch verfeinern, indem er sich bewegte Dinge als aus unendlich vielen Punkten zusammengesetzt denkt, die keine Bewegung in sich schließen können, da sie unausgedehnt sind. Zenons Demonstrationen der Bewegungslosigkeit allen Seins werden Wissenschaftler und Philosophen bis in die Neuzeit beschäftigen. Was uns hier beschäftigen muss, ist die Frage, ob Parmenides seine Begriffe der Bewegung und Ruhe in die Bedeutungslosigkeit hineintreibt. Denn sagt er nicht, dass er *alles* „unbewegt" oder „veränderungslos" nennen will: das Unbewegte und Veränderungslose ebenso wie das Bewegte und sich Verändernde?

Nein, das sagt er nicht. Denn er geht ja gerade davon aus, dass wir die Dinge manchmal als bewegt und sich verändernd *erfahren.* Was er sagt, ist, dass die Sinne uns täuschen. Sein Begriff der Bewegungslosigkeit ist also ein *theoretischer.* In einem ähnlichen Sinne sagt uns auch die Physik, dass der Eindruck, demzufolge sich ein wahrnehmbarer Körper in Ruhe befindet, vor dem Hintergrund unseres Wissens über seine Mikrostruktur bloß als eine Folge unseres begrenzten Wahrnehmungsvermögens erscheint. Ruhe kehrt in den Atomen erst beim absoluten Nullpunkt ein, also bei minus 273 Grad Celsius, die freilich im Universum wegen der „Nachwärme" des Urknalls niemals erreicht werden.

Dennoch schwebt über der Parmenideischen Sprachverwendung ein Verdacht. Ist seine Lehre von der Unveränderlichkeit des Seins nicht bloß deshalb verständlich, weil wir den Unterschied zwischen Veränderung und Ruhe aus dem Erfahrungsbereich kennen und eben deshalb in der Lage sind, der Idee, wonach alles unveränderlich sei, einen Sinn zu geben? Wäre wirklich alles absolut „unveränderlich" *derart,* dass sich eine Veränderung des Seienden *gar nicht denken ließe,* so hätten wir keine Idee von den Begriffspaaren „veränderlich/unveränderlich" und „seiend/nicht seiend". Dann aber hätten diese Begriffe für uns tatsächlich keinen Sinn! Im Unterschied zu dem, was Parmenides behauptet, würde das heißen, dass *weder* der Begriff des Nichtseins (inklusive des Gedankens, dass die Dinge werden und vergehen) *noch* der Begriff des Seins (einschließlich der dem Sein innewohnenden Unveränderlichkeit) irgendeine Bedeutung hätte.

Mit anderen Worten: Schenken wir Parmenides Glauben, dann ist seine Aussage „Das Sein ist unveränderlich" nur deshalb verständlich, weil uns die Sinne systematisch in die Irre führen und eine Welt offenbaren, in der es beides gibt: das, was sich verändert, und das, was sich nicht verändert; das, was entsteht, und das, was vergeht; das, was ist, und das, was nicht ist. Um den Parmenideischen Standpunkt zu verstehen, beziehen wir gleichsam Position im Reich der Illusion und werfen einen geistigen Blick auf das Sein, so wie es an und für sich ist. Durch die Brille der Illusion, welche uns die Bilder des Vergänglichen *und* des Gleichbleibenden liefert, die quecksilbrig sprudelnden Bäche ebenso wie ihren Quell-Ort, die Berge, die erhaben in sich ruhen, bilden wir, abgeleitet davon, einen Begriff vom „Gebirg des Seins", das reglos, zeitlos, ewig in sich ruht.

Die Pointe, die wir so gewinnen, lautet: Parmenides kann seinem Begriff des Seins eine Bedeutung überhaupt nur geben, weil es die Illusion des Nichtseins (des Werdens und Vergehens, allgemein: der Veränderung) gibt. Der Gedanke dagegen, dass eben dieser Umstand die Illusion realer sein lässt als das Sein, das seiner Reglosigkeit wegen nie etwas hervorbringen dürfte, auch nicht die Illusion, die wir benützen, um das Sein zu erkennen – jener zugegeben vertrackte Gedanke scheint Parmenides gar nicht erst gekommen zu sein.

Nähern wir uns von hier aus dem Satz: „Es ist, wie es ist, und es ist gut." Wir wissen, dass es Gutes und Böses gibt, und nur weil wir *das* wissen, glauben wir zu verstehen, was gemeint sein könnte mit einer Einstellung, die sich etwa folgendermaßen ausdrücken lässt: „Ja, ich weiß, es gibt Gutes in der Welt, aber auch sehr viel Böses. Doch das ist nur die Art und Weise, wie uns Menschen die Welt erscheint. Betrachten wir hingegen die Welt so, wie sie an und für sich ist, das heißt so, wie nur Gott sie betrachten kann, dann wird auch das Böse als Teil der Schöpfung zu etwas, was gut ist. Denn in einem fundamentalen Sinne ist alles, was Teil der Schöpfung ist, gut, und in einem fundamentalen Sinne ist eben nichts denkbar, was nicht Teil der Schöpfung wäre."

Das ist eine Argumentation, durch die das Böse, als Teil der Schöpfung betrachtet, „gut" wird, selbst wenn es sich dabei um Gräueltaten handelt, beispielsweise jene, die der nordkoreanische Folterer an der Schwangeren und ihrem Neugeborenen begeht. Da wir noch viel Zeit mit dem Problem verbringen werden, welches sich hier auftut, besteht kein Anlass – ich sage das zu einer unschwer vorstellbaren Leserschaft, die missbilligend den Kopf schüttelt –, uns bereits jetzt moralisch zu erhitzen. Vorerst sollte unsere Aufgabe darin bestehen, der Frage nachzuspüren, ob das oben skizzierte Argument überhaupt irgendeinen Sinn hat, oder ob es nicht schlechterdings auf einer missbräuchlichen Verwendung des kleinen Wörtchens „gut" basiert. Denn es liegt mehr als nahe, die bereits eingeführte Kritikstrategie hier wieder aufzunehmen: „Gut" hat eine Bedeutung nur insoweit, als wir angeben können, wie etwas beschaffen sein muss, damit es *nicht* gut ist. Ja, noch stärker: „Gut" ist ein typischer Komplementärbegriff, dessen Verständnis sich wesentlich daraus ergibt, dass wir anzugeben in der Lage sind, was „schlecht" oder „böse" ist. Und natürlich sind wir dazu in der Lage. Die nordkoreanischen Folterer tun Böses.

Nun ist das Entscheidende an der vorliegenden Kritik keineswegs, dass angenommen wird, Gott sei durch und durch gut, oder Gott „wolle" und „handle" stets nur gut, weil sein Wesen durch und durch gut sei. Man versteht durchaus, was mit einer solchen Auffassungsweise von Gott gemeint ist, solange man bloß weiß, was es *bedeuten* würde zu sagen, dass Gott auch Böses wolle oder tue, weil sein Wesen eben nicht durch und durch gut sei, sondern partiell böse. Beispielsweise gibt es Menschen, die sagen, dass ein Gott, der den nordkoreanischen Folterern nicht das Handwerk lege, sondern sie gewähren lasse, deshalb auch nicht durch und durch gut sein könne. Denn es gehört zur *Bedeutung* des Gutseins einer Person, dass sie nicht tatenlos zuschaut, wie die einen die anderen quälen, falls sie *weiß*, bei was sie zuschaut und dabei die *Macht hat*, etwas dagegen zu unternehmen. Im Sinne dieser Bedeutung von Gutsein ist Gott nicht gut. Wenn nun aber gesagt wird, er sei trotzdem gut – dann, so das Argument, wissen wir nicht mehr, was „gut" mit Bezug auf Gott bedeuten soll.

Dasselbe gilt, wie man nicht weiter auszuführen braucht, für den Satz „Es ist, wie es ist, und es ist gut." Denn wenn sogar das, was eindeutig böse ist in der Welt, nämlich der nordkoreanische Folterer, auch noch gut ist, dann bedeutet es eben nichts, von „gut" oder „böse" zu reden. Denn dann hat man sich zu folgender Verwendungsweise des Wörtchens „gut " entschieden: „Deute blindlings auf irgendein beliebiges Ereignis der Welt und sage, es sei gut, und dieses Ereignis erfüllt schon die ganze Bedingung, um gut zu sein." So gesehen, ist es klarer als klar, dass „gut" gar nichts bedeutet, weil es eben alles bedeuten kann – alles, wohin ich überhaupt deuten mag, indem ich blindlings irgendwohin deute.

Aber es ist wohl ebenso klar, dass kein Mensch, der eine religiöse Aussage machen will, „gut" in dieser vordergründig dadaistischen Weise verwenden möchte. Vielmehr möchte er einen Sprechakt tätigen, der, wie wir uns leicht vergewissern können, wesentlich komplexer und natürlich auch ernsthafter ist, als die Bedeutung eines Wortes dadurch festlegen zu wollen, dass man behauptet, das Wort bezeichne all das, worauf man blindlings hindeute. Was der religiöse Mensch sagen will, ist, dass er in Anbetracht seiner Kenntnis dessen, was „gut" und „böse" im gewöhnlichen Sprachgebrauch bedeuten, darauf beharren möchte, dass alles, was in der Welt existiert, in *einem gewissen Sinne* gut ist. „Ja, in welchem denn?", lautet die Frage, die sich sofort stellt. Und die Antwort gibt uns vielleicht zunächst bloß ein Rätsel auf, falls sie nicht von vornherein als abstrus abgelehnt wird: „… in dem Sinne, dass alles, was in der Welt existiert, zugleich Teil der Schöpfung ist."

Der schöpfungsorientierte Gebrauch von Wertbegriffen leugnet nicht, dass auf Erden Gutes und Böses existiert, und er besteht dennoch darauf, dass, als Teil der Schöpfung gesehen, Gutes wie Böses *gut* ist. Der schöpfungsorientierte Gebrauch von „gut" kann also nicht einfach der gewöhnlich moralische sein, und, so dürfen wir hinzufügen, es handelt sich um überhaupt keinen gewöhnlichen Gebrauch des Wortes: weder geht es um ästhetisch noch um technisch Gutes.

Es geht vielmehr um das Gute als transzendenten oder – in eher mythologischer Sprechweise – übernatürlichen Wert.

2.2 Gut im schöpfungsorientierten Sinne

Aber, so die beharrliche Frage, was bedeutet „gut" im schöpfungsorientierten Sinne? Hier die Antwort: Wir wissen es nicht, wenn etwas zu wissen voraussetzt, ein Szenario des Guten angeben zu können; und doch wäre es falsch, daraus zu folgern, „gut" im genannten Sinne hätte keine Bedeutung. Das Gegenteil ist der Fall. Um allerdings den springenden Punkt zu verstehen, muss man sich dem vorliegenden Problem von zwei Seiten her annähern. Die eine Seite wird repräsentiert durch eine Grenzidee, wenn man will, den Limeswert des Moralischen: *Vollkommenheit.* Und die andere Seite – die freilich bloß die andere Seite ein und derselben Medaille ist – wird repräsentiert durch den transzendenten Seinsmodus, in dem sich Vollkommenheit erst als „real" denken lässt: *Erlösung.*

Die Annährung an den Zustand der Vollkommenheit oder, wie ich auch sagen werde, des guten Lebens stellt eine Bewegung innerhalb des Moralischen dar. Demgegenüber transformiert sich das Moralische an der Grenze – dort, wo sich das Leben dem Zustand der Vollkommenheit gleichsam infinitesimal angenähert hätte – zu etwas, was nur vom Standpunkt Gottes aus als real gedacht werden kann: zum Sein der Dinge, betrachtet durch ein „Auge", das sie als erlöste, das heißt: als vom Übel befreite, „wahrzunehmen" imstande wäre.

Wenn wir über „gut" und „böse" sprechen, dann tun wir das nicht selten, indem wir bereits ein sehr eingeschränktes Konzept der Ethik vor Augen haben. Ethik in diesem eingeschränkten Sinne besteht darin, dass wir unsere Pflicht tun gemäß den Geboten, die wir anerkennen. „Du sollst nicht töten." „Du sollst nicht stehlen." „Du sollst deine Versprechen halten." So gesehen, erweckt das Phänomen des Moralischen einen statischen Eindruck. Es gibt festgefügte Tatbestände (töten, stehlen, Versprechen halten), die mit einer Anweisung verbunden sind (sollen/nicht sollen).

Thomas von Aquin sagt in seiner *Summe der Theologie*, Buch II, Teil I, Frage 94, Art. 2: *bonum est faciendum.* Entweder man tut seine Pflicht, dann handelt man pflichtgemäß und also gut, oder man tut seine Pflicht nicht, dann handelt man schlecht, böse. Doch das Zitat von Thomas über das Gute lautet zur Gänze: *bonum est faciendum et prosequendum…*, was man am Besten wohl übersetzt: „Das Gute ist zu tun und zu befördern." Darin steckt der Gedanke – jedenfalls würde ich vorschlagen, ihn darin zu erkennen –, dass das Gute nichts Statisches ist, was man einfach tut oder nicht tut, sondern etwas, was man, indem man es tut, zu „befördern", das heißt, aus- und weiterzubilden hat.

Die Pflichtethik ist demnach das Faustregelwerk unserer Moral, ihre handfeste Basis. Aber dahinter steckt der Gedanke, dass wir Pflichten haben, weil es in unserem Leben Werte gibt, die wir anstreben. Unter diesen Werten gibt es solche, die wir zweifellos nur deshalb anstreben, weil wir sie benötigen, um „nach

Höherem zu streben". Ein gutes Einkommen ist eine feine Sache, indessen streben wir es nicht um seiner selbst willen an: wir brauchen Geld, um damit Dinge zu realisieren, die wir – wie wir sagen – *um ihrer selbst willen anstreben*. Das ist ein einfacher Mechanismus, und selbst der primitive Mensch, der den Sinn seines Lebens darin erblickt, mit einem schicken Sportwagen durch die Gegend zu brausen, versteht ihn. Er versteht, dass es im Leben letzten Endes darauf ankommt, Dinge zu verwirklichen, die ihren Wert nicht außer sich haben, sondern in sich selbst tragen – Dinge, die einen *intrinsischen* Wert haben.

Nun klingt das zwar einfach, ist aber in Wahrheit nichts, was sich durch Handlungsweisungen im Sinne der Pflichtmoral zum Ausdruck bringen ließe. Intrinsische Werte sind nämlich keine statischen Größen. Betrachten wir kurz das Glück, das häufig als ein solcher Wert angesehen wird. Jeder, der schon einmal glücklich war, weiß, dass man nicht deshalb glücklich sein will, weil das Glück dazu dient, einen darüber hinausliegenden, höherwertigen Zweck zu erreichen. Man will glücklich sein, weil man glücklich sein will. Der Wert des Glücks liegt demnach in ihm selber begründet, und deshalb sprechen wir von Glück als einem intrinsischen Wert.

Nichtsdestotrotz wissen wir, dass nicht jedes Glück einen Wert repräsentiert, und schon gar nicht immer einen intrinsischen. Es gibt Formen des Glücks, durch die anderen Wesen Unglück zugefügt wird, so zum Beispiel, wenn der Sadist sein Opfer quält. Und es gibt Formen des Glücks, durch die man sich selbst Schaden zufügt, so etwa, wenn man Drogen nimmt, die süchtig machen.

Außerdem gibt es niedere und höhere Formen des Glücks, animalisches und geistiges Glück. Und obwohl die Menschen nach beidem streben, so werden sie doch zugleich die innere Hierarchie der Glücksmöglichkeiten nicht in Abrede stellen. Das hat – um einem verbreiteten Missverständnis vorzubeugen – mit Leibfeindlichkeit gar nichts zu tun. Zur Liebe gehört der Sex. Doch es gibt Formen der Liebe, in denen es den Partnern nur darum geht, ihre sexuelle Notdurft zu befriedigen, und dann gibt es Formen der Liebe, in denen die Partner einander auf eine tiefere Weise zugetan sind.

Wir werden noch darüber reden, worin das Wesen der Liebe besteht, der *wahren* Liebe, wie wir sie in unseren Träumen erfühlen und wie sie die Kunst ausmalt. Vorerst soll nur festgehalten werden, dass es die Liebe und andere hochbewertete Phänomene des Lebens sind – Schönheit, Autonomie, Gerechtigkeit –, die uns das Glück nicht bloß als ein „Gefühl" erscheinen lassen, sondern als ein Wertpotential. Wir streben nicht nur nach Glück, sondern nach dem *wahren* Glück.

Was aber ist das wahre Glück? Das eben können wir nicht positiv sagen! Wir können, auf einer fundamentalen Ebene, negativ abgrenzen: Wahres Glück schädigt niemand anderen und es fügt dem, der es erfährt, Leid nur insofern zu, als das Leid die Folge eines hochbewerteten Zustandes ist, über den sich das wahre Glück zum Teil bestimmt. Das kann beispielsweise die Liebe sein, die den Liebenden vieles abfordert, was auch mit Leid verbunden ist. Dieses Leid gehört dann zum Glück, das darin besteht, einander zu lieben, wesentlich dazu.

Andererseits ist eine Liebe, welche nicht glücklich, sondern nur unglücklich macht, irgendwie defekt. Wahrhaft Liebende suchen nach einem sehr intensiven, ja nach dem absoluten Glück, das darin besteht, dass sie, die ganz einander gehören und füreinander bestimmt sind, einander tatsächlich gefunden haben. Man kann die wahre Liebe ohne das Glück, einander zu lieben, nicht verstehen, und man kann das wahre Glück nicht verstehen ohne Wissen darum, was es heißt, einen anderen Menschen wahrhaft zu lieben.

Wenn wir das Glück als den zentralen intrinsischen Wert ansetzen, dann ist das, was wir im schlichten Sinne des Wortes „Glück" nennen, zugleich ein Wert im Sinne eines *Eröffnungspotentials*. Das bedeutet, dass es Glück als eine animalische, triebhaft sinnliche Empfindung gibt und als das Glück, dessen Gehalt sich erst über die verschiedenen Annäherungsformen an das gute Leben erschließt. Das sind Manifestationen, welche die Menschen in dem Bestreben, sich zu *vervollkommnen*, erst kennen und schätzen lernen; so beispielsweise in dem Bestreben der einander Liebenden, ihre Liebe zu vertiefen und durch die Liebe besser zu werden.

Wir wissen, was es bedeutet, sich zu vervollkommnen, und dabei stoßen wir rasch auf das Problem, dass Selbstvervollkommnung ohne entsprechendes Verhalten den anderen gegenüber gar nicht denkbar ist. Das liebende Paar ist keine Insel. Es steht in Beziehung zu der es umgebenden Welt. Das macht die Idee der Vervollkommnung zu einer Idee des guten Lebens und damit der Gemeinschaft, wie immer diese aufgefasst wird. Sie kann von der Familie bis zur ganzen Menschheit reichen.

Wahre Liebe ist nicht möglich, wenn sie nicht bis zur Selbstaufopferung um das Wohl derer, die man liebt, besorgt ist. Aber ist wahre Liebe möglich in einer Welt, in der das Wissen um die unschuldig Leidenden rund um den Erdball noch in die intimen Gefühlsfärbungen der einander Liebenden eingeht, die ja gerade in ihrer Liebe moralisch sensible und mitfühlende Wesen bleiben – und bleiben *sollten?* Lassen wir die Frage einfach stehen. Denn die wahre Liebe hat – so wie das wahre Glück allgemein – ein Ideal, das sich in der Welt nicht verwirklichen lässt. Das gute Leben bleibt der absolute Horizont, unerreichbar. Dennoch bewegen wir uns, als moralische Wesen am Leitfaden intrinsischer Werte, auf diesen Horizont zu. Wir sagen zwar, dass wir das wahre Glück um *seiner selbst willen* anstreben, und wir kennen schlechtere und bessere, niedere und höhere Formen des Glücks; aber wir wissen nicht, wie das Ideal selbst ausschaut.

Der Grund dafür besteht darin, dass wir es mit einem Ideal der moralischen Vervollkommnung zu tun haben. Das wahre Glück ist nichts, was sich definieren ließe, wie beispielsweise der „vollkommene" oder „ideale" Kreis. Diesen Kreis gibt es als mathematische Figur – er liegt in einer Ebene, wobei alle Punkte an seiner Peripherie von einem Punkt M, dem Mittelpunkt, gleich weit entfernt sind –, obwohl der Kreis *als* mathematische Figur sich mit keinem denkbaren Präzisionsinstrument realisieren lässt. Das wahre Glück ist aber auch nicht ein irgendwie messbares Optimum, etwa jener physikalische Gesamtzustand eines Organismus, bei dem die intensivsten Glücksempfindungen auftreten. Als Ideal der moralischen Vervollkommnung ist das Glück ein komplexer Zustand, der uns und außerdem all jene betrifft, die von unserem Handeln berührt werden. Dabei versuchen wir, soweit wir moralisch aktiv sind, besser zu werden. Doch das Ideal, das wir dabei um seiner selbst willen anstreben, würden wir erst kennen, wenn wir es erreicht hätten. Von diesem Ideal gilt jedenfalls: *Wir hätten es erst dann erreicht, wenn es alle erreicht hätten.* Man kann nicht wahrhaft glücklich sein, wenn irgendwo noch eine Kreatur leidet. Und was die wahre Liebe betrifft, so bleibt sie illusionär, solange sie nicht allen Wesen, die liebesfähig sind, zuteil wird.

Das also ist der Zusammenhang, auf den es hier ankommt: Wir sagen zu Recht, dass wir das Glück um seiner selbst willen anstreben. Doch was wir damit meinen, sind nicht jene Formen des fragmentierten und fragwürdigen Glücks, die in sich selbst und häufig auch für die anderen unbefriedigend bleiben. Wir meinen vielmehr jenes Ideal, das wir, ohne es inhaltlich fixieren zu können, als „wahres Glück" charakterisiert haben. Dieses richtet alle unsere Vervollkommnungsbemühungen auf den Zustand des guten Lebens aus. Und *diese Art der Vollkommenheit* ist das einzige Ziel, von dem sich mit vollem Recht (ja, als Teil seiner Bedeutung) sagen lässt, dass wir es um seiner selbst willen anstreben – unbeschadet der Konsequenzen, die es zeitigt. *Welche Konsequenzen das Glück im guten Leben auch zeitigt, es sind solche, die seine Vollkommenheit nicht stören und dadurch zerstören: sie alle tragen im Gegenteil bei zum guten Leben.* Das ist kein empirisches Ideal mehr, sondern eines, das alle möglichen empirischen Welten vom Standpunkt der Erlösung aus bewertet, also von einem Standpunkt der „metaphysischen Perfektion" aus, die innerhalb des Menschenmöglichen unerreichbar bleibt.

So gesehen, ist das Phänomen des Moralischen nicht definierbar ohne den Limeswert des guten Lebens. Wenn wir erst verstehen, dass die Anerkennung dieses Wertes für die Definition aller intrinsischen Werte unerlässlich ist, dann wird uns klar, dass an der Grenzlinie das moralisch Gute sich *transformiert:* Es wird zum Guten in einem transzendenten (oder, das Wort ist gleichgültig, transzendentalen) Sinne. Denn die vollständige Realisierung der intrinsischen Werte würde voraussetzen, dass die Welt – wie es heißt – „vom Übel erlöst" wäre. Dann erst wäre sie vollkommen und dann erst wäre das gute Leben *da.*

Ich bin mir dessen bewusst, dass die Verwendung eines religiös derart belasteten Begriffs wie jenes der „Erlösung" den Verwender gleich mitbelastet. Dennoch halte ich es für wenig zielführend, mich gleichsam begrifflich zu verschleiern (so, als ob unter dem Schleier der Elefantenmensch lauern würde), und beispielsweise statt von „Erlösung" vom „transzendentalen Ideal der Perfektion" und Ähnlichem zu sprechen. Denn der Schleier beruhigt nicht nur (man muss den grauenhaften Anblick des Elefantenmenschen nicht ertragen), er verschleiert eben auch. In unserem Zusammenhang verschleiert er, dass zwischen intrinsischen Werten, moralischen Idealen und einer religiösen Einstellung zu den Tatsachen der Welt ein innerer Zusammenhang besteht, den die „säkularen" Ethiken nur um den Preis, defekt zu sein, überspielen können.[2]

Es gibt auch einen mehr technischen Grund, warum ich den Begriff der Erlösung verwende. Er soll die besondere *Art* der Vollkommenheit, die im guten

---

2 Ich führe diesen Punkt aus in meinem Buch *Gut in allen möglichen Welten. Der ethische Horizont*, Paderborn 2004.

Leben verwirklicht wäre, akzentuieren. Diese Vollkommenheit ist, von uns aus gesehen, kein Limeswert, der, mathematisch gesprochen, sich beziffern ließe oder, empirisch gesagt, durch irgendeine Erfahrungssituation, und sei es auch nur eine in der Phantasie vorgestellte, jemals gegeben sein könnte. Dennoch lassen sich zwei formale Merkmale des Erlöstseins nennen:

Erstens, mit dem Zustand des Erlöstseins vom Übel ist notwendig die Definition erfüllt, die W. D. Ross von den intrinsischen Werten gibt: "The intrinsically good is best defined as that which is good apart from any of the results it produces."[3] Die Welt wäre dann so beschaffen, dass die Realisierung eines jeden intrinsischen Werts *W* niemals möglicherweise ungewollte Konsequenzen hätte, die dazu führen würden, dass wir *W* nicht mehr um seiner selbst willen anstreben. In der erlösten Welt könnte es niemals *zuviel* Liebe in dem Sinne geben, dass, wenn alle einander lieben, zuwenig rationaler Eigennutz vorhanden wäre, um durch belebende Konkurrenz wenigstens einen bescheidenen Wohlstand sicherzustellen. Wie hingegen unsere Welt nun einmal beschaffen ist, ist es immerhin denkbar, dass es in ihr auch zuviel selbstloses Handeln gäbe.

Zweitens, mit dem Zustand des Erlöstseins würden alle Merkmale, die einer Person zukommen, ihr zugleich als Merkmale zukommen, die für ihr individuelles Personsein *wesentlich* sind. Die Forderung „Werde, der du bist!" wäre dann vollständig eingelöst. Das wäre zugleich das Ende jener Art von Entfremdung, die darin gründet, dass wir im wirklichen Leben nie wissen, wer wir wirklich sind. Denn tatsächlich wissen wir nicht – und können wir als ichhaft auf uns selbst bezogene Wesen nicht wissen –, welche unserer Eigenschaften und lebensgeschichtlichen Episoden, die uns faktisch von den anderen abheben, uns nur *oberflächlich* anhaften, durch das Schicksal aufgezwungen wurden, blindlings widerfuhren und letzten Endes für unsere personale Identität (zum Beispiel für mich als das Wesen, das der Name „P.S." bezeichnet) unwesentlich sind. – Dieser Punkt ist es wert, näher erläutert zu werden.

2.3 Exkurs: Selbstsein und Selbstsuche

Die meisten Merkmale, über die ich mich selbst identifiziere und identifiziert werde – als die Person, die der Name „P.S." bezeichnet –, könnten auch andere sein, ohne dass ich aufhören würde, zu existieren. Man kann sich nicht nur überlegen, wie es wäre, einen anderen Beruf oder eine andere Haarfarbe zu haben; man kann sich auch überlegen, wie es wäre, eine andere Hautfarbe, einen anderen Lebenslauf oder andere Eltern zu haben.

Bei all diesen Überlegungen gehen wir von einem *kompakten Selbstbild* aus. Dieses lässt sich nicht exakt definieren, aber es ist die dicht zusammenhängende, weitgehend in sich stimmige Summe all jener Faktoren, die ich mir selbst als meine Biographie, meinen Körper, meine Umwelt, meine psychische Situation,

---

3 W. D. Ross: *The Right and the Good*, Oxford 1930, 68.

mein allgemeines Wissen, meine gegenwärtigen Erfahrungen und Erlebnisse zuschreibe.

Ich muss die Eigenschaften, über die ich mich *identifiziere,* von jenen trennen, deren Verlust dazu führen würde, dass ich aufhöre, ich selbst zu sein. Das sind die *wesentlichen* Eigenschaften meines individuellen Personseins innerhalb meines kompakten Selbstbilds. Aber was sind das für Eigenschaften? Viele Elemente meiner DNA könnten beispielsweise andere sein, ohne dass ich aufhören würde, ich zu sein. Ausgehend von meinem kompakten Selbstbild kann ich mir vorstellen, wie meine DNA Schritt für Schritt umgebaut wird; als Folge davon werde ich kahl, mir fallen die Zähne aus, dafür werde ich intelligent, blauäugig und heiter. Mein lakonischer Kommentar: Solange ich selbst es bin, der feststellen kann, was sich an ihm (= mir) ändert, solange bin ich ich.

Mit anderen Worten: Wir haben eine *Basisidentität,* die darin besteht, dass wir uns auf kontinuierliche und weitgehend widerspruchsfreie Weise selbst Eigenschaften als die unseren zuzuschreiben vermögen. Die Summe dieser *ichhaften* Selbstzuschreibungen ergibt unser kompaktes Selbstbild. Wir verknüpfen mit unserer Basisidentität die Vorstellung, dass wir über *personale Identität* verfügen. Diese besteht darin, dass bestimmte Merkmale unseres kompakten Selbstbilds für uns als die Person, die wir sind, zugleich *wesentlich* sind.

Angenommen, ich stelle mir vor, ich lebe im 19. Jahrhundert. Wodurch wäre dann entschieden, dass ich ich bin. Ich bediene mich meines kompakten Selbstbilds und stelle mir vor: Ich schaue aus wie P.S., ich verhalte und fühle mich wie P.S. Aber bin ich P.S.? Vieles muss ich ja aus meinem kompakten Selbstbild eliminieren, will ich mir ernsthaft vorstellen, ich existierte im 19. Jahrhundert – und ich weiß nicht, was genau. Ist es da nicht viel natürlicher zu sagen, die Person im 19. Jahrhundert wäre bloß eine Art Doppelgänger meiner selbst? Aber das will ich eben nicht sagen; stattdessen will ich sagen: „Wäre *ich* im 19. Jahrhundert geboren, dann hätte *ich* andere Eltern, eine andere Biographie …, etc." *Ich will etwas über mich im 19. Jahrhundert sagen.* Damit ich das tun kann, muss ich etwas von mir festhalten, was kompakt genug ist, um mich mir selbst als im 19. Jahrhundert lebend vorzustellen.

Das führt zu der Frage: Was sind die unverzichtbaren Elemente unseres individuellen Selbstseins bzw. Personseins? Und die Antwort lautet: Wir kennen unsere wesentlichen Merkmale nicht. Wir befinden uns, bei funktionierender Basisidentität, auf der Selbstsuche. Das bringt uns zur Idee der *Bildungsgeschichte:* Gerade weil und insofern wir substantiell nicht wissen, wer wir sind, streben wir danach, in den Zufälligkeiten und Mechanismen unseres Lebens einen Sinn zu entdecken. Wir bemühen uns, in den Eigenschaften, die unser Leben faktisch ausmachen, eine Bedeutung zu erkennen, so dass wir sagen dürfen: „Wäre unser Leben nicht so abgelaufen, wie es abgelaufen ist, wären wir nicht die, die wir sind."

In dieser Idee steckt ein radikal utopisches Element: Denn im faktischen Leben ist es immer vorstellbar, dass es „anders hätte kommen können", ohne dass wir deshalb nicht die gewesen wären, die wir waren und sind. Im faktischen Leben können wir uns der Vorstellung, dass unsere Eigenschaften, zumal im biographischen Kontext, unsere personale Identität repräsentieren, nur *annähern* – als einem unerreichbaren Grenzideal. Denn vieles bleibt uns stets äußerlich. Die Vorstellung eines erlösten „Lebens nach dem Tod" hingegen zeigt uns das *Grenzideal des Personseins* als eines Befreitseins von allen den Sinn des Selbstseins blockierenden Äußerlichkeiten. Wenn wir uns vorstellen, wir würden nach dem Tod weiterleben, dann jedenfalls nicht so, dass wir dann Eigenschaften hätten, von denen sich sagen ließe, wir könnten ihrer auch entbehren.

Aus dem Grenzideal des Personseins folgt, dass die Bildungsgeschichte einer Person erst dann vollendet ist (und ihr der Sinn ihres Lebens erst dann klar wird), wenn sie zu Recht sagen kann, *dass alle Teile ihres Lebens für sie – als die Person, die sie ist – wesentlich sind.* Das Grenzideal des Personseins ist nicht empirischer und nicht bloß normativer Art; es ist metaphysisch.

2.4 Das Ideal der Transzendenz: Erlösung

Zwangsläufig stellt sich die Frage, ob ich durch die Verwendung des Begriffs „Erlösung" jemanden zu einer *bestimmten* religiösen Einstellung, sagen wir: zur christlichen, verpflichten möchte. Nein, das ist Unsinn. Aber will ich den Leser nicht doch dazu verführen, eine *religiöse* Einstellung zu den Dingen der Welt zu akzeptieren? Mit Bezug darauf fällt meine Antwort differenziert aus. Verführen will ich den Leser zu gar nichts, sonst würde ich, statt so zu reden, wie ich es tue, rhetorische Schleiertänze aufführen; das ist bekanntlich ein Medium der Verführung. Aber *wenn* die Grenzidee des guten Lebens zur Bedeutung intrinsischer Werte als Eröffnungspotentiale dazugehört (so wie die Grenzidee der absoluten Wahrheit zur Idee der „Erkenntnis als Wahrheitsannäherung" gehört), *dann* akzeptiert jedes moralisch denkende Wesen eine Einstellung, die man als religiös bezeichnen *kann.* Worauf es ankommt, ist jedoch nicht das Wort „religiös", sondern die Einstellung selbst und was sie *bedeutet.*

Es ist richtig, wir verwenden Wörter wie „gut" und „schlecht" stets und notwendig so, dass sie ihre Bedeutung aus der Kenntnis der jeweils komplementären Situation beziehen. Doch zugleich lernen wir, dass gut zu sein bedeutet, sich an ein Ideal des Guten anzunähern. Deshalb sagte ich, dass jene Werte, die wir intrinsisch nennen, weil wir sie um ihrer selbst willen anstreben, Eröffnungspotentiale auf den Grenzwert des guten Lebens hin darstellen. Dieser Grenzwert fällt, insofern er sich als transzendent erweist, mit der Idee der Erlösung zusammen. Damit wird aus der moralischen Kategorie des Guten eine religiöse.

Mir ist klar, dass viele Ethiker, die im Übrigen Agnostiker sein mögen oder nicht, genau diese Transformation des Guten bestreiten werden, jedenfalls *solange,* als das Etikett „religiös" im Spiel bleibt. Also würde ich fürs Erste vorschlagen, auf das Etikett zu verzichten. Mein Appell: Nennt doch das Problem, um das es hier geht, wie ihr wollt, nur verliert es nicht aus den Augen, denn sonst kommt euch das Wesentliche am Phänomen des Moralischen abhanden!

Freilich, sobald wir zu dem zurückkehren, was ich als den schöpfungsorientierten Gebrauch des Wörtchens „gut" bezeichnete, scheint die religiöse Terminologie unumgänglich. Denn das Wort Schöpfung deutet an, dass sich in der Welt ein Wertgeschehen realisiert, das nicht auf menschliche Bewusstseinslagen, Willensakte, Stellungnahmen und Aktionen zurückführbar ist. Wir werden später darüber reden, ob unser wissenschaftliches Weltbild am besten ohne Schöpfungsorientiertheit auskommt, ja einen Verzicht auf eine derart „mythische" Perspektive geradezu fordert. An dieser Stelle will ich bloß aufhellen, welchen Gebrauch der *religiöse* Mensch von dem Wörtchen „gut" macht, wenn er es *als* religiöser Mensch gebraucht – und ich betone noch einmal, dass in einem nicht-defekten Sinne moralisch zu sein meines Erachtens einschließt, „religiös" in dem hier gemeinten Sinne zu sein.

„Es ist, wie es ist, und es ist gut." Das kann gar nicht heißen, dass es auf der Welt keine Übel und kein Böses gäbe. Es gibt sie. Was heißt es dann? Nach all dem, was wir bisher am Phänomen des Moralischen freigelegt haben, heißt es, dass der religiöse Mensch die Welt nicht anders zu betrachten vermag, als dass sie bis in ihre letzten Bestandteile hinein auf das Ziel der Erlösung vom Übel hin angelegt ist. Sie ist nicht erlöst; aber es gehört zum innersten Wesen der religiösen Haltung, die Welt als erlösungsbedürftig und, mehr noch, als erlösungsstrebig zu betrachten. Denn alle moralischen Potentiale, die mit der Existenz intrinsischer Werte mitgegeben sind, weisen in die Richtung eines Limes, der, als die Idee des guten Lebens, zugleich die radikale Utopie des Moralischen und seiner Transformation einschließt. *„Gut" sein im religiösen Sinne bedeutet, Teil einer erlösungsstrebigen Welt, das heißt, der Schöpfung zu sein.*

Dabei fällt auf, dass „gut" im religiösen Sinne nicht bloß ein Merkmal menschlicher Haltungen und Taten ist, sondern sich – wie gesagt – auf die Welt im Ganzen bezieht. Die ganze Welt erscheint als ein Prozess, der nach Erlösung strebt. Weil wir, als Bewusstseinswesen, intrinsische Werte als Eröffnungspotentiale erfassen, wissen wir, *dass die Idee des guten Lebens die Transformation nicht bloß unserer eigenen Menschlichkeit, sondern der ganzen Welt erfordert.* Dagegen sperrt sich das Dogma von der Wertneutralität des bloß Naturhaften. Ihm zufolge sind es erst wir, die in die Naturphänomene Werte „hineinprojizieren", indem jene bei uns bestimmte Gefühle auslösen. Doch hier wird ein Weltbild, das methodisch erzeugt ist – schließlich kennt die naturwissenschaftliche Begrifflichkeit keine Wertprädikate –, mit dem verwechselt, was objektiv der Fall ist.

Objektiv gesprochen, sind die primären Tatsachen der Welt nicht von unserem Bewusstsein ablösbar; und die Primärstruktur unseres Bewusstseins ist wertend. Es ist natürlich möglich und für die Kontexte wissenschaftlicher Erkenntnisbildung sinnvoll, *so zu tun,* als ob wir die Natur objektiv erst dann erfahren könnten, wenn wir bereits alles Werthafte aus ihren Phänomenen abgezogen haben. Auf dieselbe Weise können wir so tun, als ob wir uns als menschliche Personen erst dann objektiv erkennen, wenn wir uns ganz in den Begriffen der Physik, Chemie und Biologie erfassen. Doch das ist ein fundamentaler Irrtum der Naturalisten.

Wenn wir uns wechselseitig bloß noch als Biomechanismen betrachten, dann sind wir unfähig, uns als Personen zu sehen.

So etwas passiert indes höchstens Verrückten. Die Realität ist eine andere: Wir bleiben als Anwender unseren biologischen Theorien, die aus Personen Mechanismen werden lassen, ebenjene Personen, die sich in der Theorie als Mechanismen zu begreifen versuchen. Und ebenso funktioniert die Reduktion der Welt auf einen Kosmos wertneutraler Tatsachen: Wir, die Personen, für welche die Existenz intrinsischer Werte einen unhintergehbaren Grundzug unserer Welterfahrung bildet, sehen von diesem Grundzug für bestimmte wissenschaftliche Zwecke ab. Dagegen gibt es nichts einzuwenden, solange daraus nicht im Umkehrschluss abgeleitet wird, wird sollten die Existenz unseres Werte erfassenden Bewusstseins aus der wertneutral konzipierten Realität der Wissenschaft ableiten, um zu zeigen, wie in der Welt des „Objektiven" (der wertfreien Tatsachen) das „Subjektive" (Wertende) entsteht.

Das alles ist schwer durchschaubar, *weil wir uns hier in einer riesigen Schleife bewegen.* Einerseits sind unser Bewusstsein und die Welt unauflösbar ineinander verstrickt, denn alles, was wir von der Welt überhaupt wissen können, wissen wir nur aufgrund des Umstandes, dass uns die Welt bewusst wird. Andererseits ist die Trennung zwischen Bewusstsein und Welt etwas, was mit der Struktur unseres Bewusstseins einhergeht. Wir lernen, dass gewisse Dinge nur unserem Bewusstsein zugehören (Gedanken, Erinnerungen, Illusionen), während andere Dinge unserem Bewusstsein widerstehen und, mehr noch, von ihm unabhängig sind.

Diese Einsicht führt fast automatisch zu der Vorstellung, dass die von unserem Bewusstsein unabhängigen Dinge primär sind, und unser Bewusstsein irgendwie aus den von ihm unabhängigen Dingen, beginnend mit dem Urknall bis zur Entwicklung zentralnervöser Organismen, entsteht. Doch diese Vorstellung vom Primat der physischen Welt *ist selbst Teil der Schleife:* Erst die Existenz eines Bewusstseins, das in der Lage ist, Bewusstseinsinhalte als Weltgegebenheiten aufzufassen, gibt Anlass dazu, dass sich in der Neuzeit das Bewusstsein als eine abgeleitete, sekundäre Erscheinung im physischen Weltganzen zu verstehen – und damit sein Rolle grundlegend *misszuverstehen* – beginnt.

Dieses Missverständnis ist selbstverständlich kein gewöhnliches, banales, kein schlichter Fehler. Denn mit dem Heraufdämmern des Selbstbewusstseins wird dem Menschen klar, dass das, was sich ihm im Bewusstsein, in der Erfahrung von Dingen und Tatsachen offenbart, etwas Fremdes ist. Das, was als Welt erfahren wird, droht dem Bewusstsein damit, es zu vernichten. Der Tod kommt von außen, und das Bewusstsein lernt schnell, den Körper, in dem es lebt und wirkt, als Teil der Außenwelt sich selbst entgegenzusetzen. Was läge also näher, als dass die „Tatsachen der Welt", die doch ihrem Wesen nach erscheinende Tatsachen innerhalb eines Bewusstseins sind, aus diesem ganz ausgelagert und einer bewusstseinsfremden Sphäre – der Außenwelt – zugeordnet werden?

Am Schluss wird das menschliche Gehirn als Teil der bewusstseinsfernen physikalischen Welt das Bewusstsein hervorbringen, das dann ebenjene Erfahrungen beherbergt, die ihrerseits Anlass zur Konstruktion der bewusstseinsfernen Welt geben, als deren Teil das menschliche Gehirn erscheint. Und es wird gesagt werden, dass nur etwa zwei Prozent der neuronalen Aktivitäten im Gehirn überhaupt bewusst werden. Diese Schleife, welche die *Bedeutung* aller wissenschaftlichen Begriffe an Daten des Bewusstseins *bindet* – also an etwas im Weltprozess angeblich Abgeleitetes und Subjektives –, wird von der wissenschaftlichen Welt mit wenigen Ausnahmen ignoriert.

Solange wir uns jedoch der Schleife bewusst bleiben, in der Bewusstsein und Welt innerlich aufeinander bezogen sind, obwohl sie in ihr auf rätselhafte Weise als Subjekt und Objekt auseinander treten, mutet es nicht von vornherein abwegig an, den Weltprozess auch als ein Wertgeschehen zu verstehen. Und es ist typisch für die religiöse Sichtweise, dass sie das „Sein" und das „Gute" zueinander in mehr als eine äußerliche Beziehung setzt. Denn die Idee des guten Lebens als desjenigen, was wir um seiner selbst willen anstreben, ist in einer Welt der Übel nicht realisierbar.

Diese Rahmenbedingung führt zu einer Moral des Menschenmöglichen, die damit rechnet, dass sich die Welt nicht unseren Tugendvorstellungen fügt, sondern vielmehr das, was als tugendhaft gelten darf, sich dem Umstand anzupassen hat, dass die Welt als Natur und Interaktionsfeld eben bestimmten Gesetzen gehorcht, die der moralische Wille nicht außer Kraft setzen kann. Doch die Moral des Menschenmöglichen ist, trotz aller pragmatischen Reservierung im Inneren ihrer Begriffe, von einer erlösungsstrebigen Sicht des Guten keineswegs vollständig abzulösen. Denn auch in ihr ist, soweit sie ihre Perfektionierungsvorstellung aus der Existenz intrinsischer Werte bezieht, ein utopischer Überschuss enthalten. Ihm bleibt unser moralischer Wille jedenfalls verpflichtet, ohne daraus hier und jetzt, „in dieser Welt", Handlungskapital schlagen zu können.

Noch einmal sei ausdrücklich hervorgehoben: Der utopische Überschuss, um den es hier geht, setzt die *Transformation der ganzen Welt* voraus. Die Erlösung vom Übel ist nur als ein Ideal der Transzendenz denkbar, was bedeutet, wir kennen innerweltliche Annäherungsformen – das Glück will zum wahren Glück werden, die Liebe zur wahren Liebe, die Schönheit zur wahren Schönheit, usw. –, aber zugleich wissen wir, dass das Ideal selbst im begrifflich Unfassbaren verharrt.

Wer das inakzeptabel findet, der möge an den Urknall denken, aus dem die Welt hervorgeht. Alles Innerweltliche weist, als Teil des expandierenden Universums, auf ihn hin – so wie die Hintergrundstrahlung des Kosmos –, und doch entzieht er sich selbst, als physikalische „Singularität", jeder möglichen und denkbaren Beschreibung innerhalb von Raum und Zeit und den in der Raum-Zeit-Welt geltenden Gesetzen. Man muss sagen, dass die Physiker oft weniger Hemmungen haben, ihre Begriffe über die Grenze des empirisch Fassbaren hinauszutreiben (immer vorausgesetzt, solchen spekulativen Unternehmungen liegt eine Entwicklungslogik im Aufbau der Theorie zugrunde), als die angeblich spekulationsfreudigen Philosophen, die sich von allerlei „Sinnkriterien" und dergleichen einschüchtern lassen.

2.5 Das Problem der Eigenschaften Gottes

Im ersten Band seiner *Summe der Theologie,* der von „Gottes Dasein und Wesen"
handelt, hatte sich bereits Thomas von Aquin (1225–1274) ausführlich Gedanken über die Bedeutung der Attribute Gottes gemacht. Das Ergebnis, zu dem er
kommt, ist in aller Kürze folgendes:

Es widerspricht unserem Begriff des vollkommenen Wesens, Gott als „Träger"
seiner Eigenschaften zu denken, so wie man von Personen sagt, dass sie nicht
einfach die Summe, sondern die „Träger" ihrer Eigenschaften sind. Man stoße
sich dabei nicht am Ausdruck „Träger". Gemeint ist ja bloß, dass wir im Alltag
ganz natürlich unterscheiden zwischen den Personen und ihren Eigenschaften.

Möglicherweise kommt mir die Eigenschaft zu, liebevoll zu sein, und möglicherweise ist das sogar ein zentraler Charakterzug meiner Person. Doch wenn es
geschehen sollte, dass ich aus irgendwelchen Gründen (nehmen wir an, aufgrund
einer hormonellen Störung) aufhöre, liebevoll zu sein, und stattdessen kaltherzig
werde, dann heißt das keineswegs, dass ich damit als die Person, die ich bin – als
P.S. –, zu existieren aufhöre. Oder wie wir es weiter oben – im Exkurs über Selbstsein und Selbstsuche – ausdrückten: Das Grenzideal des Personseins ist im Leben
unerreichbar; und es zu erreichen, wäre „in dieser Welt" auch gar nicht wünschens-
wert, denn wenn meine mir hier und jetzt faktisch zukommenden Eigenschaften
zugleich meine wesentlichen wären, dann wäre meine Autonomie vernichtet.

Nun sagt Thomas, dass diese Sicht der Dinge auf Gott unanwendbar ist. Gott
kann nicht aufhören, liebevoll zu sein, ohne dass er nicht zugleich auch aufhören
würde, Gott zu sein. Da nun für Gott außerdem gilt, dass alle Eigenschaften,
die ihm zukommen, ihm so zukommen, dass sie seiner Vollkommenheit notwendig entsprechen, würde der Verlust einer x-beliebigen Eigenschaft im Falle
Gottes bedeuten, dass Gott zu existieren aufhört. Das bringt Thomas zu der
Behauptung, dass bei Gott Substanz und Akzidenz, also Wesen und Eigenschaft,
zusammenfallen. Daraus folgt, dass man nicht sagen darf, dass es Eigenschaften
„in" Gott gibt oder dass Gott Eigenschaften „zukommen" wie einem Träger von
Eigenschaften. Gott *ist* seine Eigenschaften. Thomas sagt: *Deum est suum esse,*
„Gott *ist* sein Sein" (I, 3,6).

Ich denke, wir sollten Thomas am besten so verstehen, dass er uns sagen will,
dass alle Eigenschaften, die Gott zukommen, zugleich wesentliche Eigenschaften
Gottes sind. Aber das lässt sich durch die Vorstellung, wir würden die gewöhnlichen Attribute des Gutseins auf Gott *in analoger Weise* anwenden (I, 13,5), nicht
wirklich angemessen wiedergeben. Die Redeweise von der Analogie ist, obwohl
traditionell eingeschliffen, zu unbestimmt. Sie lässt zuviel offen. Wenn wir sagen,
dass alle Eigenschaften, die Gott zukommen, intrinsische Werteigenschaften sind,
die sein vollkommenes Sein definieren, dann ist nicht recht zu sehen, warum *das*
eine Analogie zu unserer menschlichen Situation bilden sollte. Diese besteht ja
gerade darin, dass die Eigenschaften, die uns zukommen, in aller Regel für unser
individuelles Personsein gerade *nicht* wesentlich sind. Das gilt auch für Eigenschaften, in denen sich intrinsische Werte verkörpern, so zum Beispiel, wenn

ich (aus welchen Gründen auch immer) aufhöre, eine liebevolle Person zu sein, sodass ich, auf meine Vergangenheit zurückblickend, traurig sagen muss: „Ich, P.S., bin offenbar zur Liebe nicht mehr fähig."

Zu dieser meiner Situation gibt es keine Analogie in Gott. Denn würde Gott passieren, was mir passiert, *so hätte das eine ganz andere Folge:* Entweder Gott würde dann nicht mehr existieren, oder aber – da Gottes Existenz notwendig ist – dasjenige, was nach menschlichen Maßstäben eine Veränderung zum Schlechten wäre, wäre vom Standpunkt Gottes aus bloß ein dynamisches Moment seiner Vollkommenheit. Hier setzt das menschliche Urteil aus. Denn Sein und Vollkommensein fallen in Gott zusammen.

Insofern der Begriff des Gutseins auf eine schöpfungsorientierte Weise verwendet wird, meint also das Gute einen transzendenten Zustand – einen, der in keiner wie immer denkbaren Welt- und Lebenssituation realisiert sein kann. Dennoch: Intrinsische Werte sind Eröffnungspotentiale, deren Limes einen Zustand der Vollkommenheit markiert, den wir – und das ist eine rein begriffliche Wahrheit – um seiner selbst willen anstreben. Wir können diesen Zustand der Vollkommenheit mit jenem Gottes gleichsetzen. Wie dieser Zustand beschaffen ist, können wir in der ethischen Theorie allerdings nicht ausdrücken. Aber wir sind als ethische Subjekte dennoch nicht blind, was die Frage unserer *Vervollkommnung* betrifft. Und das macht uns erlösungsstrebig.

Es ist kein Zufall, dass Menschen, die danach streben, einander in der Liebe so vollkommen wie möglich zugetan zu sein, das Gefühl haben, die Liebe sei etwas, dem mit religiöser Ehrfurcht begegnet werden sollte. Vom Glanz Gottes steckt im Vervollkommnungsstreben der einander Liebenden ein Abglanz. Dasselbe gilt für alle moralischen Unternehmungen, die sich im Kraftfeld der Vervollkommnung, also des guten Lebens, bewegen. Wir bekommen so eine weitere Antwort auf die Frage, was es heißt, über religiöse Tatsachen zu sprechen:

Es heißt jedenfalls nicht, sich den Kopf darüber zu zerbrechen, in welcher Weise Gott die Vollkommenheitsattribute zukommen und welches ihre Bedeutung „in Gott" sein könnte. Es heißt vielmehr, das, was wir tun und tun können, als Abglanz eines Glanzes zu verstehen, der sich hier und jetzt unserer Vorstellung, unserem Wahrnehmungsvermögen, unseren Begriffen entzieht. Wenn wir von der Liebe Gottes reden, dann reden wir am besten davon, wie sich Menschen bemühen können, das Potential der Liebe auszuschöpfen, indem sie sich bemühen, ihre Liebe tief und echt, also *wahr* werden zu lassen.

Ist Gott die Liebe? Ich schlage vor, diese Frage so zu verstehen, dass sie sich danach erkundigt, ob Liebe etwas ist, was wir um seiner selbst willen anstreben sollten. Wenn ja, dann ist ihr der Horizont der Erlösung eingeschrieben, und das Kriterium der Transzendenz ist zugleich ihr Wahrheitskriterium. Wenn wir die Liebe um ihrer selbst willen anstreben, dann ist Gott die Liebe. Und das lässt sich natürlich umdrehen, wie es der religiöse Mensch gerne tut: Weil Gott die Liebe ist, streben wir die Liebe um ihrer selbst willen an. Doch da wir nicht wissen, was es heißt, dass Gott die Liebe ist, außer in dem Sinne, dass die Liebenden sich zueinander erlösungsstrebig verhalten, sollten wir es dabei belassen. Die Liebe Gottes ist ein

Mysterium, dem wir uns in infinitesimalen Schritten annähern, Schritten, die zum bestimmungslosen Grenzwert hin unendlich klein werden; einen Begriff des Mysteriums haben wir nicht.

Mit all unserem Reden über Gott verhält es sich so, wie es der Erste Korintherbrief des Paulus für alle Zeiten gültig formuliert: *Videmus nunc per speculum in enigmate, tunc autem facie ad faciem* (1. Kor 13,12). Wir sehen nun wie durch einen Spiegel, in dem sich uns ein unauflösbar dunkles Rätsel zeigt (und durch den Spiegel sehen wir uns selbst und dabei durch uns selbst hindurch), „dann aber von Angesicht zu Angesicht". Jetzt sind wir bloß Abglanz, zum Glanz hinstrebend. Der Glanz bleibt im Spiegel der Welt verborgen; er ist uns eine Dunkelheit, in Luthers Worten: ein „dunkles Wort". Einzig dieses haben wir als Licht und Auskunft, indem wir in der Welt nach der Wahrheit unseres Seins und Daseins suchen.

Von den Überlegungen des Thomas von Aquin bis hin zur Theodizee, also der philosophischen Rechtfertigung Gottes angesichts der Übel der Welt – eine Schrift von Gottfried Wilhelm Leibniz trägt den Titel *Versuche der Theodizee über die Güte Gottes, die Freiheit des Menschen und der Ursprung des Übels* (1710; dt. 1720) –, sind ganze Bibliotheken der Frage nach den Eigenschaften Gottes gewidmet worden. An dieser Stelle möchte ich nur auf den geänderten Blickwinkel hinweisen, der sich aus der hier vorgetragenen Sichtweise ergibt. Sie lautet: Nach den Attributen Gottes zu fragen, heißt nicht mehr und nicht weniger, als nach den Wertpotentialen zu fragen, die uns, bei unserer Suche nach dem guten Leben, in die Richtung immer größerer Vervollkommnung streben lassen.

So gesehen, stellen sich viele Fragen der Theodizee nicht, oder sie stellen sich in einer radikal anderen Form. Über Gottes Allmacht ist geredet und nachgedacht worden, und stets war da ein Stachel: Wenn Gott allmächtig ist, wieso lässt er dann die Übel in der Welt zu? Natürlich wurde die menschliche Freiheit bemüht, aber sie konnte höchstens erklären, warum Gott nicht für das menschlich Böse verantwortlich ist. Wieso indessen lässt Gott Hungersnöte, Feuersbrünste, Erdbeben und Heuschreckenplagen zu? In der Geschichte des Monotheismus passiert es erst sehr spät, dass man die Frage stellt, ob die Allmacht überhaupt als Attribut Gottes veranschlagt werden sollte. Hans Jonas hat sie in seiner Abhandlung *Der Gottesbegriff nach Auschwitz*, mit dem Untertitel: *Eine jüdische Stimme*, thematisiert. Hier die Schlüsselstelle:

„Ein gänzlich verborgener, unverständlicher Gott ist ein unannehmbarer Begriff nach jüdischer Norm. […] Wenn aber Gott auf gewisse Weise und in gewissem Grade verstehbar sein soll (und hieran müssen wir festhalten), dann muss sein Gutsein vereinbar sein mit der Existenz des Übels, und das ist es nur, wenn er nicht *all*-mächtig ist. Nur dann können wir aufrechterhalten, dass er verstehbar und gut ist und es dennoch Übel in der Welt gibt. Und da wir sowieso den Begriff der Allmacht als zweifelhaft in sich selbst befanden, so ist es dieses Attribut, das weichen muss."[4]

---

4 Enthalten in Hans Jonas: *Gedanken über Gott. Drei Versuche*, Frankfurt a. M. 1994, 44 f.

Vom Standpunkt limesorientierter intrinsischer Werte aus stellt sich die Frage, ob wir die Macht, in welcher hohen Form auch immer, um ihrer selbst willen anstreben sollten. Und ich denke, die Antwort ist nein. Die Macht ist immer ein Mittel zum Zweck; und die Zwecke, denen die Macht dient, sind selten solche, die wir ihrerseits um ihrer selbst willen anstreben. Der Machtdiskurs, könnte man sagen, ist kein Vervollkommnungsdiskurs, was nicht ausschließt, dass es manchmal einer gewissen Art der Macht bedarf, um das intrinsisch Wertvolle zu befördern.

Wenn wir also an Gott als ein Wesen denken, dessen Attribute ihm alle wesentlich zukommen – „Gottes Sein ist Gutsein" –, *dann ist die Frage der Macht gar nicht thematisch.* Wohl aber sind es Fragen wie Glück, Liebe, Autonomie, Selbstbewusstsein, Schönheit, Wahrheit, Würde, Gerechtigkeit. Denn diese Attribute sind allesamt unabdingbarer Teil des guten Lebens, sie sind oder in ihnen stecken intrinsische Werte. Sie alle streben wir um ihrer selbst willen an, wobei die Gerechtigkeit vermutlich ein Ideal ist, das aus dem Ideal der Gleichheit aller Menschen folgt.

Ist Gott also ein glückliches, liebendes, autonomes, selbstbewusstes, schönes oder nach Schönheit strebendes, wahrheitsorientiertes, würdevolles und gerechtes Wesen? Die Frage so zu stellen, macht schon die Schieflage bemerkbar, in der sie gestellt wird. Es ist sinnlos – und anmaßend, bestenfalls kindlich – Attribute, die dem menschlichen Bereich entstammen (und kein anderer steht uns zur Verfügung), auf Gottes Wesen zu projizieren. Gott, das ist die Idee des Wesens, das alle unsere Begriffe übersteigt.

Zwar beziehen wir uns, indem wir uns religiös verhalten, auf dieses Wesen, aber nicht so, dass wir es als den Großen Bruder oder die Große Schwester behandeln dürften. Das Einzige, was wir als religiös Denkende sagen dürfen, ist, dass Gott jenes Wesen ist, dass uns dadurch auf sich bezieht, dass wir in der Lage sind, die Existenz intrinsischer Werte in der Welt zu erkennen und, indem wir uns um ihre Verwirklichung bemühen, außerdem erkennen, dass sie Eröffnungspotentiale darstellen. Sie öffnen unser Sein und Dasein in die Richtung des guten Lebens – oder, was dasselbe meint, „hin auf Gott".

Gelangen wir auf diese Weise zu einem Gottesbild? Nein, denn Gott ist – daran führt in unserem Weltbild kein Weg mehr vorbei – transzendent, und die Transzendenz ist dadurch definiert, dass sie sich jedem Bild verschließt. In jedem Bild, wie vergeistigt es sein mag, stecken Endlichkeit und sinnlicher Schein. Alles Reden über religiöse Tatsachen hat diese Schwelle zu respektieren.

Mit negativer Theologie hat das dennoch weniger zu tun, als es auf den ersten Blick scheinen mag. Denn gefordert wird von uns ja nicht, dass wir ständig herunterratschen, was Gott alles *nicht* ist. Gefordert wird von uns, wenn wir über religiöse Tatsachen reden, über sie als etwas zu reden, dem wir uns anzunähern versuchen, indem wir danach streben, uns zu vervollkommnen. Metaphysisch gesprochen, beziehen wir uns dabei auf ein Grenzideal, dessen Erreichung, von unserem Standpunkt aus betrachtet, einer Transformation der Welt – und damit einer Transformation unserer selbst – gleichkäme: der „Erlösung vom Übel".

2.6 Das Paradox der Vollkommenheit

Ich erinnere mich, wie der deutsche Philosoph Martin Seel auf dem 1. Philosophicum im österreichischen Lech (Tirol), wo man sich mit der „Faszination des Bösen" befasste, zum Entzücken der anwesenden Journalisten einen Kalauer der höheren Art zum Besten gab. Seel sagte: „Die ganz Guten sind nicht ganz so gut wie die nicht ganz so Guten." Er demonstrierte seinen Standpunkt, indem er die Figur des/der Heiligen mit der Figur verglich, die Humphrey Bogart in seinen Filmen, namentlich in *Casablanca*, verkörperte.[5]

Bogart, so sage ich jetzt, ohne mich eigens auf Seel zu beziehen, tut letzten Endes das Gute, aber er tut es ohne Enthusiasmus. Er ist kein Moralapostel, so wie der Heilige einer ist, der seinen Prinzipien buchstäblich alles opfert. Der Prinzipienreiter kann in manchen Kontexten bewunderungswürdig wirken, besonders dort, wo die Selbstverleugnung des Heiligen mit der Hilfeleistung für andere Hand in Hand geht. Es kann aber auch vollkommen unmenschliche Folgen haben, nämlich dann, wenn die Beachtung der Prinzipien ein Verhalten erfordert, das die Interessen der anderen rücksichtslos missachtet.

Es gab eine Zeit, da war man in der katholischen Kirche der Ansicht, dass man die Schwangere eben sterben lassen müsse, wenn dies der Preis dafür sei, der Natur ihren Lauf und das Kind zur Welt kommen zu lassen. Dahinter stand ein Prinzip, nämlich das des absoluten Wertes des menschlichen Lebens ab dem Augenblick der Beseelung, der (wie bis heute) mit der Befruchtung der Eizelle gleichgesetzt wurde. Da man absolute Werte nicht gegeneinander abwägen kann, konnte man auch nicht argumentieren (wie man das heute gerne tut), das Leben der Mutter sei gegen das ihres ungeborenen Kindes „abzuwägen" und dabei würden die Interessen des bereits geborenen Menschen, also der Mutter, stärker ins Gewicht fallen. Während der Heilige, sofern er als Moralapostel verstanden wird, auf das Prinzip starrt und Interessen nicht gelten lässt, lässt der Bogart-Typ nach dem Motto „Leben und leben lassen" zunächst die Interessen gelten, vor allem auch die eigenen. Das bringt ihn, im Umgang mit moralischen Konflikten, erst zu einer wahrhaft moralischen Haltung. Denn er weiß, was gut und böse ist, aber er weiß auch, dass der Mensch nicht lebt, um gut zu sein. Das Gute ist eine Notmaßnahme in einer Welt, in der das Böse das Glück und die Integrität der Menschen bedroht. Und wie steht es mit dem Leben des Ungeborenen? Nun, der Bogart-Typ hat Ehrfurcht vor dem werdenden menschlichen Leben, aber er hat nicht Ehrfurcht vor dem Prinzip, das es schützt. Deshalb muss er die Augen vor den Interessen der Mutter, ihrem Leid, ihrem Glückswunsch, der Gefährdung ihrer Gesundheit, nicht verschließen.

Der Prinzipienreiter, so könnte man sagen, ist keine Gestalt des guten Lebens, ja, er ist nicht einmal eine Gestalt im Rahmen unseres Lebens, soweit wir uns verpflichtet fühlen, uns zu vervollkommnen. Das ist, denke ich, der entscheidende

---

5 Die Referate sind nachzulesen in Konrad Paul Liessmann (Hrsg.): *Faszination des Bösen. Über die Abgründe des Menschlichen,* Wien 1997.

Punkt. Prinzipien sind, auf welcher abstrakten Stufe auch immer, Ausdruck von intrinsischen Werten, deren vollkommene Realisierung wir nicht kennen. Der Prinzipienreiter aber tut so, als ob er sie kennen würde. Deshalb redet er von absoluten Werten, als ob es sich dabei um wohldefinierte Größen handelte, beispielsweise um „das menschliche Leben".

Als ich Seels Argumentation folgte und sah, wie sie die Journalisten entzückte, kamen mir dennoch Bedenken. Der Grund dafür war die Negativgestalt des Heiligen, die angeblich nicht so gut war wie die gute Gestalt des nicht so guten Humphrey Bogart. Hinter diesem provozierten Affekt gegen die Gestalt des Heiligen schien mir ein tiefes Missverständnis zu stecken, das seinerseits durch die – ich sage das jetzt ebenfalls provokativ – journalistische Abwehr alles Nicht-Profanen, „Metaphysischen", verehrungswürdig Sakralen bedingt war.

Sehen wir einmal von den mythologischen Aspekten der Heiligenverehrung ab, dem ganzen Wust an Aberglauben, der damit einhergeht, etwa die Wunder, die Heiliggesprochene gewirkt haben müssen. Und schließen wir im Moment auch jene Heiligengestalten aus, die ihr Leben als Eremiten nur Gott und sonst niemandem zu widmen wünschten; sie lebten a-sozial in dem Sinne, dass sie kein Interesse am Leben anderer Menschen hatten. Nehmen wir den Heiligen *als moralisches Vorbild* ernst. Dann kann es sich dabei um keinen Prinzipienreiter handeln. Denn dann handelt es sich um jemanden, der mit allen möglichen Versuchungen, Anfechtungen, Depressionen und Niedrigkeiten des Charakters zu kämpfen hat. Was jemanden zum Heiligen *in diesem Sinne* macht, ist weder seine Prinzipienreiterei noch gar eine seltsam natürliche Neigung, gut zu sein, die ihm das Gutsein gleichsam mühelos in den Schoß fallen lässt. Es ist die vorbildliche Art und Weise, wie er mit seiner eigenen Niedrigkeit umgeht und sich den Schwächen der anderen, ob selbstverschuldet oder nicht, zuwendet.

Es ist sogar für das Leben des Jesus von grundlegender Bedeutung, dass er versucht wurde. Selbstverständlich stellen die Evangelien die Versuchung durch den Teufel als einen Triumph des Erlösers dar. Wie sollte es auch anders sein? Doch die Versuchung ist real. Denn Jesus leidet Hunger, er hat sich ja in die Wüste zu einem 40-tägigen Fasten zurückgezogen. Damit wird angedeutet, dass der Messias kein Gnadenroboter ist, der gar nicht anders kann, als das Gute zu tun. Sich vom Teufel verführen zu lassen, liegt immerhin innerhalb seiner Möglichkeiten. Und erst nachdem er dem Teufel widerstanden hatte, „kamen Engel und dienten ihm" (Mt 4,11).

Der Heilige, den wir als moralisches Vorbild verehren, ist also weder ein Prinzipienreiter noch ein Gnadenroboter. Er ist, rückblickend, als Mensch vollkommen, weil er sich auf eine dem Durchschnittsmenschen unerreichbare Weise darum bemühte, nach dem Guten zu streben. Die Welt als Schöpfung betrachtet, ist *wesentlich* ein Ort der Vervollkommnung, was einschließt, dass in ihr Vollkommenheit ein *unrealisierbares Ideal der Annäherung* bleibt; und eben darin liegt es, dass von der Welt als Schöpfung in einem *metaphysischen* Sinne gesagt werden kann: „Es ist, wie es ist, und es ist gut." Das ist das Paradox der Vollkommenheit: Der angeblich ganz Gute ist tatsächlich nicht so gut wie der nicht ganz so

Gute, freilich mit dem Vorbehalt, *dass es den ganz Guten aus Gründen, die in der Struktur des Guten selbst liegen, in unserer Welt nicht geben kann.*

Betrachten wir die Struktur der Liebe. Sofern wir darunter nicht bloß etwas verstehen, was aus Gründen der biologischen und psychologischen „Attraktion" geschieht und dauert, bis es wieder abflacht und endet, verstehen wir unter der Liebe ein intrinsisches Wertgeschehen. Wir streben die Liebe nicht als Mittel zum Zweck an. Es geht nicht darum, sexuell befriedigt zu werden, nicht mehr allein leben zu müssen, Kinder zu bekommen. Gewiss, darum geht es in der Liebe auch, aber es geht um all diese Dinge, von den grundlegend triebhaften bis zu den feingeistigen, als Elemente eines Geschehens, dessen Idealgestalt wir um ihrer selbst willen anstreben. Diese Idealgestalt ist die wahre Liebe.

Aber was ist die wahre Liebe? Nun, das Leben ist voller Liebesdramen und die Kunst ist voller Dramen, die uns die Liebe, im Guten wie im Schlechten, als ein die Beteiligten radikal formendes und umformendes Geschehen zeigen. Und gerade in den Momenten des tragischen Verlusts, der Liebesgewalt und des Scheiterns zeigt sich, dass etwas, was gelingen sollte, nicht gelungen ist – und oftmals schwingt dabei mit: hier, in diesem Leben, nicht gelingen kann. Aber was ist das?

Eine Seite des Geschehens zeigt uns der Platonische Mythos, der immer auch ein wenig komisch wirkt. Denn am Anfang, so heißt es in Platons Dialog *Das Gastmahl* (190 B–193 B), seien die Menschen paarweise zusammengefügt gewesen, zwei Köpfe, vier Arme, vier Beine, zwei Geschlechter in einem (eigentlich drei, wegen der mythischen Herkunft des Männlichen und Weiblichen aus Sonne, Erde *und* Mond). Wie Kugeln, rund und in sich gerundet, vollständig und in vollständiger Harmonie, so sind sie durch die Welt gekugelt, bis sie von Zeus, der es ihnen übel nahm, dass sie wie Götter werden wollten, in der Mitte durchgetrennt wurden. Nun irren sie als Halbierte durch die Welt und suchen ihren Partner. „Und so führt die Begierde und das Streben nach dem Ganzen den Namen *Liebe*."[6]

Was wir in der Liebe anstreben, ohne es jemals wirklich erreichen zu können, ist also eine Wesenseinheit, die unser Getrenntsein aufheben würde, ohne uns als Subjekte oder Personen zu vernichten. Wir wollen uns ineinander wiederfinden und so wieder „ganz" werden, das heißt, ein dem göttlichen Ganzen nicht mehr entfremdeter Teil des Ganzen. So gesehen, ist die Liebe der Ausdruck unserer Sehnsucht nach Erlösung, wie sonst nichts auf der Welt. Daher der Drang der einander Liebenden – und das ist die selbstlose Seite des Geschehens – einander wechselseitig zu vervollkommnen, indem man für den anderen nur das Beste will und tut. Die Selbstsucht der Liebe, deren Gegenstand das Ganzwerden ist, verwirklicht sich erst durch ihre eigene Selbstaufhebung hindurch, indem die Liebenden jeweils ganz, bis in den Tod, für den geliebten Anderen da sind. Man kann nicht im Anderen aufgehen, ohne ganz ineinander aufzugehen.

---

6 Platon: *Sämtliche Werke*, Bd. I, „Das Gastmahl", dt. v. Franz Susemihl, Heidelberg 1982, 685.

Das klingt in realistischen Ohren vermutlich romantisch, schwülstig, am Kitsch dahinschrammend. Und dagegen gibt es nichts einzuwenden, denn wovon hier die Rede ist, sind die hohen literarischen Lagen dessen, was Realisten vielleicht nur ungern die „wahre Liebe" nennen. Doch der realistische Standpunkt wird seinerseits nicht bloß zu einer Apologie der durchschnittlichen Lebensmisere, die eine durchschnittliche Liebesmisere einschließt, wenn er anerkennt, dass selbst in der groben Sexaffäre noch ein Funken von etwas steckt, was wir um seiner selbst willen anstreben. Diese Anerkenntnis wird leichter gemacht, sobald die Kunsttragödien des Liebesmisslingens in den Mittelpunkt treten. Denn dass in den Liebesdingen so viel so grundlegend und schmerzlich misslingen kann, ist ein sicheres Anzeichen dafür, dass mehr am Spiel steht als bloß äußerliche Attraktion innerhalb der Regeln ausgeklügelter Eheverträge.

Am Häufigsten in den unzähligen Liebesdramen, in denen die Seelen der Liebenden zueinander finden wollen, aber nicht können, taucht das Motiv der Überwältigung des anderen auf. Das Crescendo der Eifersucht ist dafür nur das grellste und in seinen Othello-artigen Auswirkungen gewalttätigste Symbol. Denn das Ganz-werden-Wollen durch die Liebestat des anderen hindurch unterliegt einer schwierigen Dialektik. Wahrscheinlich hat kein Philosoph besser von ihr gehandelt als Jean-Paul Sartre in seinem Werk *L'être et le néant*, „Das Sein und das Nichts" (1943; dt. 1952). Liebe, so Sartre, besteht darin, sich entweder des anderen als eines einzigartigen Subjekts samt der ihm eigenen Freiheit bemächtigen zu wollen, oder sich vom anderen als das Subjekt, das man ist, überwältigen zu lassen. In beiden Fällen wird der andere objektiviert, zum Objekt gemacht, was heißt, dass man ihn als Subjekt verfehlt. Als Subjekt ist der andere das, was sich nicht zum Objekt machen lässt. Er ist transzendent. In der Liebe will man, dass der andere, der wesentlich Subjekt ist, *als dieses Subjekt zu einem Objekt wird;* oder man selber will als das Subjekt, das man ist, sich in den objektivierenden Zugriff des anderen begeben. Deshalb scheitert jede Liebe, weil sie der Versuch ist, das Nichtobjektivierbare zu objektivieren, von der Freiheit des anderen, seinem Für-sich-Sein, Besitz zu ergreifen.

Ich sage nicht, dass man Sartres Analyse einfach für bare Münze nehmen sollte. Sie selbst ist eine Dramatisierung in der Absicht, das Misslingen von menschlichen Beziehungen ontologisch, also im Wesen ihres Seins, zu verankern. Aber was sie in das Zentrum rückt, nämlich dass das Ganz-werden-Wollen, das Erlöst-werden-Wollen durch den anderen wegen der Unmöglichkeit des darin wirksamen Begehrens oft zum Besitzergreifungsfuror führt – dieses spezifische Scheitern ist ein Zeichen dafür, dass die Liebesbeziehung unter der Sogwirkung eines Ideals der Vollkommenheit steht. Die einander Liebenden suchen nach einer Einheit, die sich unter der Bedingung, dass jeder Mensch eine eigensüchtig um seine eigene Identität bemühte Person ist, zwar anstreben, aber nicht realisieren lässt. Und so kennt jede Kultur niedere und hohe Formen der Liebe.

Dabei spielt die vorgegebene Gesellschaftsform nicht bloß eine äußerliche Rolle. Wo zum Beispiel die bürgerliche Etikette über die rechte Form des Liebens entscheidet, dort wird die Befolgung der Etikette, von der Werbung über die

Zeremonien des Ehelebens bis zur Trauer um den Verlust des Partners, zu einem Index für das Gelingen der Liebesbeziehung. Die Sehnsucht nach dem Ganzen, die im normativen Kern der Liebesidee steckt, ist in einem solchen Fall veräußerlicht, und an die Stelle des „Seelenganzen" zweier Individuen ist die Totalität der sozialen Liebes- und Lebensform mit ihren vielfältigen Regeln und Riten für Verliebte, Ehepaare, Eltern und Verwitwete getreten. Auch sie erzeugt ein „Ganzes", indem sie aus alleinstehenden Individuen Rollenträger mit Innenleben werden lässt. Dabei sind die Rollen so bemessen, dass sie aus den einander Liebenden „Partner" werden lassen, also eine Einheit, sei es zur Zeit der Verlobung, der Ehe oder im Trauer- und Witwenstand.

Natürlich gehört es zur bürgerlichen Etikette (wie zu allen Etiketten aller Hochkulturen), eine romantische Gegenreaktion auf den Plan zu rufen. Beklagt wird, dass die Rollenzwänge an die Stelle des echten, tiefen Empfindens treten. Die romantische Reaktion ist mehr als verständlich, ein Blick in die *Buddenbrooks* von Thomas Mann oder in die Novelle „The Dead" aus den *Dubliners* von James Joyce genügt. Die soziale Konvention, die erstarrt – und welche Konvention erstarrt nicht? –, ist immer auch der „Tod der Liebe", nimmt man diese bloß als den Lebenskern des guten Lebens. Dabei ist die romantische Revolte aber nicht mehr bereit, auf die feinen Möglichkeiten der inneren Kultivierung von Liebesbeziehungen zu achten, die durch das Gesellschaftsdiktat oft überhaupt erst möglich werden. Literarische Spiegelungen dieses Phänomens einer Liebesinnerlichkeit, die erst durch äußere Formen möglich wird, finden sich in ganz unterschiedlichen Kulturen bei Autoren, die sozusagen auf unterschiedlichen Gefühlskontinenten leben. Man findet sie in ironischer Aufbereitung bei Heimito von Doderers Wiener Beamten- und Kanzlei-Ehepaaren im Kreis der „Dicken Damen" ebenso wie bei Yukio Mishima, dessen Erzählung *Patriotismus* nichts weiter zeigt als die Vollendung der Liebe durch den nach allen Regeln der Seppuku-Traditon vollzogenen Selbstmord eines japanischen Offiziers und seiner Frau, die ihn in den Tod begleitet.

Demgegenüber leistet die Entritualisierung der Liebessituation, wie sie den romantischen Revolten vorschwebt, grundsätzlich nicht, weswegen sie betrieben wird. Sie ebnet nicht den Weg zur wahren Liebe. Denn – das immerhin hat die letzte Revolte dieser Art, das antibürgerliche Spektakel der so genannten 68er-Generation gezeigt – der Antikonventionalismus bringt nicht nur überraschend lebendige Gefühle an die Oberfläche; er macht die Menschen auch erstaunlich selbstsüchtig, bindungsunfähig und treibt sie in den Wahnsinn, der mit jeder Art von zügelloser Freiheit einhergeht. Statt dass die Liebenden einander finden, in dem Bestreben, wieder „ganz" zu werden, bleiben sie im Liebesakt einsam, triebhaft und narzisstisch auf das eigene Ich zurückgeworfen. Daraus entstehen Unglück, Wut und Depression, die dann nicht selten in politisch-terroristischer Form als Kampf gegen das „faschistische System" oder selbstmörderisch durch den Rückzug auf eine Drogenexistenz ausagiert werden.

Ich habe nicht die Absicht, eine konservative Kritik der Spätmoderne zu betreiben; so etwas liegt mir fern. Worauf ich hinweisen möchte, ist nur, dass das Ideal der wahren Liebe stets die Möglichkeit benötigt, zwischen hohen und niederen Formen des einander Liebens zu unterscheiden. Denn nur so kann im Bewusstsein gehalten werden, dass die Liebe ein intrinsischer Wert und als solcher ein Eröffnungspotential ist, und dass es daher beim Lieben darum geht, sich einem unerreichbaren Ideal, einem Limes-Wert, anzunähern. Dieses Annäherungsgeschehen kann sowohl durch die Tradition als auch durch die Zerstörung der Tradition blockiert *und* befördert werden. Worauf es mir an diesem Punkt – wie auch an anderen Stellen – besonders ankommt, ist die Tatsache, dass die Unterscheidung zwischen Liebe und wahrer Liebe überall, wo Menschen einander lieben, unabdingbar ist, auch und gerade vor der Negativfolie des Scheiterns.

Was ich das Paradox der Vollkommenheit nannte, bedeutet nun, auf die Liebe übertragen: Würde diese, in unseren Begriffen ausgedrückt, ihr Sehnsuchtsziel erreicht haben, also vollkommen geworden sein, dann wäre sie keine mehr – schon eher ihr Gegenteil. Als Ideal der Vollkommenheit ist die Liebe transzendent; sie setzt etwas voraus, was wir in Begriffen gar nicht sinnvoll ausdrücken können, eine Transformation, „Erlösung“: die Aufhebung der Kluft, welche die einander Liebenden trennt, ohne dabei ihre Identität, die eine Voraussetzung ihres Getrenntseins wie ihrer Liebe ist, zu vernichten. So wäre ein Zustand der Vollkommenheit des einander Liebens innerhalb der Welt, ein Zustand, der mit der endgültigen Stillung der Liebessehnsucht zusammenfiele, bloß eine abstoßende Mimikry. Die Liebenden würden sich gleichsam als Liebesweltmeister oder Liebesheilige stilisieren. Sie würden vorgeben, ihre Sehnsucht sei gestillt, weil sie beide eins und „ganz“ geworden sind. Und dabei hätten sie bloß verloren, was sie zu Liebenden machte. Wäre die Liebe vollendet, „vollkommen“, dann wäre sie der Tod der Liebe, die Negation der sehnsüchtig zueinander Strebenden und sich dadurch in ihrer Individualität wie Selbstlosigkeit, ihrer Besorgtheit um den anderen, Vervollkommnenden.

Könnten wir zu unserem eigenen Standpunkt eine Außenposition einnehmen – und als Wesen, die über ihr Wesen nachdenken, versuchen wir das ständig zu tun –, dann ließe sich wohl sagen: *Zur Vollkommenheit der Liebe, so wie sie Menschen jemals erreichen können, gehört wesentlich dazu, dass sie nach einer Vollkommenheit streben, die sie niemals erreichen können – ja, niemals erreichen sollten!* Die wahre Liebe auf Erden bleibt wahr nur als erlösungsstrebige; als „erlöste“ wäre sie verdorben. Und dasselbe gilt für alle anderen Wertpotentiale, die auf ein Ziel gerichtet sind, das wir um seiner selbst will anstreben, ob es sich dabei um Glück, Autonomie, Wahrheit, Schönheit oder Gerechtigkeit handelt.

Wir sagten, dass mit der Anerkenntnis intrinsischer Werte in der Welt eine schöpfungsorientierte Sichtweise verbunden ist. Diese stützt sich, jenseits mythologischer Schöpfungsphantasien, auf die Geborgenheit im Schlechten: „Es ist, wie es ist, und es ist gut.“ Aber, so die Frage, wie ist das möglich, da diese unsere Welt doch eine Welt ist, die vom Vollkommenen noch nicht einmal einen Erfahrungsbegriff, eine wie immer auch phantastische Vorstellung hat? Und die Antwort liegt im Paradox der Vollkommenheit. *Das, was die Schöpfung „gut“ macht, ist die Existenz intrinsischer Werte, die uns auf das transzendente Ideal des guten*

Lebens hin ausrichten, nicht die Erreichung dieses Ideals selbst. Denn wäre das Ideal erreicht, ohne es dabei zu zerstören (so wie man die Liebe zerstört, wenn man ihre Vollendung innerhalb der Welt als Faktum behauptet), dann wäre die Welt nicht mehr die, in der wir leben.

Die Welt, in der wir leben, ist nicht vom Übel erlöst. Es ist die Welt, in der wir nach der Erlösung vom Übel streben, indem wir uns bemühen, uns zu vervollkommnen, wohl wissend, dass die Erlösung vom Übel eines Aktes bedarf, der außerhalb des Menschenmöglichen und darüber hinaus des menschlich Vorstellbaren liegt. Als man noch theologisch ernsthaft dachte, nannte man diesen Akt „Gnade". Wir kennen seinen kulturellen Hintergrund und die Gründe, warum er immer schwächer wurde. Das reicht, um zu verstehen, was gemeint ist, auch wenn wir nicht mehr daran glauben, dass die Gnade etwas ist, was in unsere Welt einbricht – es sei denn in Form jener Werte, die den Dingen innewohnen und auf etwas Unnennbares deuten.

3. Kapitel
Die Idee der Schöpfung

Das Problem des Anfangs ist eines, das den menschlichen Geist auf eigenartige Weise herausfordert, und zwar, wie leicht zu bemerken ist, dadurch, dass sich etwas in besonderer Weise verändert. Es gibt Veränderungen innerhalb unserer Welt, die wir so auffassen, dass es ein Initialereignis gegeben haben muss. Ein Haus steht in Flammen. Wie ist das passiert? Der Blitz hat eingeschlagen. Eine Frau trägt ein Kind unterm Herzen. Wie ist das passiert? Der Blitz war es nicht, wer oder was war es dann?

Initialereignisse sind solche, die wir im Alltag als ausreichende Ursachen dafür gelten lassen, dass das Ereignis, das wir zu erklären wünschen, tatsächlich eintritt. Doch in dem Augenblick, in dem wir das Konzept des Initialereignisses zu erwägen beginnen, stellen sich uns eine Reihe von Fragen, die unausweichlich sind. Wenn der Blitz in das Haus eingeschlagen und dabei das Strohdach entzündet hat, wie kam es dann, dass es blitzte? Hat Gottvater Zeus gezürnt, oder was? Nein, sagt die Wissenschaft, es gab eine „elektrische Entladung infolge spezifischer atmosphärischer Verhältnisse". Aha, sagen wir, auch wenn wir das gar nicht verstehen. Doch dabei kommt uns Folgendes „natürlich" vor: Es muss eine Ursache dafür gegeben haben, dass sich ebenjene atmosphärischen Verhältnisse einstellten, die zu jener elektrischen Entladung führten, die den Blitz entstehen ließ, der in das Haus einschlug.

Kurz: Unser Gehirn funktioniert verlässlich so, dass wir die Welt in Ursachen und Wirkungen gliedern. Und manche Ursachen kommen uns *ausreichend* dafür vor, dass etwas „entsteht". Solche Ereignisse – eben: Initialereignisse – werden uns von Kindheit an nahegebracht, sei es, dass in uns selbst bestimmte Wahrnehmungsprogramme zu arbeiten beginnen, sei es, dass uns unsere Umgebung lehrt, auf bestimmte Dinge zu achten, zum Beispiel auf Blitz und Donner. Unser Gehirn orientiert sich an der Eigenlogik solcher Konzepte.

3.1 Erster Beweger, guter Anfang

Das Konzept des Initialereignisses ist seiner Eigenlogik nach Teil eines viel allgemeineren Konzepts, nämlich das der Ursache, die eine Wirkung hat. Und es kommt uns schließlich nicht nur „natürlich" vor, dass jede Wirkung eine Ursache hat, sondern darüber hinaus jede Ursache als Wirkung begriffen werden kann, *solange wir nicht selbst die Ursache sind*. Ja, es ist in der Philosophie, Anthropologie und Entwicklungspsychologie mehrfach der Standpunkt vertreten worden, dass wir den Begriff des Verursachens zunächst an unserem eigenen Eingreifen in den alltäglichen Lauf der Dinge entwickeln. Wir setzen etwas durch eigene Willensanstrengung in Bewegung, und es ist dieses Modell – nennen wir es das Modell der personalen Verursachung –, das wir zunächst in die Welt „hineinprojizieren".

Es entspricht dem animistischen Weltbild, wenn auch unbelebte Naturdinge dadurch gleichsam beseelt werden, dass sie Ereignisse herbeiführen, so etwa der Blitz das Feuer am Dach. In einer Welt mit einem solchen Naturverständnis kann es vorkommen, dass böse Dinge, sagen wir: ein Baum, der einen Menschen erschlagen hat, „bestraft" werden. Der Baum wird zersägt. Da man jedoch die meisten bösen Naturdinge weder mechanisch beeinflussen kann, noch auf die Abschreckungswirkung durch eine Bestrafung ihres „Tuns" hoffen darf (falls eine Bestrafung überhaupt möglich wäre), wird man sich darauf verlegen, die Dinge und ihre Lenker, vornehmlich die Götter, Dämonen und Geister, durch magische Praktiken gütig zu stimmen.

Das alles hat nur einen Sinn, solange man Naturvorgänge nach dem Modell der personalen Verursachung interpretiert. Nun ist es aber ein wichtiger Schritt in der Welterkenntnis des Menschen, dass er lernt, aus der unpersönlichen Natur das Modell der personalen Verursachung abzuziehen. Das ist ein in sich durchaus komplexer Vorgang, der nicht ohne erhebliche Nachfolgeprobleme bleibt.

Konzentrieren wir uns noch ein wenig auf das Modell der personalen Verursachung. In seinem Zentrum steht die Idee, dass es Wesen in der Welt gibt, eben Personen wie du und ich, die in der Lage sind, von sich aus Ereignisse herbeizuführen. Diese Idee erzeugt einen grundlegenden Unterschied in der Welt. Exemplifizieren wir ihn an dem einfachen Beispiel, dass es der Fall sein kann, dass sich mein Arm hebt, weil meine Armmuskeln elektrisch stimuliert wurden, oder aber dass sich mein Arm hebt, weil ich selbst es bin, der ihn hebt. Wenn Letzteres der Fall ist, dann hat das eine wichtige Folge. Die Frage: „Und was ist die Ursache davon, dass du selbst es bist, der den Arm hebt?", ergibt dann nämlich keinen guten Sinn. Denn ich kann darauf antworten: „Wenn ich selbst es bin, der seinen Arm hebt, dann hebe ich ihn selbst, und das ist alles." Mit anderen Worten: Trete ich selbst als der Urheber eines Ereignisses in Erscheinung, dann bin ich – um mit Aristoteles zu sprechen – eine Art erster Beweger oder erste Ursache. *Ich bewege, werde aber selbst durch nichts anderes bewegt als durch mich selbst.*

Es ist klar, dass diese Idee, zu Ende gedacht, keine empirische ist. Denn wenn ich als der, der seinen Arm hebt, bloß ein Ereignis in Raum und Zeit wäre, dann wäre es nur „natürlich" zu fragen, die Wirkung wovon ich meinerseits bin. Da diese Frage aber keinen guten Sinn hat, heißt das, dass ich als derjenige, der selbst etwas in Bewegung setzt, irgendwie transzendent bin. Man hat das in der Philosophie auch die „Transzendenz des Ego" genannt. Das mag missverständlich sein. Denn es legt den Gedanken nahe, dass mein Ego oder, einfach gesagt, mein Ich eine Art nicht-empirischer Wesenheit ist. Doch es ist einfach nicht wahr, dass, wenn ich selbst es bin, der seinen Arm hebt, in Wirklichkeit mein Ich meinen Arm hebt. Da bin nur ich, die Person, und nicht außerdem noch eine Über- oder Quasiperson, nämlich mein Ego oder Ich.

Die am meisten ungezwungene Analyse der personalen Verursachung besteht darin zu sagen, dass ich, Peter Strasser, meinen Arm hebe, und dass aus dem Umstand, dass ich meinen Arm selbst hebe, folgt, dass ich, Peter Strasser, nicht auf empirische Fakten reduzierbar bin. Die Fähigkeit, personal zu verursachen, setzt voraus, dass das, was den Satz „Ich selbst hebe meinen Arm" *wahr* macht, transzendent ist. Und das heißt Folgendes: In dem Umstand, dass wir uns selbst und andere Personen häufig als die Urheber unserer bzw. ihrer eigenen Handlungen erfahren, steckt ein *Überschuss an Bedeutung,* den wir weder psychologisch noch sonst wie wissenschaftlich aufzulösen vermögen.

Aber was ist dieses Transzendente an mir? Nun, sicher kein Ich-Ding. Es ist nichts, was wir mit Merkmalen, die aus dem empirischen Bereich stammen, beschreiben könnten. Und doch ist es dieses Ungreifbare, begrifflich Unfassliche, das wir immer schon mitdenken, wenn wir an Personen denken, die aus sich selbst heraus Ereignisse herbeiführen. Dass Ergebnisse aus der Gehirnforschung uns mit Ursachen konfrontieren, die im Gehirn wirksam sind, bevor und während wir autonom handeln, ändert am transzendenten Charakter der personalen Verursachung nichts. *An ihr kann gar nichts Empirisches etwas ändern,* auch nicht, dass schon Mikrosekunden bevor wir uns *bewusst* entscheiden, etwas zu tun, im Gehirn ein physiologischer Vorgang *aufgebaut* wird, der das Bewusstwerden der Entscheidung steuert.[7]

Mit der Entdeckung im engeren Sinne natürlicher Ereignisse bilden wir, korrespondierend dazu, den Begriff der natürlichen Verursachung. Sie ist, so ließe sich sagen, das Konzept, das dadurch entsteht, dass wir aus den Naturereignissen jenes Moment an Selbsttätigkeit abziehen, das wir von uns kennen, wenn wir selbst es sind, die etwas herbeiführen. Stoße ich mit dem Queue die Kugel *A* in die Richtung der Kugel *B,* dann setzt sich diese, von *A* angestoßen, am Billardtisch in Bewegung. Zwischen dem Umstand, dass ich den Queue bewege, und jenem, wonach *B* durch *A* in Bewegung gesetzt wird, gibt es einen wichtigen Unterschied. Wenn ich selbst es bin, der den Queue in Bewegung setzt, dann ist das Erklärung genug, soweit es die Bewegung des Queues (und eventuell der Kugel *A*) betrifft. Was aber, wenn *B* durch *A* in Bewegung gesetzt wird und hinter *A* kein Queue steckt, der durch eine Person bewegt wird? Dann gibt es keinen Grund, die jeweils ins Auge gefasste letzte Ursache für die sachlich letzte zu halten!

So entsteht das Problem des natürlichen Anfangens. Es wurzelt im Konzept der natürlichen Verursachung, die für alle reinen Naturvorgänge – das sind solche, hinter denen keine Person steckt, welche etwas herbeiführt – typisch ist. Natürliche Ursachen sind, so könnte man vor dem Hintergrund des Modells personaler Verursachung sagen, passive Glieder in Kausalketten. Wenn man Personen als reine Biomechanismen betrachtet (was in gewissen biologischen Zusammenhängen sinnvoll sein mag), dann ergibt die Vorstellung, dass ich selbst es bin, der den Queue bewegt, nun ihrerseits keinen guten Sinn. Denn ich

---

7 Vgl. zu dieser *„delay-and-antedating" hypothesis* zuletzt Benjamin Libet: *Mind Time,* Frankfurt a. M. 2005. Dort wird auch, um die Freiheit des Menschen, d.h. im Kern: das unverzichtbare Modell des personalen Verursachens, neurophysiologisch „retten" zu können, ein „bewusstes mentales Feld" eingeführt (200 ff), das freilich nur sehr locker und eher metaphorisch mit der Begriffswelt des Neurologen zusammenhängt. Man kann sich des Eindrucks nicht erwehren: Dieses Feld ist mehr ein Deus ex machina, als ein wissenschaftliches Konzept, auch wenn Libet seine experimentelle Überprüfbarkeit behauptet.

trete nicht mehr als Person mit jenem Überschuss an Bedeutung, der mich erst
ein erster Beweger sein lässt, in Erscheinung. Mein Ich wird in Teil-Ichs zerlegt,
die bestimmten Gehirnregionen zuordenbar sind. Und am Ende, wenn dieser
Analyseprozess vollzogen ist, bin ich zwar ein hochintegriertes System von Teil-
funktionen, aber dennoch ein System, das sich aus natürlichen Ursachen und
Wirkungen zusammensetzt.

Die Ursachen dafür, dass sich der Queue in meiner Hand bewegt, liegen dann
in meinem Gehirn, zum Beispiel in dem von Benjamin Libet entdeckten „Bereitschaftspotential", das in einer bestimmten Gehirnregion mit neurologischen Meß-
methoden nachweisbar ist. Die Frage ist also, wodurch dieses Bereitschaftspotential
entsteht. Selbstverständlich habe nicht ich es herbeigeführt. In der naturalistischen
Sichtweise muss auf weitere interne Ursachen im Zentralnervensystem und darüber hinaus vor allem solche außerhalb meines Körpers zurückgegriffen werden.
Lichtstrahlen verschiedener Wellenlänge sind vom Billardtisch (seiner Oberfläche, seinen Kanten etc.) reflektiert, durch meine Pupillen hindurch auf meine
Netzhaut gelenkt, in Nervenimpulse umgewandelt, in mein Gehirn weitergeleitet
und dort mithilfe des neuronalen Codes „interpretiert" worden.

Was war hier das Initialereignis? Die Antwort darauf lautet, streng genommen:
Keines. Dass wir dennoch nicht ewig weiterfragen, ist klar. Denn im Rahmen
des Alltags, aber auch in dem der Wissenschaft, gibt es ein praktisch motiviertes
Ende der Kette. Dieses hängt davon ab, was wir zu welchem Zweck wissen wollen. Wenn der Versicherungsagent wissen will, warum das Haus brennt, reicht
ihm als Antwort, dass der Blitz in das Strohdach eingeschlagen hat. Und wenn
wir wissen wollen, warum eine Frau schwanger ist, wollen wir in aller Regel
nicht wissen, dass sie mit einem Mann geschlafen hat; wir wollen wissen, mit
welchem Mann. Manchmal wollen wir aber auch bloß wissen, warum sie kein
Verhütungsmittel genommen hat.

Theoretisch gesprochen, gibt es jedoch im Bereich des natürlichen Anfangens
kein Initialereignis, wenn darunter etwas verstanden werden soll, was wir einen
befriedigenden oder *guten Anfang* nennen dürfen. Wenn ich selbst ein Ereignis
herbeiführe, zum Beispiel meinen Arm hebe, dann gibt es einen guten Anfang:
mich als die Person, die ihren eigenen Arm hebt. Der Grund für das Gefühl, dass
dieser Anfang der Kausalkette befriedigend ist, liegt in einem bisher unerwähnt
gebliebenen Merkmal des personalen Agierens. Wenn eine Person absichtlich
ihren eignen Arm hebt, dann – so die Annahme ihrer Umgebung – hat sie dafür
einen Grund, den sie selbst für gut genug hält, um das zu tun, was sie tut: ihren
Arm zu heben. Dieser Grund mag der sein, dass ich ein Taxi anhalten will, oder
schlicht der, dass ich einer Person, die daran zweifelt, dass ich meinen Arm heben
kann, zeigen will, dass ich ihn heben kann.

Wie auch immer, die Annahme meiner Umgebung lautet, dass meine Handlung, wenn ich sie selbst setze, durch eine bestimmte Art von Gründen „motiviert"
ist. Solche Gründe sind keine bloßen Kausalgründe wie in dem Fall, wo mein
Arm sich hebt, weil meine Armmuskeln elektrisch stimuliert wurden. Es sind
vielmehr Gründe, die geeignet sein müssen, meine Handlung jedenfalls vor mir

selbst als rational zu rechtfertigen, sei es im ethischen oder rein instrumentellen Verstande (als geeignetes Mittel zu einem angestrebten Zweck). Nennen wir solche Gründe „rationale Glaubensgründe" und die Motivation, die sie erzeugen, „rationale Motivation". Dann können wir sagen, dass ein guter Anfang dadurch gemacht wird, dass eine rational motivierte Person im Sinne der ihr verfügbaren guten Gründe handelt. Mit anderen Worten: Dass ich selbst es war, der seinen Arm hob (und nicht irgendein Kausalfaktor), kann ich den anderen dadurch begreiflich machen, dass ich mich ihnen als rational motivierte Person glaubhaft darstelle, also etwa sage, dass ich meinen Arm hob, um ein Taxi herbeizurufen, weil ich eine Verabredung wahrnehmen wollte.

Demgegenüber sind Anfänge im Bereich rein natürlicher Ereignisketten niemals gute Anfänge, außer in dem schon erwähnten praktischen Sinne, der aber den Ereignissen selbst ganz äußerlich bleibt. Die Vorstellung, dass eine Ereigniskette, bestehend aus Ursachen und Wirkungen, gar keinen Anfang hat, ist abstrus, solange wir unter einer Ursache ein Ereignis verstehen, das zeitlich vor seiner Wirkung liegt. Denn daraus würde unweigerlich folgen, dass die Entwicklung der Welt noch gar nicht in der Gegenwart angelangt sein könnte, weil das erforderte, *dass in der Vergangenheit bereits unendlich viele Kausalereignisse stattgefunden haben müssten*. Eine zeitliche Reihe, bestehend aus unendlich vielen Schritten, lässt sich jedoch aus rein logischen Gründen niemals durchlaufen, weder bis gestern, heute oder morgen, noch bis irgendwann sonst.

Bleibt der grundlose Anfang. Es braucht wohl nicht eigens erwähnt zu werden, dass das Auftreten eines natürlichen Ereignisses ohne Ursache, also die Annahme eines „objektiven Zufalls", ein tiefes Unbehagen mit sich führt. Wenn heute auch manche Theoretiker, wie zum Beispiel der Österreicher Anton Zeilinger, das Auftreten objektiv zufälliger Ereignisse in der Quantenphysik verteidigen, so ändert das nichts am Unbefriedigenden der Konzeption. Denn im Grunde verstehen wir nicht, was ein objektiver Zufall sein soll, außer in dem Sinne, dass wir postulieren, gewisse Ereignisse würden in der Welt Wirklichkeit werden – wie aus dem Nichts heraus –, ohne dass es dafür den geringsten empirischen Grund, d.h. irgendeinen Kausalfaktor gäbe.

Man darf ja nicht vergessen, dass die Vorstellung, etwas entstünde aus dem Nichts, nur eine Metapher ist. Es gibt keinen Bereich, gleichsam einen völlig leeren Behälter, der das Nichts wäre. Das Nichts ist nicht etwas, was existiert, sondern bloß die sprachliche Folge der Substantivierung des Wörtchens „nichts". Und wenn wir uns nun vorstellen, dass nichts existiert, dann ist die Behauptung, dass „daraus" etwas entstünde, Unsinn. Denn es gehört zur Bedeutung der Rede, nichts existiere, dass es sich dabei um einen Zustand handelt, aus dem nichts entstehen kann. Salopp formuliert: Aus nichts wird nichts.

Das übersieht man leicht, wenn der objektive Zufall erst dort auftritt, wo schon die ganze Weltbühne errichtet ist, also beispielsweise beim „grundlosen" (und nur statistisch voraussagbaren) Zerfall eines Elementarteilchens. Denn in diesem Fall haben wir den Eindruck, es würden eben auf einer Bühne, in Raum und Zeit und vor gegebener Kulisse, Mikro-Kapriolen geschlagen; diese kämen also nicht einfach aus dem Nichts. Aber dass aus nichts nichts wird *(ex nihilo nihil fit)*, bleibt der große Irritationshintergrund im Falle jenes „Ereignisses", aus dem unser Universum hervorgeht.

Soweit der physikalische Sachverstand reicht und reichen kann, handelt es sich beim Urknall um eine Singularität, was bedeutet, dass dieses „Ereignis" selbst mit physikalischen Begriffen nicht mehr beschreibbar ist. Nur in seiner „Wirkung", die im Auftauchen der Grundbausteine der Welt besteht, in der Entstehung von Raum, Zeit und Naturgesetzlichkeit, ist er nachweisbar. Da wir alle, die wir über den Beginn der Welt nachdenken, dies gleichsam von innerhalb der Welt aus tun, sind wir natürlich außerstande, über die Entstehung jener Singularität, von der wir ohnedies nur wissen, dass die Welt irgendwie aus ihr hervorgeht, Aussagen zu machen. Ja, selbst Spekulationen (etwa über einen Anfangszustand, aus dem unzählige Paralleluniversen, darunter unsere Welt, hervorgegangen wären) sind hier eigentlich unzulässig, da ihre empirische Überprüfung unmöglich ist.

Jetzt also die Frage: Ist der Urknall ein Initialereignis? Ist er ein guter Anfang? Nach all dem, was wir bisher gesagt haben, legt sich eine Antwort nahe, die nicht sonderlich überrascht. Nur wenn der Urknall *als Schöpfung* aufgefasst wird, taugt er als Initialereignis. Dass er als Schöpfung aufgefasst wird, darf jedoch nicht heißen, dass wir in das mythologische Weltbild zurückkippen. „Schöpfung" ist ein Begriff, der dem Kriterium der Transzendenz genügen muss. Das bedeutet, dass wir uns nicht einen quasi empirischen Weltschöpfer vorstellen, einen Demiurgen wie den Gott der biblischen Genesis, der aus dem Tohuwabohu, dem Anfangschaos wüst durcheinander liegender Weltbausteine, einen geordneten Kosmos erschafft.

Was eine Schöpfung ist, wissen wir nur aus unseren eigenen kleinen Schöpfungsakten. Das ist keine Anmaßung, sondern bloß ein Hinweis auf die Beschränktheit unseres Verstehens. Wir sind in der Lage, aus uns selbst heraus zu handeln und so Ereignisse herbeizuführen. Wir haben also ein Grundmodell und ein primäres Verständnis davon, was es heißt, als „erster Beweger" aktiv zu werden. Daraus dürfen wir jedoch, wie schon im Bereich des Moralischen eindringlich bemerkt, kein Gottesbild entwickeln in dem Sinne, dass wir uns Gott als übermenschliche Person vorstellen, die ungefähr so handelt wie unsereiner, nur eben vollkommener, mächtiger. Alles was wir sagen können – und das scheint immerhin merkwürdig genug – ist Folgendes: So wie unser Geist oder unser Gehirn beschaffen ist, ist die Welt entweder gar nicht existent (aus nichts wird nichts), oder sie ist die Folge eines Initialereignisses. Da die Welt existiert, gibt es ein solches Ereignis.

3.2 Sucht mein Angesicht! Verlorener Gottesbezug

Die Klagen darüber, dass sich Gott vor dem Menschen verberge, dass er nicht von Angesicht zu Angesicht den Glaubenden von Furcht und Zweifel befreie, sind alt. Im 27. Psalm, Vers 8, heißt es: „Mein Herz denkt an dein Wort: ‚Sucht mein Angesicht!' / Dein Angesicht, Herr, will ich suchen." Hier wird die Beziehung zwischen Gott und dem Menschen noch kommunikativ gedacht. Denn da gibt es eine Aufforderung („Sucht mein Angesicht!") und die hoffnungsvolle, enthusiastische Bekundung einer Bereitschaft: „Dein Angesicht, Herr, will ich suchen."

Doch schon in Anselm von Canterburys Schrift *Proslogion*, „Anrede" – sie entstand etwa 1077/78 – steht im 1. Kapitel mit Bezug auf den eben zitierten Psalm eine rührende Klage zu lesen: „Nie habe ich Dich gesehen, Herr, mein Gott, ich kenne Dein Antlitz nicht. Was soll tun, höchster Herr, was soll tun dieser Dein in die Ferne Verbannter? Was soll tun Dein Knecht, der ängstlich besorgt ist um die Liebe zu Dir und weit hinweg *von Deinem Antlitz verstoßen ist* [Psalm 51,13]?"[8]

Wie aus der Fortführung der Klage hervorgeht, ist Anselm der Meinung, dass der Mensch geschaffen wurde, um Gott zu sehen, sich jedoch durch den Sündenfall um dieses Privileg brachte. Der Mensch verlor die Seligkeit *(perdidit beatitudinem)*. Jahrhunderte später wird Blaise Pascal in seinen *Pensées*, der posthum veröffentlichten Notizensammlung (1669/70), seinem Grauen über die riesigen Räume des Weltalls Ausdruck verleihen, in denen der Mensch verloren nach Gott Ausschau hält. In diesen Räumen aus Leere, toter Materie, Hitze und Kälte, in diesen endlosen Weiten purer Lebensfeindlichkeit ist nichts, was den Menschen mit Gott in Beziehung bringen könnte. Für Pascal erhebt erst der Geist den Menschen über das Weltall und lässt ihn sittlich und daher innerlich auf Gott bezogen sein *(Pensées, § 347)*.

Demgegenüber ist es für das mythologische Weltbild typisch, dass es – um mit Oswald Spengler zu sprechen – den Menschen seine Weltsituation als höhlenartig erleben lässt. Der irdische Himmel, vor allem der Nachthimmel, an dem die Sterne leuchten, erscheint als eine überwölbende Kuppel, hinter welcher die himmlischen Himmel sich türmen. Und im obersten Himmel wohnt Gott. Das Verhältnis des Menschen zu Gott ist ein räumliches. Daher scheinen Reisen, die im Raum vor sich gehen – menschliche Reisen, göttliche Reisen –, auch nicht ungeeignet, um Gott einst von Angesicht zu Angesicht gegenüberzustehen.

Aber mit dem Verfall des Mythos wird aus der Welthöhle ein nach allen Seiten hin offener, unbegrenzter Raum, der kein Darüber, Darunter oder Dahinter mehr hat. Für Gott scheint in dieser Welt kein Platz zu sein, und eine andere Welt zeigt sich dem suchenden Blick nicht. Die Auffassung des Universums, wonach der Raum zugleich endlich und unbegrenzt ist und jede Reise auf einem Lichtstrahl wieder zu dem Ausgangspunkt zurückführen würde, von dem sie startete: diese Auffassung zerstört die Begrifflichkeit, in der die Suche nach Gott als ein Glaubensabenteuer der äußeren Welt begriffen werden konnte.

Man wird erwidern, dass schon die Menschen der mythologischen Zeitalter wussten, dass man Gott nicht dadurch finden kann, dass man losmarschiert, um das Zelt zu finden oder den Berg, wo ER wohnt. Schon immer gab es eine Mystik, die den Gläubigen auf sein geistiges Innen verwies. Und auf den Geist setzt auch Pascal, um sich gegen die Drohung und Sinnferne der äußeren Natur

---

8 Anselm von Canterbury: *Proslogion,* lateinisch-deutsche Ausgabe von P. Franciscus Salesius Schmitt O.S.B., Abtei Wimpfen, Stuttgart/Bad Cannstatt 1962, 77.

zur Wehr zu setzen. Doch es bleibt ein Gefühl tiefer Entfremdung, das mit dem Heraufdämmern der Neuzeit immer stärker wird. Dieses Gefühl besteht darin, dass uns Gott innerhalb der Welt nicht begegnen kann. *Denn Gott hat keinen Platz mehr, von dem aus sich seine Stellung zu uns räumlich definieren ließe.* Gott kann sich uns nicht mehr nähern, indem er von seinem Himmel heruntersteigt, sich uns zuneigt und uns an seiner Herrlichkeit teilhaben lässt; deshalb sind auch wir außerstande, uns ihm zu nähern.

Von da aus wird der ganze Gottesbezug, soweit er nicht ins Abergläubische abdriftet, nach innen verlegt. Die „Verinnerlichung" Gottes hat indessen den Nachteil, dass man zwischen den Gefühlen und dem, was sie bedeuten, immer weniger unterscheiden kann. Ist ein göttliches Gefühl ein Gefühl des Göttlichen? Verweist es auf etwas über sich selbst hinaus? Das lässt sich sicherlich nicht dadurch entscheiden, dass man gewisse Gefühlslagen sakralisieren möchte, indem man sie „spirituell" nennt. Denn das Grundproblem lässt sich auf diese Weise nicht beheben. Je verinnerlichter Gott ist, umso weniger beinhalten die spirituellen Erlebnisse, die uns ihm annähern sollen, einen Hinweis darauf, dass außer den Erlebnissen noch etwas da ist, dem man sich annähern könnte. Und dann kommt natürlich der Punkt, an dem das göttliche Gefühl mit dem Göttlichen identifiziert wird.

Die Kehrseite dieser Verinnerlichung, bei der schließlich die Objektivität Gottes verloren geht und der Mensch mit seinen „göttlichen Gefühlen" allein bleibt, ist die vollständige Entgöttlichung des Außenbereichs, der Natur, des Universums. Hier ein längeres Zitat, das die Stimmungslage widerspiegelt, wie sie für den katholischen Theologen in der spätexistentialistisch gestimmten Zeit des vergangenen Jahrhunderts typisch war. In seiner *Gottesfrage des heutigen Menschen* schreibt Hans Urs von Balthasar:

„Es genügt also nicht, zu sagen, der Mensch habe in der modernen, unanschaulich gewordenen Natur mit ihren Überdimensionen die Orientierung verloren, die moderne ‚Weltangst' sei eine Folge davon, dass das Welthaus in Brüche gegangen sei und der Wind des Nichts und der ‚Unbehausung' durch die Fugen pfeife. Es muss gleichzeitig auch das Ergänzende gesagt werden: dass die Gewinnung jener Stufe geistigen Selbstbewusstseins, die den Anbruch der Neuzeit für die Menschheit im Ganzen, aber notwendig auch für den Einzelnen besagt, den Spiegel des Makrokosmos, in dem der Mensch sich unbewusst spiegelte, in Scherben zerschlagen musste. Die Natur kann nicht der adäquate Spiegel des Geistes sein, weder des ewigen Geistes Gottes noch des geschöpflichen Geistes, der in diesem Überstieg über die Natur ein Abbild des göttlichen Geistes ist."[9]

Hier wird der menschliche Geist zum Abbild des göttlichen Geistes dadurch, dass er erkennt, dass weder die Natur Gott widerspiegelt, noch der Mensch im Kosmos Strukturen und Figuren findet, die seiner eigenen geistigen Welt entsprechen. Mit anderen Worten: Die Göttlichkeit des menschlichen Geistes zeigt sich demnach gerade darin, dass er alle Weltverhältnisse (außer die internen des

---

9 Hans Urs von Balthasar: *Die Gottesfrage des heutigen Menschen,* Wien/München 1956, 112.

Geistes selbst) entgöttlicht. Dass ein Theologe so redet, ist immerhin bemerkenswert. Doch er reagiert damit nur auf den Umstand, dass für den Gott des Dialogs buchstäblich kein Raum mehr bleibt. Das Universum ist weder Wohnung noch Palast, noch ein geordnetes Gemeinwesen. Also kann auch der Mensch, der die Gesetze des Universums studiert, sich darin nicht wiederfinden als Teil einer Harmonie, einer Hierarchie – als Teil des Gottesstaates, seiner Sphären und seiner Gerechtigkeit. Hans Urs von Balthasar sagt, dass *dies* zu entdecken die Göttlichkeit des menschlichen Geistes gerade belegt.

Aber das klingt einigermaßen nach dem Fuchs, dem die Trauben, an die er nicht herankommt, ohnedies zu sauer sind. Denn wieso sollte die schöpfungsindifferente Auffassung des Universums und des Menschen in ihm zu einer schöpfungsorientierten Auffassung des menschlichen Geistes, der die Schöpfungsindifferenz aller äußeren Verhältnisse entdeckt, führen? Gerade jene Erkenntnisfortschritte nämlich, die uns die Welt als eine wertneutrale, sinnleere Zone unter den Naturgesetzen der Physik, Chemie und Biologie zeigen, erfassen auch den menschlichen Geist. Dieser wird in die Kontinuität der Evolution eingebaut, bis auch er nur mehr Natur ist, fundiert in den physiologischen Prozessen des Gehirns. Da führt dann kein Weg mehr nach draußen, hin zum Göttlichen, Transzendenten. Alles, was ist, ist der Logik zufolge, die Hans Urs von Balthasar hervorhebt, *immanent*: die Galaxien ebenso wie die „göttlichen Gefühle", die ein Gehirn produziert, dessen Temporal- oder Parietallappen zuviel oder zuwenig stimuliert oder durchblutet werden.

Vielleicht klingt das Wort „Schöpfung" heute unter aufgeklärten Menschen deshalb so archaisch und im Rahmen des wissenschaftlichen Weltbildes nicht tolerierbar, weil, einfach gesagt, zur Schöpfung der Schöpfer dazugehört. Und was soll man sich unter einem Schöpfer des Universums vorstellen, wenn nicht den Demiurgen, einen sehr, sehr mächtigen Handwerker, eben zum Beispiel den Genesis-Gott der Bibel, der in sechs kosmischen Tagen die Welt erschafft? So ein Gott ist eine Hyperperson, ausgestattet mit einem freien Willen und einem zielgerichteten Wollen. Und wie er über dem Wasser schwebt, ist er schwer anders vorstellbar denn als eine Existenz im Raum, auch wenn es von dieser Existenz heißt, sie sei Geist. Zu stark wird hier der Modellhintergrund spürbar, als dass er nicht zugleich einen Einwand gegen die Existenz Gottes bildete. Das Modell ist die menschliche Person, die aus sich selbst heraus handelt. Dieses Modell, buchstäblich gedacht, taugt nicht, um den guten Anfang der Welt zu modellieren. Denn die menschliche Person bedarf einer Position im Raum.

Dennoch: Wenn wir die Welt als Schöpfung betrachten, können wir zweifellos nicht davon absehen, dass ihr Sein und Dasein, ihr Gegenständliches und der Mechanismus, nach dem sie funktioniert, sich unserem Bewusstsein als *initialereignishaft* darstellen. Damit ist nicht bloß die singuläre Tatsache „Urknall" gemeint; gemeint ist die Welt in allen Momenten ihres Entstehens, Werdens und Vergehens. Der Punkt, um es den es geht, ist der Überschuss an Bedeutung, der in den Weltereignissen, die eine kausale Erklärung haben, *darüber hinaus* steckt – so wie in den physischen Akten unseres Handelns ein Bedeutungsüberschuss steckt, der zur Folge hat, dass wir sie als rein physische Akte erklären und dabei doch als Handlungen auffassen.

Dass die Welt *an sich* aus physischen Tatsachen besteht und die physischen Tatsachen wertirrational und bewusstseinsfern sind, ist naturalistische Rhetorik. Sie beruht auf einer prinzipiellen Abgrenzung von Bewusstsein und Bewusstseinsinhalten gegenüber den vom Bewusstsein unabhängigen physischen Tatsachen – einer Trennung, die, würde sie konsequent durchgeführt, dazu führen würde, dass wir von den physischen Tatsachen schließlich nichts mehr wissen könnten. Sie wären bestenfalls noch jenes X, das unseren Bewusstseinsinhalten zugrunde liegt und sie irgendwie „hervorbringt". Diese ganze Diskussion ist bereits von Immanuel Kant geführt worden, der glaubte, nicht ohne ein „Ding an sich" auskommen zu können, das der bewusstseinsgebundenen Erfahrungswelt „zum Grunde liege" und daher selbst nicht mehr in Begriffen der Erfahrung ausdrückbar sei.

Kant zog die Konsequenz ohne Wenn und Aber: Das Ding an sich dient nur dazu, die Idee einer vom Subjekt vollständig unabhängigen Realität zu gewährleisten. Diese ist jedoch mit Bezug auf die Vermögen unserer Erkenntnis, also all das, was überhaupt vom menschlichen Bewusstsein erfasst werden kann, ob durch die Sinne oder den Verstand, „transzendental". Weil das Ding an sich transzendental ist, ist es, empirisch und theoretisch gesprochen, reines merkmalloses X, vollständig unbestimmt – eigentlich ein Etwas, das so gut oder schlecht ist wie ein Nichts. Und weil es keinen Gegenstand der überhaupt erfahrbaren Welt repräsentiert, auf die allein die Begriffe von Ursache und Wirkung anwendbar sind, lässt sich nicht einmal sagen, dass die Art und Weise, wie das Ding an sich unsere sinnlichen Eindrücke generiert, kausal ist. Das Ding an sich liegt unseren sinnlichen Eindrücken „zugrunde", aber was das heißt, lässt sich nicht erläutern. So erscheint die Relation zwischen Ding an sich und Erfahrung auch nur als ein merkmalloses X.

Lassen wir also den Kant des Dings an sich beiseite. Ein X ist ein X. Daraus folgt einzig, was wir bereits wissen. Alle unsere Erfahrungen und Theorien, ob alltäglich oder wissenschaftlich, bleiben letzten Endes rückgebunden an die primären Qualitäten unseres Bewusstseins, die uns die Welt „offenbaren". Der Weg nach draußen ist niemals ein Weg aus der Schleife des Bewusstseins heraus. Und deshalb gibt es auch keinen Grund in der Verfassung des Weltseins selbst, der uns als Erkennende darauf verpflichten könnte, die Existenz von intrinsischen Werten zu leugnen. Solche finden wir aber nicht nur in den Qualitäten und Strukturen unseres Erlebens, unseres Bewusstseins und unseres Selbst, sondern auch in den Dingen der Welt „da draußen". Diese Welt hat ihre eigenen Zustände der Vollkommenheit, und sie zu leugnen, bedeutet, sich bewusst blind zu stellen.

3.3 Schönheit als intrinsischer Wert

Schönheit, Erhabenheit, Harmonie – das sind nicht bloß subjektive Eindrücke. Ich will im Folgenden einfach von „Schönheit" und „schönen Dingen" sprechen, und dabei aber vielfältige Zustände von sehr vielfältiger Art im Auge haben. Nie-

mand, der an einem Frühlingstag einen blühenden Strauch betrachtet, dessen
Blüten bereits von Bienen als Nahrungsquelle genützt werden, wird die Schönheit
dieser Tatsachen übersehen können. Weder wird uns die radiale Schönheit der
Schneekristalle unterm Mikroskop entgehen, noch die geheimnisvolle Pracht der
Meerestiere beim Tauchgang entlang einem Tiefseeriff. Ganz zu schweigen von
den Eindrücken, die uns am Berg ein bereits zur Nacht hin geneigter Abendhim-
mel beschert, wenn er, an seinen Rändern noch mit schwerem Gold gebändert,
hoch oben schon die Sterne glitzern lässt.

Und doch ist die Schönheit etwas tief Rätselhaftes. Das wird vom Subjektivismus verschleiert, indem er die Schönheit als etwas betrachtet, was wir auf
die Dinge „projizieren". Er hält es mit der Schönheit wie mit den Werten überhaupt, sieht in ihr nichts weiter als einen Ausdruck unserer Gefühle gegenüber
den Dingen, die wir schön nennen. Aber das ist ein ganz verdrehter Ansatz, so
verdreht wie jeder Ansatz, der intrinsische Werte als Ausdruck eines subjektiven Eindrucks abtut. Das Schöne evoziert Gefühle, das ist wahr, doch so, wie
Eigenschaften, die den Dingen objektiv zukommen, Gefühle evozieren können.
Darüber hinaus ist das Erleben der Schönheit nicht einfach ein Gefühl; es ist
viel eher wie die Erfahrung, die wir machen, wenn wir an den Dingen einen
Wert erfassen, der sie in besonderer, ganz spezifischer Weise auszeichnet. Schöne
Dinge beinhalten einen Abglanz des guten Lebens, in ihnen allen bemerken wir
den Hang zur Vollkommenheit.

Äußerlich zeigt sich das bereits in unseren ästhetischen Urteilen. Wir sind
weit davon entfernt, solche Urteile als bloße Geschmacksurteile zu behandeln.
Etwas kann mir gut schmecken, sagen wir Spinat, und dabei kann ich mir dessen
bewusst sein, dass andere Spinat scheußlich finden. Auf ähnliche Weise kann ich
ein Faible für bestimmte Dinge haben, sagen wir für das bloßfüßige Herumlaufen
im taufrischen Gras, wobei mir bewusst ist, dass andere eine derartige Betätigung
überhaupt nicht schätzen. Führe ich mich in solchen Fällen auf wie ein Apostel,
indem ich allen einreden will, dass das Beste, was ihnen passieren kann, darin
besteht, bloßfüßig im taufrischen Gras herumzulaufen und dabei Spinat zu essen,
dann wird man mich für einen Sonderling oder, im schlimmeren Fall, für einen
lästigen Zeitgenossen halten, der seine persönlichen Obsessionen wie Wahrheiten
behandelt, an die alle glauben sollten.

Reden wir hingegen über die Schönheit, so erheben wir, wie bei allen Urteilen über intrinsische Werte, einen strengen Allgemeinheitsanspruch. Das wird
heute dadurch überdeckt, dass wir bereit sind, dem Subjektivismus unserer Zeit
in Wertbelangen Tribut zu zollen. Ich sage beispielsweise: „Nelken sind tod-
schick", weil ich es mit Leuten zu tun habe, die Nelken „nicht ausstehen" können.
Sobald aber unsere Floristen-Unkultur, die neuerdings wieder Blumenmoden als
Geschmacksmoden kreiert, uns einen Nelkentrend beschert, werde ich vielleicht
meinerseits Nelken „nicht ausstehen" können. Doch derlei Attitüden sind deka-
dent in genau dem Sinne, dass sie Fragen der Schönheit dem gesellschaftlichen
Diktat unterordnen. In Wahrheit sind Fragen der Schönheit primär Erkundungen
der intrinsischen Werthaltigkeit von Dingen, und wo in diese Fragen – wie bei

Modedingen – die Töne und Stimmungen des Geschmacks einzufließen beginnen, dort bewegen wir uns in einem Zwischenreich, das eben deshalb so reizvoll sein mag, weil seine Gültigkeit ephemer ist und in der Zeit der Moden bloß einen Moment lang Bestand hat.

Mit dem Anspruch auf Schönheit im primären Sinne verhält es sich gänzlich anders. Denn wenn wir ein Ding ernsthaft als schön beurteilen, dann sind wir nicht der Meinung, dass irgendjemand dasselbe Ding zu Recht auch als hässlich bezeichnen dürfte. Wir erheben einen Anspruch auf Objektivität. Das schließt zweierlei *nicht* aus. Erstens wird es Menschen geben, die zu einem anderen Urteil gelangen, weil sie nicht in der Lage sind, kompetent über die Schönheit im vorliegenden Fall zu urteilen. Zweitens ist es möglich, eine Betrachtungsweise dem schönen Ding gegenüber zu wählen, welche es uns als bloßen Gegenstand der Physik, Chemie oder Biologie vorführt.

Nehmen wir einen Insektenkundler wie den legendären Jean-Henri Fabre (1823–1915). Er studierte die Tiere mit einem, wie man sagen könnte, goethischen Blick. Er verletzte, sezierte, tötete sie nicht. Er liebte Insekten und bewunderte ihre Vollkommenheit. Der Blick, den er sich durch sein langjähriges Studium dieser Lebewesen erwarb, ist durchaus vergleichbar mit demjenigen eines Kunstliebhabers, der in den Werken vieles sieht und beurteilen kann, was dem Laien unzugänglich bleibt. Wir können die Schönheit einer Spinne nicht sehen, weil unser Auge und Gefühl zu grobschlächtig sind, und weil uns eine gewisse Spinnenangst (Arachnophobie) angeboren sein mag. Uns ekelt womöglich vor Spinnen, wir fürchten uns vor ihnen. Auf ähnliche Weise sehen auch heute noch ästhetisch ungebildete Menschen in den Gemälden von Picasso nichts weiter als eine groteske Ansammlung von Figuren, deren Augen, Nasen und Ohren nicht an der richtigen Stelle sitzen, deren Gliedmaßen grotesk verdreht sind, deren körperliche Proportionen nicht stimmen, usw. Kurz: Man muss lernen, das Schöne zu sehen, und je besser wir einen Gegenstand kennen, umso deutlicher und tiefer wird unsere Erkenntnis seiner Schönheit werden.

Aber, wie wir wissen, es gibt eine Art, einen Gegenstand kennen zu lernen, die von vornherein und methodisch durch seine Schönheit gleichsam durchkürzt. Das ist heute die prominent wissenschaftliche Art. Nicht, dass nicht auch die molekulare Struktur eines Fliegenauges schön sein könnte; es geht vielmehr darum, dass durch die wissenschaftliche Begrifflichkeit festgelegt wird, dass die molekulare Struktur des Fliegenauges weder schön noch nicht schön ist. Vom wissenschaftlichen Standpunkt aus betrachtet, ist Schönheit eine Zutat des Beobachters, ein subjektiver Schein, den unser Erleben in die Dinge hineinverlegt. Doch man beachte, dass vom wissenschaftlichen Standpunkt aus betrachtet auch das Licht, das unsere Welt erhellt, das Blau des Himmels und die Vielfalt der Farben in der physikalischen Welt nicht existieren! Sie alle sind, wie uns der Physiker belehrt, sekundäre Erzeugnisse unseres Gehirns. Indem die konstruierte Welt der Physik mit der Welt an sich identifiziert wird, werden alle überhaupt erfahrbaren Qualitäten sekundär, das heißt, Merkmale, die in der Welt, die unabhängig von uns besteht, nicht existieren.

Nun scheint es plötzlich, als ob in der Welt *an sich* unmöglich Werte einen Platz haben könnten, weder moralische noch ästhetische. Dabei ist diese so genannte „Welt an sich" eine methodisch erzeugte Fiktion, in der es schon aus begrifflichen Gründen kein Bewusstsein geben kann, mit dessen Hilfe sich erst die Existenz eben jener Welt postulieren lässt, die dann als „Welt an sich" dem Bewusstsein zugrunde gelegt wird. Die „Welt an sich" ist, beginnend mit dem Urknall, *bewusstseinsleer.* So gesehen, bleibt es ein ewiges Mysterium, wie in diese Welt doch noch ein Bewusstseinssame einwehen sollte, aus dem der Geist des Naturwissenschaftlers hervorkeimt, der – um das Mysterium mit dem Paradox zu krönen – schließlich erkennt, dass die „Welt an sich" bewusstseinsleer ist!

Demgegenüber erkennen wir die Welt, im Großen wie im Kleinen, primär nicht nur als einen Raum der Tatsachen, sondern der Tatsachen, die einen Wert in sich tragen. Das ist im Ästhetischen nicht anders als im Ethischen, und man begeht keinen groben Fehler, wenn man sagt, dass beide Bereiche innerlich zusammenhängen. Schönheit ist ein Merkmal der Vollkommenheit und damit des guten Lebens. Und es ist eine ebenso realistische wie ethische Haltung, zu den Dingen der Welt einen Standpunkt einzunehmen, der uns ihre Schönheit zeigt oder – ich drücke mich sehr vorsichtig aus – ihre Tendenz, schön zu sein. Da die Schönheit ein Grenzideal ist, können wir in abstrakten Begriffen auch nicht sagen, was Schönheit ist (dabei geht es uns nicht anders als bei den Attributen der Vollkommenheit im Allgemeinen). Aber wir sind in der Lage, uns einer Erkenntnis des Ideals anzunähern, so wie wir in der Lage sind, uns der Wahrheit anzunähern.

Es ist klar, dass es Dinge gibt, die mehr oder weniger schön sind. Doch wenn es sich dabei um Naturdinge handelt und nicht um menschliche Artefakte, dann haben wir es mit einer spezifischen Situation zu tun. Es gibt kein menschliches Kunstwerk, das vollkommen wäre (obwohl einige der Vollkommenheit so nahe wie nur irgend möglich kommen mögen) – das ist ein Postulat der Endlichkeit: kein Künstler ist Gott, sofern der Künstler nicht Gott ist. Demgegenüber konfrontiert uns die Natur mit Dingen, die niemals ein Mensch gemacht hat, und ich rede jetzt nicht von Gärten und Zuchttieren. Dennoch gibt es in der Natur Dinge, deren Schönheit vollkommen zu sein scheint – was hätte es für einen Sinn, sich zu überlegen, ob das Gänseblümchen noch schöner sein könnte, als es ohnehin ist? –, und solche, die uns hässlich anmuten. Und dabei sollten wir, wie gesagt, stets bedenken, dass Schönheit eigentlich ein ungenaues Wort für eine „Familie" von Zuständen ist, die uns durchaus unterschiedlich berühren, so wie der Falter, der sich auf einer Blüte niederlässt, oder der Nachthimmel über der Wüste, an dem als riesige Scheibe der Mond steht.

Das Hässliche in der Natur ist für uns stets eine Herausforderung, und es gehört zu dem, was ich als *schöpfungsorientierte Naturerkenntnis* bezeichnen möchte, dass wir uns bemühen, unseren Blick für die „Schönheit des Hässlichen" zu schulen, ihn sensibel und dabei tief werden zu lassen, um sehr menschenferne Formen der Vollkommenheit sowohl unserem Geist als auch unserer Anschauung erschließen zu können. Menschen, die sich über lange Zeit bemüht haben, das Leben der Spinnen in ihrer natürlichen Umgebung zu verstehen, werden sich der Schönheit, die sie dabei entdecken, der Harmonie und dem Zusammenspiel vieler Einzelheiten, von denen einige den Unkundigen abstoßen (etwa das Beute- und Fressverhalten), ganz und gar nicht entziehen können. Schöpfungsorientiertes Naturerkennen geschieht also am Leitfaden intrinsischer Werte. Dass unsere heutige Wissenschaft diese Art des Erkennens nicht mehr thematisch anstrebt, ist kein Hinweis darauf, dass es hier um Abstruses ginge. Es ist bloß ein Zeichen dafür, dass die heutige Wissenschaft dabei ist, aus Gründen, die tief in die Überlebensmühe unserer Zivilisation eingesenkt sind, den wertirrationalen Mechanismus des Lebens wie der Natur insgesamt zu überschätzen.

Wenn es unauflösbar Hässliches in der Natur gibt, dann stehen wir hier, wie beim Bösen in der Moral, vor der größten Herausforderung, die dem religiösen Menschen widerfahren kann. An dieser Stelle möchte ich nur darauf hinweisen, dass es zu unserer eigenen Vervollkommnung gehört, das, was uns in der Natur zunächst als hässlich abstößt, in einer Art und Weise anschauen und verstehen zu lernen, dass wir es als Teil der „Schöpfung" begreifen dürfen. Ich setze das Wort „Schöpfung" hier in Anführungszeichen, um eigens zu signalisieren, dass wir kein Bild von einem Weltschöpfer haben. Wir haben nur die Natur mit ihren tausendfältigen Wundern und ehrfurchterregenden, auch schreckenerregenden Schauspielen, aber in ihnen steckt – vom Standpunkt unserer Primärerfahrung aus – ein Überschuss an Bedeutung, dessen Herkunft ein Initialereignis erfordert.

Der Überschuss an Bedeutung deutet natürlich auf einen Künstler hin, der, im Sinne eines „ersten Bewegers", aus sich selbst heraus ein Kunstwerk schafft, dem Schönheit innewohnt. Der Künstler strebt, falls er ein wirklicher Künstler ist (und nicht eine jener Hybridgestalten, die heute die Kunstwelten bevölkern), nach Vollkommenheit. Wir kennen den Limes dieser Bewegung, wenn auch nur als unfassbares Ideal; wir haben ihn mit dem Wort „Erlösung" markiert. Und gerade angesichts der Kraft, die sich in den großen Kunstwerk offenbart, ist dieses Wort am Platz. Denn die großen Werke zeigen ja nicht nur Stillleben. Sie zeigen die Gewalten der Welt, das Böse und die Übel in ihren vielfältigen Gestalten, ob es sich dabei nun um die Kreuzigung des Jesus von Nazareth handelt oder das Massaker, das die deutsche Legion Condor im spanischen Baskenstädtchen Guernica anrichtete. Sehen wir diese Ausbrüche des Bösen in den Bildern des Matthias Grünewald oder bei Pablo Picasso, dann sehen wir zugleich über all das eine rätselhafte Schönheit gebreitet. Es ist, als ob wir die bösen Dinge *sub specie aeternitatis* sehen würden, so, wie nur Gott sie sehen könnte – unter dem transzendenten Gesichtspunkt der Erlösung vom Übel. Was hier passiert, im wahrhaft großen Kunstwerk, ist eine Transformation. Für Grünewalds Kreuzigung im Zentrum seines Isenheimer Altars und für Picassos Guernica gilt gleichermaßen: „Es ist, wie es ist, und es ist gut."

Der Künstler ist ein Gottsucher, der weiß, dass er nicht „von Angesicht zu Angesicht" schauen kann. Aber er kann sich dem Urbild, nach dem er sich in seiner Kunst verzehrt, annähern. Und so nennt John Updike seinen späten Künstlerroman unter ausdrücklicher Berufung auf Psalm 27 *Seek My Face*. Der Mannkünstler, um den es darin geht, ist unschwer als eine Gestalt des abstrakten Expressionismus, namentlich Jackson Pollock, zu entschlüsseln: „[...] every painting a wrestle with God. *Self* – self and beauty, beauty and self.“[10] Doch in dieser Haltung steckt auch der Keim jenes Niedergangs, der für das Ende der Kunst typisch ist. Das Selbst des Künstlers, das nicht mehr danach strebt, die nichtmythische Magie der Schönheit – Verklärung, Erlösung vom Übel – an den Dingen der Welt wirksam werden zu lassen, sondern nur noch darauf aus ist, das eigene Selbst zu erlösen, stürzt in den Abgrund formloser Selbstbespiegelung. Was zunächst aussieht, als ob es ein titanischer Kampf wäre, geeignet, Gott die Schönheit zu entreißen, wird zu einem Tanz um eine irre Leere: um das objektlose und daher selbstbesessene Selbst.

Aber der Künstler als Gottsucher kann sich, sobald er dem mythischen Weltbild entronnen ist, nicht auf Gott beziehen wie auf sich selbst. Er kann sich nicht auf Gott als den Anderen beziehen. Gott ist kein Du, niemand, mit dem man „kommunizieren" könnte. Gottsuche, das meint – wenn es irgendetwas Substantielles meinen soll –, die Gegenstände der Kunst, wie der Welt überhaupt, als Eröffnungspotentiale zu betrachten. Es ist in der Naturbetrachtung, im moralischen Leben und in der Kunst so, dass wir die Spuren eines Initialereignisses zu lesen versuchen, eines Ereignisses, das fort- und fortwirkt, ohne uns einen Ausblick auf seinen Ursprung zu gestatten. Es ist klar, dass wir diesen Ursprung, *falls* wir ihn denken, personal denken *müssen*. Doch zugleich wissen wir, dass wir uns dabei *inadäquat* verhalten, denn wir wissen, dass vom Standpunkt der endlichen Person, also vom Standpunkt des Menschen aus, kein nicht-mythologisches Bild von Gott zu gewinnen ist.

3.4 Die metaphysische Blockade

Die Vorstellung, dass das Göttliche in der Welt sich in Form intrinsischer Werte darstellt, die das Tatsächliche auf dem Wege des Strebens nach Vervollkommnung hin zum Ideal des guten Lebens, zur „Erlösung vom Übel" öffnen, hat – falls man sie überhaupt akzeptiert – einen Ansatzpunkt in dem, was moralische Subjekte denken, erleben, tun. Aber wie verhält es sich mit der Welt insgesamt? Was wir im Voranstehenden über die Schönheit als intrinsischen Wert sagten, hat mit Bezug auf das *Streben* nach Schönheit, wie es den Menschen im Allgemeinen und den Künstler im Besonderen auszeichnet, einen ganz anderen Stellenwert als der menschliche Versuch, in der Natur das Schöne zu *entdecken*. Inwiefern kann mit Bezug auf die Schönheit der Natur von einem Wertpotential die Rede sein? Es steht ja nicht in des Menschen Macht, die Natur zu vervollkommnen, sehen wir einmal von den (bisweilen ohnedies fragwürdigen) Bemühungen der Gärtner und Züchter ab. Und was die Eigenmechanismen der Natur und des Universums betrifft, so sind sie von einer Art, die jedenfalls für das menschliche Gehirn und Erleben nichts von einem Vervollkommnungsprozess an sich hat.

---

10 John Updike: *Seek my Face*, New York 2002, 153.

Es gibt eine verbreitete Sicht der Dinge, die, wie wir gesehen haben, schon Pascal vertraut war und die durch die Erkenntnisse der modernen Naturwissenschaft eher noch angestachelt wurde. Diese Sicht ist deprimierend. Ich skizziere sie im Folgenden und beschränke mich dabei auf das Notwendigste:

Was uns das Universum insgesamt bietet, ist das Bild lebensfeindlichster Räume, in denen Megadinge passieren, die für den Menschen keinen Sinn – das heißt einfach: keine Gestalt, die als schön, erhaben, geordnet angeschaut werden könnte – ergeben. Was aus der Entfernung schön, harmonisch und erhaben wirkt, wie das Kreisen der Sterne am Himmel, ist näher betrachtet tote Materie, Eis, Staub, Metall, das Glühen von Gasen inmitten eines Raumes, der knapp über dem absoluten Kältepunkt liegt. Inmitten unserer eigenen Galaxie wird ein supermassives schwarzes Loch vermutet, das irgendwann, in Jahrmilliarden, auch unsere Erde – die dann schon lange ohne Leben sein wird – verschlucken soll. Oder auch nicht. Egal, unsere Erde ist auf alle Fälle dem Untergang geweiht, denn eines Tages wird sich die Sonne aufgrund der in ihr wirksamen kernreaktiven Prozesse zu einem riesigen weißen Ball ausgedehnt haben, dessen unvorstellbare Hitze und Strahlung selbst noch das widerstandsfähigste Bakterium an den Rändern von Meeresvulkanen wegdampfen wird.

Wenden wir uns der Evolution und ihren Mechanismen zu, so treffen wir ebenfalls auf kein Bild, das, wie es scheint, für die Idee intrinsischer Werte als Eröffnungspotentiale Platz ließe. Denn der Überlebenskampf der chemischen Einheiten, die wir als „Gene" bezeichnen, hat nichts von der Schönheit eines Kampfes an sich. Ein Kampf findet gar nicht statt. Niemand will gewinnen, „Verlierer" gibt es nur im übertragenen, metaphorischen Sinne, nämlich jene molekularen Strukturen, die mit der Zeit zugunsten anderer Strukturen, die an ihre Umwelterfordernisse „besser angepasst" sind, verschwinden. Aber natürlich findet „Anpassung" nicht als zielgerichtetes Geschehen statt. Das Ganze geht einfach vor sich. Die Evolution will gar nichts, ihr Motor sind Veränderungen im biochemischen Bereich, die zufällig eintreten („Mutationen"). Was immer das genau bedeutet, es bedeutet jedenfalls: Die Evolution hat keine Absichten. Sie passiert.

Freilich, sobald sich im Rahmen der Evolution auf mysteriöse Weise sensible Strukturen herausgebildet haben, die wir dann als empfindungsfähige Lebewesen identifizieren, wird der Überlebenskampf zu einem schauerlichen Drama, das in vielen Aspekten an eine Hölle erinnert. Ich könnte mir Details ersparen, denn im Zeitalter der Discovery Channels werden die furchterregendsten Beispiele dem Fernsehkonsumenten als wohlig gruselige Bildungs-Häppchen in die Wohnstube geliefert. Dennoch will ich zur Illustration kurz zwei Stimmen zu Wort kommen lassen, deren Betroffenheit eine deutlich metaphysische Färbung zeigt.

Die erste Stimme gehört Douglas Adams, der zusammen mit Mark Carwardine ein Buch über aussterbende Tiere publizierte: *Last chance to see...* (1990) Zu Dokumentationszwecken stattete er auch den Drachenechsen auf Komodo in Indonesien einen Besuch ab, deren Scheußlichkeit touristisch genutzt wird. Diese Tiere fressen, wenn man sie lässt, nicht nur die Eingeborenen, sondern bei Bedarf auch ihre eigenen Jungen. Das Aussehen der Tiere ist – jedenfalls für den Laien – abstoßend; ihr Speichel ist so giftig, dass er einen ausgewachsenen Menschen töten kann. Der aufgeklärte, humorvolle Adams schildert den Moment, als er mit den Echsen und ihrem Verhalten konfrontiert wird: „Meinem rationalen westlichen Intellekt und meiner Erziehung zum Trotz überkam mich in diesem Augenblick das Gefühl, in einer archaischen Welt zu leben, die von einem heimtückischen, perversen Gott regiert wurde […]."[11] Man beachte, wie der gar nicht gläubige und schon gar nicht abergläubische Adams angesichts der *dragon lizards* seine Stimmungslage nicht besser zu beschreiben vermag, als dass er auf das Vokabular der Dämonologen, Gnostiker und anderer Schwarzseher des Universums zurückgreift. Wir befinden uns hier am Gegenpol des guten Lebens, obwohl wir uns, streng wissenschaftlich gesprochen, bloß innerhalb der Evolution, die weder gut noch böse kennt, befinden.

Die zweite Stimme, die ich zitieren möchte, ist tragisch. Denn es handelt sich um den tiefgläubigen, katholischen Autor und Dramatiker Reinhold Schneider, dessen Schauspiel *Der große Verzicht* 1958 am Wiener Burgtheater zur Uraufführung gelangt. In der kalten Zeit davor, vom 5. November bis zum 6. März, hält sich Schneider, bereits todkrank, in Wien auf und führt Tagebuch. Die Verdüsterungen, unter denen er leidet, gehen sehr tief. Er beklagt, dass sich Gottes Antlitz für ihn ganz verdunkelt habe und dass das, was übrigbleibe, bloß die „schreckliche Maske des Zerschmeißenden, des Keltertreters" sei, also die Gestalt des alttestamentarischen Gottes in seiner mörderischen Wut gegen seine Geschöpfe. Zu diesem Gott könne er, im Gebet, nicht mehr „Vater" sagen. Dem fügt Schneider eine Betrachtung an, die ich wiedergeben möchte.

Zunächst erwähnt er, dass die Stoiker Epiktet (geb. 50 n. Chr.) und Marc Aurel (121–180) noch beten konnten, ohne an die Unsterblichkeit zu glauben. Und ohne an ein Leben nach dem Tod zu glauben, ehrten sie die Toten. Wie war das möglich? Schneiders Antwort ist lapidar: „Ihnen genügte der Kosmos." Und dann erklärt er, warum uns der Kosmos nicht mehr genügt:

„Lesen wir nur ein Kapitel über Parasiten (bei Natzmer, K. v. Frisch, der doch wahrlich mit Augen der Liebe noch Läuse, Wanzen und Flöhe betrachtet, ein fast einzigartiger Fall, oder bei L. v. Bertalanffy). Erinnern wir uns nur der alltäglichen, schon oft erzählten Geschichte von den im Gedärme gewisser Vögel lebenden Schmarotzern, deren Eier durch den Kot sich in Schnecken einschleichen; in diesen wachsen sich die Keime zu Schläuchen aus, die in die Fühler vordringen; in den aufgedunsenen Fühlern entwickeln sie ein anreizendes Farbenspiel und ebensolche Bewegungen; das lockt die Vögel an, die Fühler abzureißen; so kommen die Parasiten wieder an ihren Platz. Und immer wachsen der Schnecke wieder Fühler, und immer werden sie abgerissen; die Schnecke ist nur Herstellerin der Zerstörer, die sie und die Vögel zerstören; ohne Myriaden von Zerstörern zu beherbergen, ohne von ihnen sich bedienen zu lassen, könnte kein höherer Organismus bestehen; ohne sie also könnte auch der Geist sich nicht aussagen.

---

11 Douglas Adams & Mark Carwardine: *Die Letzten ihrer Art. Eine Reise zu den aussterbenden Tieren unserer Erde,* deutsch v. Sven Böttcher, 16. Aufl., München 2000, 64.

Und was sind nun Liebe und Schönheit? Es bedarf äußerster Kraft, sie niemals zu verletzen. Wenn man die Visionen des Hieronymus Bosch im Irdischen lässt, woher sie stammen, so ist er unwiderlegbar."[12]

Was ist von all dem zu halten? Es fällt auf, dass Reinhold Schneider anmerkt, den römischen Stoikern habe der „Kosmos genügt", während unsere christliche Kultur nicht nur das Jenseits und ein Leben nach dem Tode für unverzichtbar hielt, sondern darüber hinaus immer mehr ins Verzweifeln geriet über das Schweigen Gottes *im* Kosmos. Und nicht nur, dass Gott schweigt; im Reich des Lebens gilt das Gesetz des Fressens und Gefressenwerdens, der „Brauch der Fische", wie das die indische Philosophie nennt. Das alles spielt sich jenseits von Liebe und Schönheit ab... Immerhin, spätantike Philosophen wie Epiktet und Marc Aurel hatten genügend Einsichtsvermögen in die Natur, das Leben und den Tod, damit sie theoretisch zu denselben deprimierenden Schlüssen hätten kommen können wie später Pascal, Schneider oder Adams. Und es lässt sich ja keineswegs bestreiten, dass es in der Antike auch einen tiefen Pessimismus gab, was die Bedeutung des menschlichen Lebens im Weltganzen betrifft.

Ein Teil der oben geschilderten Reaktionen wird dadurch verursacht, dass man etwas tut – spielerisch, wie Adams, oder verzweifelt, wie Schneider –, was nur innerhalb eines mythologischen Weltbilds einen guten Sinn ergibt. Man stellt sich Gott als einen übermenschlichen Vater vor, der in der Gestaltung und in den Gestalten des Universums Zeichen seiner Liebe oder seiner Verachtung für seine Kreaturen hinterlässt. Und wenn man Gottes Wirken derart kindlich betrachtet, dann ist die Existenz der Drachenechsen auf Komodo ein Problem, das zu der Frage Anlass gibt: Ist Gott heimtückisch oder pervers? Schneider unterdrückt diese Frage, aber die Art und Weise, wie er die Schneckenmarter schildert, zeigt deutlich, dass ihn die Sorge martert, Gott könnte womöglich nicht die Liebe sein, sondern ein „Keltertreter", also einer, der auf seinen Kreaturen herumtrampelt, bis sie nur noch Maische unter seinen Füßen sind.

Und dann der Kosmos als Alptraum! Hier sind wir heute, so ließe sich argumentieren, doch in einer anderen Situation, als es der Betrachter zu einer Zeit war, da man noch denken konnte, die Sterne seien Götterwelten oder der Himmel habe Gucklöcher, durch die das Licht der oberen Sphären falle. Auch sind wir nicht mehr in der Lage, unsere Erde als Mittelpunkt zu denken, um den das Himmelsgewölbe rotiere. Der Kosmos der heutigen Kosmologie hat alles Wohnliche eingebüßt, alles, was wir auf uns beziehen konnten als etwas, das, wenn schon nicht zu unserer Erbauung, so doch „mit uns" da ist. Dass im Urknall der Mensch bereits vorgesehen gewesen wäre, ist eine Spekulation, an der vor allem ihre Haltlosigkeit beeindruckt, und dass das Universum seinen eigenen Gesetzen noch Jahrmillionen lang folgen wird, wenn kein Mensch mehr im All existiert, ist eine wohl unabweisbare Hypothese.

Es ist wahr: Weder im Mikro- noch im Makrokosmos, so wie sie von der Wissenschaft zur Darstellung gebracht werden, kann davon die Rede sein, dass

---

12 Reinhold Schneider: *Winter in Wien. Aus meinen Notizbüchern 1957/58*, 2. Aufl., Freiburg/Basel/ Wien 1996, 119 f.

sich irgendwelche intrinsischen Werte realisierten, noch dazu solche, die uns die Welt im Kleinen wie im Großen als eine zeigen würden, welche nach Vollkommenheit strebt. Schönheit als intrinsischer Wert ist nur auf der Ebene der Anschauung real, und soweit Schönheit als Wertpotential gelten darf, hat das damit zu tun, dass wir Menschen, indem wir nach dem guten Leben streben, auch danach streben, die Schönheit der Welt so tief wie möglich – in ihrer ganzen Fülle – auszuschöpfen.

Nun ist es wenig verwunderlich, dass das wissenschaftliche Bild des Kosmos weder Werte noch Wertorientierung erkennen lässt. Denn die Wissenschaft ist wertfrei. Was uns dabei irritiert, ist, denke ich, dass wir kein *anderes* Bild vom Kosmos haben als das wissenschaftliche. Alle Anschauung vom Kosmos, ob in seinen makro- oder mikrokosmischen Dimensionen, ist eine „Illusion". Das heißt mittlerweile, es ist eine im Computer erzeugte Bildwelt zur Veranschaulichung von Verhältnissen, für die unser Auge (samt technischer Hilfsmittel) kein geeignetes Wahrnehmungsorgan darstellt, ob es sich nun um subatomare oder galaktische Prozesse handelt, um Quarks oder Schwarze Löcher. Von beiden haben wir nur Bilder für etwas, wovon es keine Bilder geben kann. Und selbst dort, wo es sich um echte Bilder handelt, wie bei den Aufnahmen von Galaxien und Sternennebeln, wissen wir, dass die Objekte, um die es sich handelt, uns nur auf dem Bild so nah und vertraut scheinen können, wie sie es tun, nachdem wir sie schon tausendmal gesehen haben, in Atlanten, am Fernsehschirm, auf der Kinoleinwand. Die realen Verhältnisse sind demgegenüber nicht anders zu beschreiben als durch theoretische Begriffe, mathematische Formeln und abstrakte Zahlen.

Das heißt aber, dass die Gefühle der Einsamkeit, Verlorenheit, Kälte, die uns beschleichen, wenn wir an das Universum denken – und uns dabei als Fast-Nichtse auf einem Fast-Nichts-Planeten dazuphantasieren –, eine *mythologische Aufladung des Kosmos* voraussetzen. Wir erwarten, dass uns in ihm, wenn schon nicht der liebende Gottvater selber, so doch überall eine Gemengelage an Zeichen begegnet, aus denen hervorgeht, „dass das alles einen Sinn hat". Stattdessen haben wir, als mythologisch Enttäuschte, den Eindruck, dass da nirgendwo eine Spur von Sinnhaftigkeit auffindbar ist. Es ist, wie es ist.

Man könnte versuchen, daraus folgende Konsequenz zu ziehen: Wenn wir erst einmal gelernt haben, den Kosmos auch emotional zu entmythologisieren, dann löst sich das Problem von selbst. Es löst sich auf. Das Gefühl der kosmischen Verlorenheit verliert sich. Diese Konsequenz mag zutreffen, sie löst aber nicht ein anderes, viel komplexeres Problem. Wenn es nämlich stimmt – und nach allem, was wir wissen, stimmt es –, dass wir im Kosmos keinen Sinn entdecken können, weder was seine Entwicklung betrifft, noch seine Bezogenheit auf uns, dann stehen wir vor einer *metaphysischen Blockade*. Unser intellektuelles Auflösungsvermögen bricht zusammen, sobald wir uns fragen, was das Ganze soll.

Eine heute schon fast übliche Reaktionsform besteht darin, der Blockade auszuweichen, indem man sie agnostisch neutralisiert. Man argumentiert dann etwa, (a) dass wir nicht wissen, was das Ganze soll, und (b) dass schon der Wunsch, es

wissen zu wollen, anzeigt, dass wir auf eine sinnlose Frage eine Antwort haben
wollen. Die sinnlose Frage lautet: „Was soll das Ganze?", denn die Frage setzt
voraus, dass man dem Universum gegenüber so tun könnte, als sei es im weites-
ten Sinne des Wortes ein Artefakt, also etwas, was einen Sinn haben kann, weil
es die Hervorbringung eines Wesens ist, das mit Absicht etwas hervorzubringen
vermag. Doch das Universum ist kein Ding, kein Supergegenstand, der – von
welcher Position auch immer aus betrachtet – von einem Wesen absichtsvoll
hervorgebracht sein könnte.

Das sehen noch immer nicht alle ein. Deshalb ist es vielleicht nützlich, den
entscheidenden Punkt zu akzentuieren. Das Modell der personalen Verursachung,
also das uns einzig greifbare Modell, das einen „guten Anfang" gewährleistet, sieht
zwingend vor, dass es eine Person gibt, die selbst etwas hervorbringt. Dieses Modell
ist klarerweise an eine Reihe von Voraussetzungen gebunden, die notwendig sind,
damit es „arbeitet". Vor allem müssen jene Voraussetzungen erfüllt sein, die dazu
führen, dass man sich eine Welt vorstellen kann, in der überhaupt eine Person in
Erscheinung zu treten vermag. Dabei dürfen wir nicht übersehen, dass Personen,
die etwas herbeiführen, nicht als irgendwie geistige Wesen denkbar sind, raumlos
und womöglich auch noch zeitlos. Denn das, was uns den Begriff der personalen
Verursachung verständlich macht, ist das Konzept eines Wesens, welches zwar
nicht auf seine empirischen Eigenschaften in Raum und Zeit reduzierbar ist, *aber
dennoch solche Eigenschaften haben muss, um handeln zu können.* Der Begriff einer
raumlosen Handlung ist, von der Frage der Zeitlosigkeit einmal abgesehen, ein
Unbegriff. Man weiß nicht, was er bedeuten könnte.

Wenn wir versuchen, uns von der Welt die Welt wegzudenken, um zu versuchen,
uns eine personale Ursache der Weltentstehung vorzustellen, dann bemerken wir
sofort, dass dieser Versuch zu nichts führt. Entweder „die Welt wegdenken" heißt
„sich Raum und Zeit wegdenken". Dann bekommen wir nichts, worüber sich
sinnvoll reden oder worin sich gar ein personartiges Wesen, das zu handeln fähig
wäre, platzieren ließe; was wir bekommen, ist nichts weiter als ein „Nichts", also
nichts. Oder aber, wir tun so, als ob unser Universum eine Art Kugel wäre, die
– wie sich das die alten Sphärentheorien dachten –, bloß Teil einer sie einschlie-
ßenden Sphäre wäre, in der Gott, ausgebreitet in einem Überraum, zu einem
bestimmten Zeitpunkt unsere Welt erzeugt. Abgesehen von der kruden mythologischen Art, wie Gott in diesem Szenario gedacht wird, stoßen wir hier erneut
auf das Problem des guten Anfangs. Denn selbst wenn Gott die Welt aus sich
selbst heraus geschaffen hat, so kann er das im Sphären-Szenario nur als eine Art
Handwerker-Demiurg tun, dessen räumliche Existenz ebenso vorausgesetzt werden muss wie all das Material, das er benötigt, um die Welt zusammenzubauen.

Daraus wird unmittelbar deutlich, wie mysteriös die Idee anmutet, Gott habe
die Welt aus dem Nichts geschaffen. Denn wenn es uranfänglich nichts gibt „außer
Gott", dann ist das jedenfalls zuwenig, um ein personales Wesen zu haben, das
etwas hervorbringen kann. Pointiert gesagt: Stellen wir uns vor, dass es nichts
außer Gott gibt, *dann stellen wir uns zuwenig vor, als dass es Gott geben könnte*
– denn es würde ja weder Raum noch Zeit, noch Köperartiges oder zumindest

Körperanaloges geben (sagen wir: einen geisterhaften Seelenhauch), so dass es ein Wesen geben könnte, das in der Lage wäre, als Person zu handeln.

Die Rede davon, dass wir uns Gott als den Schöpfer der Welt in Analogie zu der Art und Weise denken, wie Personen Dinge in der Welt autonom herbeiführen, hat dennoch etwas für sich. Und zwar genau dieses: Falls wir uns überhaupt einen Anfang der Welt denken wollen, dann ist das Beste, was wir tun können, ihn in Analogie zur personalen Verursachung zu denken. Doch die Frage, die sich der Philosoph stellt, lautet: Können und dürfen wir, als vernünftig Denkende, den Anfang der Welt so denken *wollen*? Und die Antwort scheint zu lauten: Nein.

Aber das ist kein einfaches Nein. Denn wir haben es hier nicht mit einem Problem zu tun, das man, je nach Gemütsverfassung, als interessant oder als eines ansehen mag, das uns in Furcht und Zittern versetzt. Jedenfalls handelt es sich nicht um ein Problem, das man, wie der gewöhnliche Agnostiker, dadurch zu den Akten legen könnte, dass man sagt, man wisse nicht, wie man darauf antworten solle, beziehungsweise man sollte sich der Antwort enthalten, da die Frage sinnlos sei. Denn hier geht es keineswegs bloß darum, dass eine unbeantwortbare oder sinnlose Frage gestellt würde. Es geht vielmehr um das, was ich als „metaphysische Blockade" bezeichnete. Was ist darunter zu verstehen? Folgendes: Wir wissen, dass die Frage nach dem Schöpfer des Universums nicht bloß deshalb sinnlos ist, weil wir irgendeiner begrifflichen Verwirrung oder Unordnung in unseren Gedanken aufgesessen wären. Sie ist vielmehr deshalb sinnlos, *weil wir das Problem immer nur von unserer Warte aus stellen können.*

Das bedeutet, dass wir unterstellen, es müsste eine Warte geben – von der wir allerdings keine Vorstellung und keinen Begriff haben –, von der aus die Frage nach dem Schöpfer des Universums nicht sinnlos wäre. Irgendwie würde dann die Frage einen ganz anderen Sinn bekommen, und das Wort „Schöpfer" würde in einem gänzlich anderen, uns unzugänglichen Licht erscheinen: in jenem Licht, in dem die Dinge erscheinen würden, sobald wir nicht mehr gezwungen wären, sie von einer bestimmten Perspektive aus zu betrachten. Nehmen wir an, wir könnten die Dinge so betrachten, dass in dieser Betrachtung mit enthalten wäre, wie jede Art des Betrachtens, die eine bestimmte Perspektive zur Voraussetzung hat, entsteht. Eine solche perspektivelose Betrachtung des Betrachtens, ein – wie das der amerikanische Philosoph Thomas Nagel nannte – *View from Nowhere*, „Blick von nirgendwo"[13], ergibt für uns, streng genommen, keinen Sinn, obwohl wir uns in all unseren objektiven Erkenntnisbemühungen, ob in der Wissenschaft oder Ethik, um einen derartigen „Blick" bemühen, wenn wir nach der Realität von Tatsachen und Werten fragen, so wie sie „unabhängig von unserer subjektiven Lage" existieren. Und ebenjener uns widerspruchsfrei gar nicht vorstellbare Blick wäre der einzige, der Gott angemessen wäre.

Es ist also nicht so, dass wir bloß bemerken, dass die Frage nach dem Schöpfer des Universums sinnlos ist. Wir wissen gleichzeitig, dass sie deshalb sinnlos ist, weil wir uns aus der Beschränktheit unseres Erkenntnisvermögens nicht heraus-

---

13 Das amerikanische Original erschien 1986. Deutsch v. M. Gebauer, Frankfurt a. M. 1992.

drehen, herausreflektieren können. *Das heißt, sie ist nicht sinnlos an sich, sondern sinnlos für uns.* Denn uns ist klar, dass die Welt, verstanden als das Insgesamt dessen, was jemals war, ist und sein wird (einschließlich aller Welten, die es außer der unseren noch geben mag), weder aus nichts entstanden, noch das Resultat einer unendlichen Folge von Wirkungen und Ursachen sein kann. Indem wir *das* wissen, wissen wir auch, dass es einen *guten, also personalen Anfang* geben muss, denn sonst könnte es nicht sein, dass überhaupt irgendetwas existiert. Aber wir können diesen guten Anfang nicht *gut denken*, denn wir haben nur eine Analogie, die, bezogen auf die Schöpfung des Ganzen, für uns keinen irgendwie darstellbaren Sinn ergibt – eben den personalen Anfang, menschlich gedacht.

3.5 Es ist gut, weil es ist: das Wunder der Existenz

Angesichts der metaphysischen Blockade sollten wir uns nachdrücklich vergewissern, was mit dem Wort „Schöpfung" eigentlich gemeint ist. Vor dem Hintergrund des wissenschaftlichen Weltbildes neigen wir dazu, die Welt als eine Art Maschine zu begreifen, die, einmal in Gang gesetzt, „von sich aus" immer weiter fortläuft. Die Art und Richtung des Fortlaufens wird dabei durch die Naturgesetze bestimmt. Wie die Deisten sagen: Nachdem Gott die Maschine einmal zum Laufen gebracht hat („Urknall"), erübrigt sich jedes weitere Eingreifen. Doch das ist ein Standpunkt, der schon auf einer sehr abstrakten Ebene ansetzt. Er unterstellt Konstanzleistungen des Gegebenen, die aus diesem selbst in keiner Weise ableitbar sind.

Der katholische Autor Gilbert Keith Chesterton hat in seinem *Orthodoxie*-Buch mit Überschwang darauf hingewiesen, dass die Geltung der Naturgesetze überhaupt nichts Selbstverständliches ist, sondern ein „Wunder". Dabei mochte er sich auf den gar nicht gläubigen Empiristen David Hume stützen, der ja seinerseits mit viel Nachdruck klarmachte, dass wir vom Standpunkt unserer Erfahrung aus zwischen einer so genannten Ursache und ihrer Wirkung keine innere Notwendigkeit erkennen können.[14] Wenn eine Billardkugel auf eine andere stößt und diese in Bewegung setzt, dann nehmen wir wahr, dass eine Billardkugel auf eine andere stößt und diese in Bewegung setzt; *das* nehmen wir wahr, sooft wir den Vorgang beobachten. Aber darüber hinaus nehmen wir nicht noch eine mysteriöse Kraft wahr, die beide Vorgänge aneinander ketten würde.

Hume argumentierte natürlich weder gegen die Annahme von Kräften – wir spüren ja beispielsweise, dass von einem Magneten eine Kraft auf metallische Gegenstände ausgeübt wird –, noch gegen die Existenz von Naturgesetzen. Er argumentierte gegen die Annahme einer eigenen „Kraft", der Kausalkraft oder kausalen Notwendigkeit, auf welcher Stufe sie auch angesiedelt sein mag. Und er hatte Recht. Was immer die fundamentalen Naturgesetze sein mögen, auf

---

14 Vgl. Gilbert Keith Chesterton: *Orthodoxie. Eine Handreichung für die Ungläubigen*, deutsch v.
   M. Noll u. U. Enderwitz, Frankfurt a. M. 2000 (engl. Original 1908), 108.

welche sich die heutige Wissenschaft beruft, nichts kann erklären, warum sie in der Zeit existieren. Könnten sie nicht jeden Moment zu existieren aufhören? Es gibt keinen Grund, den sich das menschliche Gehirn auszudenken imstande wäre, um diese Frage begründet zu verneinen. Es ist, wie es ist. Und das heißt, es könnte genauso gut auch anders sein – oder gar nicht.

Dass alles mit dem Urknall begann, ist kein Grund, dass nicht sofort alles wieder aufhören könnte. Und das gilt nicht nur für die Naturgesetze, sondern betrifft, direkt oder indirekt über die Naturgesetze, jedes Elementarteilchen im Universum. Warum die Dinge da oder nicht da sind, dafür gibt es letzten Endes keinen Grund; aber weil sie *da* sind, muss es doch einen Grund geben, für dessen Existenz die Frage, warum es ihn gibt, nicht abermals zu der Antwort führen würde: der Grund des Grundes existiert selbst ohne Grund, wie eben alles, was existiert. Für diesen gleichsam in sich selbst gegründeten Grund des Grundes hat die Tradition ein Wort: Gott. Doch das Wort ist hier noch kein Begriff, kein Verständniswerkzeug. Er steht bloß für die Leerstelle in unserem Denken, welche anzeigt, dass wir einer metaphysischen Blockade unterliegen.

Auch wenn wir das Wesen der Schöpfung nicht verstehen, weil wir dem Wort „Gott" keinen Begriff zuordnen können, so wissen wir doch, sobald wir die fundamentale Grundlosigkeit aller Existenz, ob Einzelsachverhalt oder Naturgesetz, eingesehen haben, dass es etwas geben muss, was die Dinge in ihrer Existenz erhält. *Wenn wir diesen uns unaufschließbaren Vorgang des In-der-Existenz-Haltens als „Schöpfung" bezeichnen, dann ist die Schöpfung etwas Permanentes.* Sie ist das Wunder, dass etwas da ist, und dass das, was da ist, so ist, wie es ist, und dass das, was so ist, wie es ist, eine Ordnung aufweist, die wir als eine von Naturgesetzen durchdrungene erkennen können.

Die Frage jedoch, ob hinter dem allen ein einsehbarer Sinn steckt, ist *für uns* sinnlos. Da ist nicht noch ein Geheimnis, das uns, so wie wir beschaffen sind, offenbart werden könnte; deshalb ist jeder Prophet außerhalb des mythischen Kontextes immer auch ein Lügenbaron. Wie aber ist es dann möglich – zumal angesichts der Berichte von Adams und Schneider, die stellvertretend für beliebig viele andere stehen – davon zu reden, dass alles ist, wie es ist, *und dabei gut?* Ich denke, dass das Gutsein, um das es hier einzig und allein gehen kann, in einem unmittelbaren Bezug zur metaphysischen Blockade steht. Indem wir begreifen, dass wir mit unserem Latein am Ende sind, weil unser Geist endlich ist (und nicht, weil da nichts mehr wäre, was nach einem Verständnis verlangte), kapitulieren wir als mögliche Kritiker des Universums und all dessen, was uns in der Natur als Bedrohung entgegentritt.

Ja noch mehr: Wir erkennen, dass die kritische Attitüde überheblich und verrückt ist. Mögen uns die Drachenechsen auf Komodo auch das Gruseln lehren, es ist kindisch, ihre Existenz einem bösen Gott anlasten zu wollen. Natürlich ist das Schauspiel, das sie uns bieten, und die Bedrohung, die von ihnen ausgeht, falls wir uns ihnen nähern, kein Grund, in Entzücken auszubrechen, so wie vielleicht beim Gesang der Lerche oder dem Anblick einer Lilie. Aber sie sind, in jeder Falte ihres uns hässlich anmutenden Leibes, ein Wunder der Schöpfung in der oben charakterisierten Bedeutung des Wortes. Niemand behauptet, dass wir unter allen Lebensumständen diesen Aspekt allen Seins und Daseins gebührend würdigen können. Wir leben nicht im Paradies. Wenn wir gerade dabei sind, uns vor dem giftigen Speichel aus dem Maul der Echse, die uns ins Bein beißen will, in Sicherheit zu bringen, dann werden wir nicht imstande sein, das Wundervolle dieses Tieres ins Auge zu fassen. Wir werden das Tier nicht in einer schöpfungs- orientierten Perspektive betrachten. Aber das heißt nicht, dass diese Perspektive fiktiv wäre oder weniger real als jene, die uns unser Überlebensinstinkt diktiert, sobald wir voller Grauen vor der Echse Reißaus nehmen.

Das Wort Staunen ist fast zu milde und zu kontemplativ, wenn wir zum Aus- druck bringen wollen, worin der metaphysische Aspekt in unserer Erfahrung auch vordergründig verabscheuungswürdiger Dinge besteht. Und der Begriff der meta- physischen Blockade bringt nur die negative Seite dieser Erfahrung zum Ausdruck: die Seite unserer Blindheit, unserer Begriffsnot angesichts der Frage nach dem Grund des Ganzen. Die weniger negative Seite besteht – ich weiß nicht, wie man das anders sagen sollte – darin, dass wir die Dinge der Welt als „Schöpfungen" betrachten, das heißt als *das, was nicht aus sich selbst heraus existieren kann*.

Wenn erst der Blick diesen metaphysischen Aspekt an den Dingen erfasst – und er erfasst ihn besonders intensiv als tief belehrter, als der Blick des Menschen, der schon ausdrücklich oder intuitiv verstanden hat, was „metaphysische Blo- ckade" heißt –, dann will er zugleich das Sein der Dinge *an sich* erfassen. Der Anschauende spürt, dass das Wunderbare an den Dingen erst sichtbar wird, wenn er bei ihrer Betrachtung von den Vorurteilen, die mit der menschlichen Natur einhergehen, absieht. In der Wurzel sind Wissenschaft und Mystik identisch: beide streben danach, das An-sich-Sein der Dinge zu erfassen. Während aber die Mystik weiß, dass ihr Streben zum Begriffslosen tendiert (und die begriff- liche Welt als eine Verschleierung des Seins hinter sich lassen möchte), will die Wissenschaft, indem sie vorgibt, die Welt zu entzaubern, im Grunde ebenfalls nur das Unmögliche. Sie will die Dinge mit Begriffen erfassen, die von allem „Subjektiven", allem Perspektivischen des menschlichen Standorts absehen. Das ist der Blick von nirgendwo.

Wenn wir unsere menschlichen Bedürfnisse und Vorurteile, die mit unserer im Überlebenskampf geformten Natur einhergehen, an die Entwicklung des Universums und der Lebensformen herantragen, dann schwanken wir zwischen Sinnlosigkeitsempfinden, Verlassenheitsdruck und Entsetzen. Die Aufforderung „Suche mein Angesicht!" gleicht dann einer schrecklichen Drohung. Denn was könnte man finden? Die Fratze des Keltertreters, die leeren Augen des Nichts? Fragen wir nach dem Zweck der Evolution, so erhalten wir als Antwort: Sie hat keinen. Das stürzt uns in die Einsamkeit, solange wir denken, dass sich uns in der Evolution das Werk eines gütigen Vaters offenbaren sollte. Nichts derglei- chen ist der Fall. Aber die Welt ist auch keine Kelter. Sie ist, im strengen Sinne des Wortes, für uns Menschen ein zweckloses Wunder, das umso erstaunlicher wird, je mehr sich unser Blick weitet und je winziger die Ausschnitte werden, die wir studieren.

Das Wertfreiheitspostulat der Wissenschaften ist Teil des Unternehmens, die Dinge zu erkennen, so wie sie an sich sind, und nicht so, wie sie uns subjektiv beeindrucken. Dieses Unternehmen wird im Laufe der Neuzeit häufig als Gegenentwurf zur religiösen Weltsicht präsentiert. Und da die religiöse Weltsicht traditionell mit mythologischen Mitteln arbeitet, wird sie tatsächlich durch das Wissenschaftlichwerden des Erkenntnisbetriebs ausgetrocknet. Das berührt die Welt als Wunder freilich gar nicht. Die Götter verschwinden, aber Amseln, Gänseblümchen, Krebszellen und Schwarze Löcher bleiben. Doch – so die Frage des Skeptikers – angenommen, wir stoßen uns nicht an der Wunder-Rede, die ihrerseits den mysteriösen Tatbestand zur Voraussetzung hat, dass die Dinge sich nicht selbst im Sein erhalten, nicht aus sich selbst heraus existieren können: Was bedeutet dann, vor dem Hintergrund des Wertfreiheitspostulats der Wissenschaften, der Satz „Es ist, wie es ist, und es ist gut"?

Nun, das ist, denke ich, offensichtlich genug. Es handelt sich um jene Art des Gutseins, die in dem Wort „Wunder" mitschwingt, und es gehört zu unserer typisch religiösen Bezugnahme auf die Dinge der Welt, dass wir versuchen, sie in ihrem Sein und Dasein als *wundervoll* oder *wunderbar* zu erfassen. In der Tradition der natürlichen Theologie wurde dieser Grundzug der religiösen Einstellung zur Welt verstärkt, indem man das Sein der Dinge als abstufbar betrachtete. Lag über einem Ding der Schatten des Übels, so kam ihm weniger Sein zu als demselben Ding – falls man es dann noch „dasselbe" nennen durfte –, insofern der Schatten des Übels von ihm gewichen war. So gesehen, war das Übel stets ein Mangel an Sein. Thomas von Aquin formuliert diese Privationstheorie des Bösen in seiner *Summa theologica* I, 5,3 folgendermaßen: „Alles Seiende, insofern es Seiendes ist, ist gut" (*Omne ens, inquantum est ens, est bonum*); und: „Kein Seiendes wird schlecht genannt, insofern es ist, sondern nur insofern, als ihm ein gewisses Sein mangelt" (*Nullum ens dicitur malum inquantum est ens, sed inquantum caret quodam esse*).

Das widerspricht nicht dem Wertfreiheitspostulat der Wissenschaften, das ja bloß fordert, die Tatsachen der Welt, insofern sie als wissenschaftlich beschreibbare Tatsachen erkannt werden, zugleich als wertfrei zu erkennen. Die Wissenschaft hat keinen Begriff des Wunders: sie postuliert die naturgesetzesartige Abhängigkeit der Tatsachen voneinander, aber versteht aus methodischen Gründen nicht, was es heißt, dass die Dinge auf keiner wie immer gearteten Ebene aus sich selbst heraus existieren. Dies einmal zugestanden, bleibt dann noch immer ein Bedenken. Wird durch den Begriff des Wunders, sobald er dem Sein einen Wert verleiht, nicht etwas vorausgesetzt, was doch erst bewiesen werden müsste: dass nämlich die Dinge Schöpfungen eines Gottes sind, dessen gutes Wesen sich in allem, was von ihm abhängt – und nichts Natürliches in der Welt hängt nicht von ihm ab –, widerspiegelt?

Die Frage lautet also, was es außerhalb eines explizit theistischen Rahmens, der einen persönlichen Schöpfergott begrifflich und positiv einschließt, bedeuten könnte, vom Seienden als etwas zu sprechen, das in seiner „Eigenschaft", seiend zu sein, gut ist. Der Begriff des Guten wird hier offensichtlich weder unmittelbar

ethisch noch unmittelbar ästhetisch verstanden. Wie also dann? Und die Antwort lautet: im Sinne unseres Einverständnisses nicht mit einzelnen Dingen im
Gegensatz zu anderen, sondern im Sinne unseres Welteinverständnisses.

Das ist keine einfache Haltung und doch haftet ihr etwas Schlichtes, Endgültiges
an. Wir sehen uns im Kleinen wie im Großen mit der Tatsache konfrontiert, dass
die Dinge im Sein verharren und dabei eine innere Ordnung aufweisen, die, je
weiter wir in sie eindringen, umso komplexer zu werden scheint. Wir sehen uns
als Wesen, die zur geistbegabten Anschauung fähig sind, mit einer Welt konfrontiert, deren Einzelheiten, jede für sich, uns als ein unfassbares Wunder berühren.
Dabei spielt es keine Rolle, ob es sich um Dinge handelt, die uns bezaubern oder
abstoßen, vor denen wir niederknien möchten oder sie ausrotten: In jedem Fall
entsteht in uns, sofern wir die Dinge nicht bloß als wissenschaftlich Erkennende
in ihrem Sosein registrieren, der Evidenzbogen des Seinsbewussten. Er reicht von
Staunen und Begeisterung, wenn wir in bisher unverstandene Zusammenhänge
eindringen und dabei den Eindruck gewinnen, in die Fülle des Wunders eingelassen
zu werden, bis zur *bedingungslosen Einwilligung ins Unfassbare.* Je stärker uns selbst
noch das Grauenerregende (beispielsweise der Parasit, der die, die ihn ernähren, auf
raffinierte Weise tötet) als etwas beeindruckt, was uns im Grunde seiner Existenz
vollkommen unfasslich bleibt, umso stärker wird unsere Ehrfurcht vor dem, was
ist – und zwar einfach deshalb, weil es ist, und weil es ist, wie es ist.

3.6 Der blinde Fleck der Schöpfung

24./25. Juli 2005. Nach den Terroranschlägen in London nun auch einer in Ägypten. Mindestens 60 Tote, so lautet im Moment die Bilanz bei BBC World, ich
kann das auf keinem anderen Fernsehkanal überprüfen, denn hier, im Paradies,
ist die Auswahl an Sendern beschränkt. Es wäre gelogen, wollte ich sagen, ich
sei wegen der Nachricht deprimiert. Vielleicht ein wenig irritiert. Vor allem aber
bin ich begriffsstutzig, obwohl ich die üblichen Erklärungen parat habe. Denn
da ist etwas in diesen blutigen Dingen, was ich nicht verstehe. Als ob man einen
Punkt am Himmel anstarrte, doch man kann den daneben liegenden Stern nicht
sehen, weil das Licht, das er aussendet, auf den blinden Fleck *(Papilla nervi optici)*
fällt, dorthin, wo der Sehnerv die Netzhaut durchbricht. Gäbe es diesen Fleck
nicht, unsere Augen wären zwecklos; sie wären außerstande, die Finsternis der
Welt zu erhellen.

Es ist Abend. Draußen, vor dem Fenster, breitet sich sanfthügelig die Landschaft der sonnengebleichten Ziegeldächer und knorrigen Olivenhaine, über
die hin die Schwalben gleiten, jetzt, da die Brut zumeist schon ausgeflogen ist,
in ruhigeren Schleifen, um mit traumwandlerischer Sicherheit Insekten aus der
Luft zu angeln. Da sitze ich also bei meinem Fenster und beginne, während es
langsam dämmrig wird, den blinden Fleck wieder zu vergessen. Einige hundert
Meter von meinem Aussichtspunkt entfernt, ragt, umringt von alten Pinien, ein
mächtiger Vierkantturm in die Höhe. Er gehört zur Villa di Maiano, an deren

Zimmertüren im ersten Stock man heute noch die Nummern sehen kann, die im Drehbuch zum Film *A Room with a View* (1985) die Szenen-Orte markierten.

Ja, so will es mir scheinen, es ist das Paradies, in das ich von meinem Fenster aus – einst Teil eines Klostertrakts, oder? – mit Verwunderung blicke. Die Zeit vergeht, während es mir vorkommt, als ob sie stillstünde. In der Dämmerung beginnen schon die Fledermäuse ihren Tanz, wippend, Haken schlagend, mit pfeilschnellen Läufen, auch sie auf der Jagd. Natürlich weiß ich, was der lächelnde Kardinal aus Österreich, der Anfang dieses Jahres die Flutkatastrophe in Südostasien als einen heilsamen Fingerzeig Gottes begrüßt hatte, erst kürzlich zu sagen versuchte, als er in der *New York Times* den Satz schrieb, den er angesichts der weltweiten Proteste aus Bildungskreisen gleich wieder zurücknehmen wollte: dass der Mensch zwar möglicherweise vom Tier abstamme, aber die Lehre, wonach alles Leben ein Zufallsprodukt der Evolution sei, als falsch verurteilt werden müsse.

Das, so hatte der Kardinal geschrieben, lehre uns die Vernunft im Anblick der Wunder des Lebens, die statt des Zufalls ein „intelligentes Design" erforderten. Wie könnten diese Fledermäuse, die da vor meinen Augen ihren Beutetanz aufführen, nichts weiter sein als ein bloßes Ergebnis des Zufalls, zusammengestückelt über die Jahrmillionen der Erdgeschichte hinweg, Schritt für Schritt, aus millionen- und abermillionenfachen Variationen bei der Reduplikation ihrer genetischen Struktur, die uns noch nicht einmal seit hundert Jahren als „Desoxyribonukleinsäure" bekannt ist?

Die Entdecker der DNS, James D. Watson und Francis Crick, waren kämpferische Atheisten. Waren sie beide blind für das Wunder? Selbst die Insekten – im höchst komplexen Zusammenspiel ihrer Organe und Glieder ebenfalls höchst wunderbare Wesen – selbst die Insekten, die, falls sie nicht von den Schwalben gefressen worden sind, nun womöglich von den Fledermäusen gefressen werden: selbst sie, denke ich, müssten, falls sie denken könnten, noch im Augenblick ihres Aufgespießt-, ihres Zerquetscht- und Verschlungenwerdens zugeben, dass die Schnäbel, Schnauzen, Zähne, die sie verschlingen, Teile eines Kosmos sind, der bis ins Innerste die Züge einer Schöpfung trägt. Solche Gedanken denkt man, wenn man nichts weiter zu tun hat, als sich müßig der Dämmerung hinzugeben.

Im Hintergrund höre ich die Stimmen von BBC, Kommentar überlagert Kommentar, ich kenne die immergleichen Bilder, zu denen, wie mir scheint, die immergleichen Worte gesprochen werden: Es geht um die zivilen Opfer in einem multizentrischen, niemals erklärten Krieg, der im Namen Allahs geführt wird. *Dschihad.* Immer wieder wird die absolute Wahrheit des Korans beschworen. Auch der nun weltweit bekannte Kardinal, der neben dem Terror das zweite Mediensommerthema geliefert hat, glaubt, während er lächelnd, den Kopf seitlich geneigt, mit gefalteten Händen über die globalen Bildschirme eilt, immerfort an die absolute Wahrheit: nicht an die des Korans, sondern der jüdisch-christlichen Offenbarung. Er glaubt daran, dass Gott die Welt geschaffen hat. Er glaubt an das Buch *Genesis,* das besagt, dass Gott sein Werk, nachdem er es vollendet hatte, betrachtet und befunden habe, es sei sehr gut.

Die Katholiken führen keinen Krieg mehr gegen die Ungläubigen. Im Namen der Wahrheit werden keine Ketzer mehr verbrannt, auch wenn jene US-Fundamentalisten, die auf das „intelligent design" schwören, alle Bücher brennen sehen möchten, in denen die gottlose Evolution gelehrt wird. Immerhin, an manchen amerikanischen Schulen konnte man den Ungeist Darwins da und dort schon „relativieren" – so heißt in der Zivilsprache der christlich Erleuchteten, Neugeborenen und Apokalyptiker das erste Stadium der Ausmerzung. Im Islam unterscheidet man zwischen dem größeren und dem kleineren Dschihad, dem *al-jihad al-akbar* und dem *al-jihad al-asghar*. Ersterer bezeichnet den geistigen Kampf des Einzelnen gegen sich selbst, gegen Laster, Leidenschaft und Unwissenheit. Letzterer meint den „Heiligen Krieg" gegen die Ungläubigen. Zu ihm ist jeder gläubige Moslem jederzeit aufgerufen, und zwar sowohl vom Koran als auch von den Werken und Taten des Propheten Mohammed, zusammengefasst in der Sammlung *Hadith*.

Da der Islam, vom Standpunkt des Islams aus, die höchste von Gott offenbarte Religion ist, dauert der Heilige Krieg solange, bis noch der letzte Schlupfwinkel der Ungläubigen bekehrt oder ausgerottet sein wird. Für alle Märtyrer des rechten Glaubens aber winkt ein ehrenvoller Platz im Paradies. Ist es das, denke ich an meinem Fensterplatz im Paradies, was dem Christentum unterdessen abgeht? *Diese dunkle Flamme des Herzens?* Das Paradies der Christen – ist es nicht ein fadenscheiniger Schemen, kaum der Rede wert? Und der Christengott, nur „Gott", höchstens „Vater Unser, der Du bist im Himmel", ein namenloser Schöpfer, der im ganzen prachtvoll ausgegossenen Weltall, vom Kleinsten bis zum Größten, von den Quarks bis zu den Galaxien, ein Rad bleibt, das schon lange nichts mehr dreht?

Richard Dawkins, kämpferischer Biologe, kämpferischer Atheist auch er, hat ein Buch mit dem Titel *The Blind Watchmaker* geschrieben, in dem sich das schönste Fledermauskapitel der Populärwissenschaft findet, voller Bewunderung für das Wunder, das diese Tiere *sind*. Ja, es ist wahr, sagt Dawkins, es gibt den göttlichen Uhrmacher. Aber so, wie sich ihn die Aufklärung dachte, als Weltintelligenz, die das Universum, diese Maschine aller Maschinen, in Gang setzt, um dann den immerwährenden siebenten Tag zu feiern, zu ruhen und ruhend ihr Werk zu betrachten – so, wie die Deisten des 18. Jahrhunderts, darf man sich den Welturhmacher nicht denken. Denn der Uhrmacher ist blind, und nicht nur blind, er weiß gar nichts von dem, was geschieht. Er ist absichtslose *natura naturans,* nichts weiter als sich nach den ewigen Naturgesetzen bewusstlos selbst bewegende Natur.

Und während ich aus dem Fenster den Fledermäusen zuschaue, die in der rosa aufsteigenden Dunkelheit zu kleinen flinken Scherenschnitten gegen den blassblauen Himmel geworden sind, denke ich: Das verstehe ich nicht. Das versteht keiner. Und ähnlich wird es wohl dem Kardinal ergangen sein. Also hat er seinen Christenmut zusammengenommen und in einer fremden Sprache geschrieben: "This is not true." Doch es gibt Sätze, welche die Büchse der Pandora öffnen. *This is not true:* Das war so ein Satz. Denn wenn die Evolutionstheorie falsch ist, weil sie den Schöpfergott leugnet, ohne den diese jetzt anbrechende Nacht in meinem

Paradies nur ein phantastischer Wunschtraum sein könnte, der Wahn eines sich nach Schönheit und Harmonie verzehrenden Gehirns: wären dann nicht die, die an die Evolution glauben, ihrerseits eine Beute der bösen Macht?

Jetzt fällt mir wieder jener Student ein, der, bevor er sich einer psychiatrischen Behandlung unterziehen musste, in einem meiner Seminare die Ansicht vertrat, dass sich der Teufel im Zufall verstecke. Ja, es sei der Teufel, der uns auf seine Seite zu ziehen versuche, indem er uns am Grunde der Ereignisse nichts weiter zeige als die Grundlosigkeit, die absolute Sinnlosigkeit allen Werdens und Vergehens. Die anderen Studenten lachten geniert, was sollte man *dazu* sagen? Einige beriefen sich darauf, dass die Biologen ohnedies andauernd von „Informationen" sprächen, die im genetischen Code gespeichert seien. Information aber sei Ordnung und Sinn.

Ich antwortete wie gewöhnlich: Meine Damen und Herren, die Rede von den „Informationen" ist hier bloß als bildhafte Abkürzung zulässig. Andernfalls würde sie die Existenz eines Wesens voraussetzen, das sich der Lebensmoleküle absichtlich als Sprache bediente, deren Ausdrücke eine Bedeutung hätten, die wir Menschen lesen könnten – „Sprache", „Bedeutung", „Ausdrücke", „lesen" wörtlich genommen! Aber die Biologie, meine Damen und Herren, kennt kein solches Wesen; sie hat weder einen Anhaltspunkt dafür in der Erfahrung, noch einen Begriff davon. Und wenn wir, als religiös Denkende, uns dennoch ein solches Wesen zurechtlegen, dann sprechen wir von Gott, so wie der Mythos einst von ihm sprach: als einer Mischung aus Baumeister, der die Welt plant, und Klempner, der den Plan umsetzt.

Gewöhnlich verstehen meine Studenten rasch, dass das, was abzüglich der mythologischen Bebilderung bleibt, nicht das „wahre Antlitz" Gottes ist, sondern einfach der Lauf der Welt. Im Falle des Lebens bleiben Mechanismen, von denen der Kardinal behauptete, sie seien Ideologie: *random variaton and natural selection.* Das war auch der unverrückbare Standpunk jenes Studenten, der im Zufallsglauben ein dämonisches Blendwerk sah. Ihm wurde jedes Argument für die wissenschaftliche Theorie des Lebens bloß zu einem weiteren Beleg dafür, dass es der Teufel teuflisch gut verstand, unseren winzigen Verstand in der Nussschale unseres Gehirns gegen die Schöpfung, der wir beides – unser Gehirn und unseren Verstand – schulden, eitel aufzureizen.

Inzwischen ist es draußen Nacht geworden, an den Häuserwänden ringsum sind die Lampen angegangen, in deren Lichtkegel nun die Geckos sitzen, auch sie (wie könnte es anders sein?) auf Beute aus. In der Tiefe rascheln die ausgemergelten Katzen, streichen durch trockene Gartenbeete. Sie lauern auf Mäuse, aus dem Nest gefallene Vögel, Echsen, kleine Schlangen, sogar Käfer. Im Paradies ist ein ständiges Lauern. Die Mägen sind heiß vor Hunger, die Beute duckt sich, verkriecht sich. Sie möchte unsichtbar werden, muss aber selber Beute machen, ist Teil der großen Maschine des Fressens und Gefressenwerdens. Mich rührt das wenig, denn ich fühle mich erhaben in meinem Fenster. Aus der Tiefe des Tals, wo die Stadt liegt, glitzert, umgeben von der Aura des Smogs, ein Lichtband orangefarben zu mir herauf. Darüber wölbt sich der Himmel, an dem, wegen der Helligkeit der Nacht, nur einige wenige Sterne funkeln. Die Glocke der Kirche ums Eck schlägt an, zur falschen Stunde, wie im Traum bewegt, und hinter meinem Rücken klappert verheißungsvoll das Kochgeschirr.

Mir rinnt das Wasser im Mund zusammen. Die Sorge um Sein und Dasein bleibt daher momentan eher ätherisch: Was weiß der Himmel von dem ewigen Gemetzel hier unten, den Schlachthäusern, Schädelstätten, Krematorien; von unserem allgegenwärtigen Kampf gegen Tod und Verwesung? Was weiß der Himmel von uns, die wir ihm dumme Fragen stellen, uns dabei an Mythen vom Himmel klammernd, an den Gott der Liebe, das intelligente Design, egal ... Oder sollten wir besser fragen: Was wissen wir vom Himmel, darüber, was der Himmel von uns, seinen späten Geschöpfen, weiß? Wir stecken in unserem Gehirn fest, tiefer, auswegloser, *krummgeschlossener* als der Einsiedlerkrebs in seiner Schale.

Wir glauben zu wissen, dass vor Milliarden Jahren unser Universum aus einer Explosion von etwas hervorging, wofür wir uns angewöhnt haben, den Namen „Urknall" zu verwenden. Und wir glauben zu wissen, wie die Geschichte weiterging: wie sich die ultraheißen Dämpfe des Anfangs zu stabilen Atomkernen formierten, die dann komplexe Moleküle bildeten, aus denen dann, irgendwann, große Massenkörper wurden, Sterne, Sternhaufen, und so weiter und so fort; bis dann, nach Jahrmilliarden, die Fische endlich Flügel bekamen und aus den Biomaschinen, die wir „Primaten" nennen, der *Homo sapiens sapiens* hervorging. Doch was wir nicht wissen, ist, wo und wie in der Evolution des Kosmos, vom Anfang her betrachtet, jemals ein Funke dessen hätte auftauchen können, was wir „Bewusstsein" nennen.

Während ich den Himmel betrachte, wie er sich kärglich mit Sternen schmückt, weiß ich, dass ich jene nicht sehe, deren Licht auf meinen blinden Fleck fällt. Mir kommt das nun, schon ein wenig ermüdet, wie ein Gleichnis vor. Gelänge es der Wissenschaft, eine vollständige Beschreibung der Welt zu geben, so wären darin zwar alle Naturgesetze enthalten, aber nirgendwo ein Begriff davon, was sich doch als unser Ureigenstes darstellt: unser bewusstes und selbstbewusstes Erleben der Welt, wir darin eingeschlossen. Die Neurophysiologie scheint uns zu lehren, dass unser Gehirn unser Bewusstsein „hervorbringt" – wie macht es das nur? –; aber dieses Bewusstsein entwickelt eine Theorie des Universums, in dem es keinen Platz hat.

Unser Geist ist zu schwachsichtig, um sich selbst im Ganzen wiederzufinden. Schaut er von sich weg, hin auf die Welt, wie sie „objektiv" ist, sieht er nur Masse und Energie, Kräfte und Felder; von sich selbst hingegen entdeckt er keine Spur. Nichts. Weder Physik noch Chemie haben einen Begriff für das, was wir „Bewusstsein" nennen oder, in gar nicht so metaphorischer Umschreibung, das „Licht unserer Augen". Wenn wir metaphysisch Schwung nehmen und uns das Universum bei dem Versuch vorstellen, sich durch unser Gehirn hindurch selbst zu betrachten, dann sind wir – ach, ihr einfallslosen Glaubensritter des intelligenten Designs! – *der blinde Fleck der Schöpfung*.

Gewiss, das sind krause Gedanken eines spekulativ Gestimmten, der, von seinem hohen Fensterplatz aus, sich eingesenkt fühlt in die Landschaft ringsum, geborgen in der anbrechenden Nacht, die ihn flüsternd durchdringt. Außerdem: Es wird bald Abendessen geben. Das ist eine bequeme Lage, allzu bequem vielleicht, doch immerhin, sie lässt es zu, über dem Abgrund zu meditieren. Wir haben als Bewusstseinswesen nicht nur Teil an dem rätselhaften Licht, durch das sich das Sein selbst erhellt; wir sind auch Teil von dem, was Joseph Conrad das *Herz der Finsternis* nannte.

Am Ende der gleichnamigen Geschichte bleibt dem geistig zerbrochenen Helden, der in das Herz der Finsternis, unser Herz und zugleich das Herz der Welt, blickte, nichts weiter außer Gestammel: *The horror. The horror.* Der Horror hat wissenschaftlich, das heißt von außen – von jenseits des „Herzens" aus – betrachtet, einen Namen: „Evolution", ein Geschehen ohne Richtung, Sinn und Gefühl. Die Wissenschaft kennt die Innenseite des Horrors nicht. Aus ihr jedoch entspringen die Dämonen in Mythos und Religion, die Blutgötter, Opfergötter, Fressgötter, die heißhungrig ihre eigene Brut verzehren; aus ihr entspringen der Wahnsinn und das augenlose Schicksal, das nach Eingeweiden riecht und, statt das klare Licht der Erkenntnis zu provozieren, zur Eingeweideschau lädt.

Im Hintergrund BBC; nach oben korrigierte Opferzahlen. Das nimmt kein Ende, der ewige Dschihad wird stets im Namen des einen Gottes geführt, der absoluten Wahrheit, die erst auf den Leichenfeldern der Ungläubigen erblüht. Und wer wäre jemals gläubig genug? Der mächtige Turm der Villa di Maiano tritt im Scheinwerferlicht hell aus der Dunkelheit hervor. Da fällt mir ein, was Virginia Woolf, in der auch eine große Dunkelheit war, über Edward M. Forster, den Dichter von *A Room with a View* ebenso wie *Howards End,* sagte: Er habe die Kunstfertigkeit, „Dinge zu sagen, die sich so leicht ins Gemüt senken, dass sie dort bleiben und sich entfalten wie jene japanischen Blumen, die sich in den Tiefen des Wassers öffnen". So hat sich die Landschaft, die draußen nun nur noch in hellgezackten, schwarzgetuschten Fragmenten existiert, in mir entfaltet und geöffnet. Man ruft, ich solle die Balken schließen, wegen der „Viecher".

Ja, der lächelnde Kardinal aus Österreich wollte etwas sagen, aber er platzierte es an der Stelle, wo die wissenschaftlichen Hypothesen miteinander konkurrieren. Mit dem Nachplapperwort vom „intelligenten Design" bot er uns das Zerrbild einer dichterischen, einer metaphysischen Ahnung vom Ursprung des Lichts, mit dem die Welt sich selbst durchdringt. Und schwieg dabei von der Finsternis, die um das Licht herum lagert wie ein endloses Meer aus Formlosigkeit, Schmerz und Hass. „Essen fertig!" Ich schalte BBC aus.

Dann, schon im Bett, an der Schwelle zum Schlaf, kehren die unterdessen verstreuten Bilder des Tages wieder: der stille Kreuzgang der Basilika Santa Maria Novella mit dem stillgelegten Brunnen, in dessen schwer vergittertem Schacht die Besucher Münzen geworfen haben, die nun aus der Tiefe blinken; und das staubige Boskett einer vor Hitze knisternden Seitenallee des Giardino di Boboli, unter das hinein sich eine der armen Katzen verkriecht, die man hier überall sieht, wie sie an Durst, Hunger und den Würmern sterben. Plötzlich wendet das Tier seinen Kopf und schaut mich mit verklebten, fast geschlossenen Augen an. Als ob es mich zum Zeugen seiner Not machen wollte, so kommt es mir einschlafend vor, während sich in mir ein Satz bildet, der sonnenklar zu sein scheint: „Wir sind der blinde Fleck der Schöpfung, der die Finsternis der Welt erhellt."

Erst jetzt, da ich den Satz niederschreibe, merke ich, dass es sich um keine mystische Einsicht, keine fernöstliche Weisheit handelt, sondern um jenen Unsinn, der sich gerne am Rande der Träume, als wirrer Sprachschaum, bildet. Ich lasse ihn trotzdem stehen, in Erinnerung an meine Zeit im Paradies.

4. Kapitel
Welteinverständnis

Der wohl naheliegendste Einwand aus einer aufgeklärten Position lautet: Wenn das, was im Voranstehenden „Welteinverständnis" genannt wurde, in einer bedingungslosen Einwilligung ins Unfassbare, ins – wie es hieß – Wunder der Existenz besteht, worauf verpflichtet uns dann eigentlich unser religiöses Empfinden? Einleitend sahen wir uns von einer BBC-Reporterin in die Hölle der nordkoreanischen Folterlager versetzt. Mag diese auch menschlich selbstverschuldet sein, so ist sie doch indirekt ein Werk der Schöpfung. Sie wurzelt in menschlichen Naturanlagen, die durch die Evolution aus einer schier unendlichen Palette von Möglichkeiten, darunter viele, die weniger entsetzlich gewesen wären, herausselektiert wurden. Im Übrigen sahen wir bereits, dass uns die Natur, näher besehen, ein endloses Schauspiel unvorstellbarer Grausamkeiten bietet, wovon Douglas Adams' Drachenechsen und Reinhold Schneiders Parasiten nur zwei punktuelle, wenn auch akzentuierte Beispiele geben.

4.1 Der Alptraum des bösen Gottes

Sollten wir in diese Scheußlichkeiten, in all die großen und kleinen Höllen, die das Unfassbare zu bieten hat, einwilligen, noch dazu bedingungslos? Ist es das, was vom religiösen Menschen noch jenseits eines jeden mythologischen Weltbilds gefordert wird? Und ist diese Forderung nicht eine Ungeheuerlichkeit, ein Anschlag nicht nur auf den Verstand, sondern vor allem auch auf das menschliche Herz?

Nun, wir sprachen bereits von der metaphysischen Blockade, die uns daran hindert, Gott als eine Person zu denken, die gütig wie ein wohlwollender Vater (und jene Leser, die der Vater stört, mögen sich eine liebende Mutter denken) gesinnt ist und handelt. Wenn wir Gott *so* denken, dann besteht für uns kein Grund, an ihn zu glauben – denn die Welt und unser Schicksal in ihr sind nicht denkbar als die Schöpfung eines wohlwollenden Vaters, einer liebenden Mutter, so wie *wir* diese Begriffe einzig *verstehen* können. Und wenn die Welt aber die Schöpfung eines bösen Gottes wäre, ob männlich oder weiblich, dann gäbe es keinen Grund, dass wir dem Ergebnis *zustimmen* sollten. Im Gegenteil, dann wäre es unsere menschliche Pflicht, dieser Gottheit unser Welteinverständnis zu verweigern.

Natürlich ist der Verdacht, dass die Welt die Schöpfung eines bösen Gottes ist, nicht von der Hand zu weisen, solange wir uns im mythologischen Weltbild bewegen. Die frühchristliche Gnosis bis hin zu Marcion (um 150 n.) hielt Jahwe, den Gott des Alten Bundes, für diesen Dämon, eigentlich für den Teufel, während der gute Gott, aus dessen Seelenfunken unsere Seele entstanden sein sollte, mit unserer Welt gar nichts zu tun gehabt hätte. Doch wenn wir uns, im Zustande des Aufgeklärtseins, dieser gewalttätigen Bilderwelt erst einmal entledigt haben, entfällt auch der Grund, die Dinge, so wie sie sind, samt den Übeln, durch die sie charakterisiert werden, auf die böse Wirkungsweise einer bösen Hyperperson zurückzuführen. Was freilich bleibt, das sind die Übel. Und damit bleibt auf alle Fälle eine Irritation: Was heißt angesichts der Tatsache des Übels „bedingungsloses Einverständnis"?

Das kann nicht heißen, dass wir mit dem Übel (*malum*) einverstanden sind. Wir sind es, um mit Leibnizens *Theodizee*, § 21, zu sprechen, weder mit dem physischen Übel *(malum physicum)* noch mit dem metaphysischen *(malum metaphysicum)*, und schon gar nicht mit dem moralischen *(malum morale)*. Während wir das moralische und physische Übel zu bekämpfen versuchen, das eine pädagogisch und das andere technisch, sind wir gegenüber dem metaphysischen Übel – unserer Unvollkommenheit, inklusive unserer Sterblichkeit – zunächst hilflos. Doch auch hier mobilisieren wir unsere Kräfte, sei es, dass wir uns religiöse Theorien über die Unsterblichkeit der Seele und die Wiederauferstehung des Körpers zurechtlegen, sei es, dass wir sogar gegen das Unverfügbare des Todes mit allen verfügbaren Methoden der Lebensverlängerung ankämpfen. In unserem Zeitalter der gentechnischen Revolution scheint die Hoffnung auf ein altersloses Leben nicht mehr ganz so verrückt zu sein wie noch vor einigen Jahrzehnten.

Was also könnte bedingungsloses Einverständnis heißen, wenn es wahr ist, dass wir gegen die Übel auf allen Ebenen mobil machen; und dass wir selbst dort, wo Kampf keinen Sinn hätte, das Übel *als* Übel, also als etwas, was wir nicht wollen, beurteilen? Greift der Hinweis darauf, dass uns die Existenz als Wunder beeindruckt, weil sie, als rein innerweltliches Phänomen gedacht, nicht aus sich selbst heraus zu existieren vermag – greift, bildhaft gesprochen, dieser Hinweis nicht schon deshalb zu kurz, weil ja auch der Teufel Existenzhilfe leisten könnte?

Mit anderen Worten, was setzen wir angesichts der Übel, und zwar ganz besonders der physischen und metaphysischen, dem *Existenz-Pessimisten* entgegen, der behauptet, dass in den Tatsachen der Welt etwas bemerkbar werde, was sich in mythischer Ausdrucksweise nur so darstellen ließe: Der Schöpfer ist entweder böse oder wir sind ihm gleichgültig, so wie einem Architekten der Mörtel, der sein Haus zusammenhält, bloß Mittel zum Zweck ist, oder so, wie uns der Staub egal ist, über den wir hinwegschreiten…

4.2 Metaphysische Blockade und religiöse Analogie

Bevor ich nun ein Argument vorbringe, das notgedrungen spekulativ ist, will ich noch einige Worte zu dem sagen, was wir als metaphysische Blockade kennen gelernt haben. Diese Blockade berührt unmittelbar das Trauma, das mit Kant in die Philosophie gekommen ist. Denn er war es, der in seiner Kritik der so genannten Gottesbeweise unnachgiebig darauf hingewiesen hat, dass man Gott als irgendwie innerweltliches Wesen nur um den Preis denken dürfe, mit ihm, als Annahme, gerade nicht mehr erreichen zu können, was man erreichen wollte.

Schreiben wir Gott auch nur ein einziges Prädikat zu, das seine Bedeutung daraus bezieht, als Erfahrungsbegriff ein Merkmal in Raum und Zeit zu bezeichnen, dann richtet sich auf jenes eine Merkmal genau derselbe Erklärungsbedarf, dessentwegen, bezogen auf die Welt insgesamt, wir uns zur Annahme der Existenz Gottes überhaupt erst genötigt sahen. Daraus folgt, dass wir uns Gott nicht irgendwie so ähnlich wie eine menschliche Person, die immer gut und liebevoll handelt, denken dürfen. Denn menschliche Personen und ihr Handeln sind selbstverständlich ohne Angabe von Erfahrungsmerkmalen nicht darstellbar.

Sagen wir beispielsweise, Gott sei in Analogie zu Personen zu denken, nur eben als reines Bewusstsein oder Geist, dann tun wir bloß so, als ob wir etwas Verständliches sagten. Die Wahrheit aber ist, dass wir keine Ahnung haben, was ein reiner Geist, der handelt, sein könnte, wenn nicht doch eine Art feinstofflicher Person, ein *Seelenhauch* (hebräisch: *ruach*) und Ähnliches. Denn wir haben keine Ahnung, wie wir unsere eigenen geistigen Aktivitäten, ob Erlebnisse, Empfindungen oder Gedanken, ob Bewusstsein oder Selbstbewusstsein, denken sollten, wenn wir aus ihnen alles abziehen, was sie mit dem Körper verbindet. Jedenfalls sind es Aktivitäten, die eine Person sich selbst zurechnet, was zu tun sie nur imstande ist, solange sie sich *als* Person zu identifizieren vermag, und das heißt: *auch* als ein Wesen, das in Raum und Zeit lokalisiert und so erst zur Identifizierung seiner selbst fähig ist. Wer oder was wäre ich und wessen geistige Zustände wären meine, wenn ich nicht in der Lage wäre, mich raumzeitlich von meiner Umgebung abzugrenzen?

Soweit die Blockade. Sie darf indessen – das ist nun der spekulative Gesichtspunkt, von dem ich sprach – *nicht soweit getrieben werden, dass die Existenz der Welt selbst undenkbar wird.* Da die Dinge nicht aus sich selbst heraus existieren können und da jeder Versuch, ihre Existenz über das Modell der natürlichen (nicht-personalen) Kausalität sicherzustellen, notwendig scheitert, sind wir zurückverwiesen auf das Modell personaler Hervorbringung. Dieses Modell, als das Modell der aus sich selbst heraus handelnden Person, impliziert eine metaphysische Tatsache: nämlich dass Personen, wenn tatsächlich sie es sind, die autonom etwas herbeiführen, als ein erstes Bewegendes *(primum movens immotum)* in Erscheinung treten. Soll also die Welt in jeder ihrer Einzelheiten überhaupt existieren können, muss ihr ein erstes Bewegendes zugrunde liegen, für das wir kein anderes Modell haben als das der Person.

Was also genau wird durch die metaphysische Blockade blockiert? Antwort: Die Vorstellung, dass Gott eine Person ist, nicht jedoch die Vorstellung, dass die Welt eine Hervorbringung durch ein erstes Bewegendes ist. An dieser Stelle mögen wir zu zweifeln beginnen, ob die Forderung, sich Gott niemals in Analogie zur menschlichen Person vorzustellen, nicht zuviel verlangt. Denn was soll die Idee des Weltschöpfers als eines ersten Bewegenden bedeuten, wenn sie von allen analogen Momenten zu dem, was wir darunter verstehen, absieht, nämlich vom Begriff der Person, die nach Maßgabe guter Gründe autonom handelt? Diejenigen, die hierauf erwidern: „So eine Idee bedeutet gar nichts!", haben einerseits gewiss nicht Unrecht. Andererseits jedoch stehen wir hier vor einer komplexeren Situation: Zwar können wir, vom menschlichen Standpunkt aus betrachtet, in der analogen Verwendungsweise des Person-Begriffes das Moment der raumzeitlichen Lokalisierung nicht wegdenken; doch kommen wir trotzdem nicht umhin, *so zu tun, als sei ebendies möglich,* um einer nicht-mythologischen Idee der Schöpfung Raum zu schaffen.

Das ist zugleich eine paradoxe Situation: *Die konsequente Beachtung der metaphysischen Blockade scheint einzuschließen, dass man gegen sie systematisch andenken muss.* Wir sagen, dass Gott keine Person ist, und wir meinen damit, dass wir uns Gott nicht als Person im menschlich denkbaren Sinne vorstellen *dürfen* (Kants Verbot). Gleichzeitig *müssen* wir davon ausgehen, dass alle Ereignisse der Welt nur in einer Art und Weise „gut" anfangen und existieren können, für die wir kein anderes Modell haben als das der personalen Verursachung.

Wie indessen soll man sich etwas personal Verursachtes ohne dazugehörigen Verursacher denken? Die Antwort ist meines Erachtens typisch für die Situation des religiösen Räsonierens jenseits mythologischer Fixierungen: Man kann sich so etwas gar nicht denken, und akkurat darin, dass wir es dennoch immerfort versuchen, besteht unsere menschliche Situation. Denn indem wir uns derart paradox verhalten, tun wir nicht etwas, das anzeigt, dass wir uns fehlerhaft verhalten; im Gegenteil tun wir genau dasjenige, was angesichts der vorliegenden, sozusagen *objektiven* Problemlage getan werden *sollte.* Das eben ist – falls hier von Logik die Rede sein darf – die Logik des religiösen Denkens.

Und so gibt es die Analogie und darüber hinaus, der religiösen Logik entsprechend, die religiöse Analogie. Die religiöse Analogie oder Metapher besteht darin, dass wir Modelle entwickeln, indem wir, im Bewusstsein der metaphysischen Blockade, über diese hinauszudenken versuchen, um die „transzendenzstrebigen" Begriffe *innerhalb der Blockade* davor zu bewahren, ins Unverständliche abzusinken. Demnach gilt: Die religiösen Tatsachen werden in ihrer Bedeutung durch unsere Transzendenzblindheit ebenso bestimmt wie dadurch, dass wir, gestützt auf unsere weltimmanenten Erfahrungen, eine Art „Blindsehen" der Transzendenz praktizieren. Das klingt einigermaßen dialektisch und ist meilenweit davon entfernt, den mystischen Überschwang wiederzugeben, der gläubig inspirierte Menschen erfasst, sobald sie das Gefühl haben, aus den durch die menschliche Situation definierten Grenzen – Grenzen der Endlichkeit, der Erfahrung, des Gehirns – hinausgehoben zu werden. Doch es ist eine Tatsache, dass Menschen, denen solches widerfahren ist, hintennach oft nicht sagen können, was es war, das ihnen widerfuhr.

Wie dem auch sei, es kann nicht der Ehrgeiz des Religionsphilosophen sein, aus seiner abgekühlten Position eine Phänomenologie des religiösen Überschwangs zu entwickeln. Was er freilich würdigen muss, ist die Art des Befreiungserlebnisses, das dem Überschwang zugrunde liegt. Dieses Erlebnis wird durch eine „Ahnung" motiviert, welche noch in der trockensten Verwendung religiöser Begriffe ihren leicht entflammbaren Ursprung hat. Selbst wenn wir den Begriff der Schöpfung unter strikter Beachtung des Kriteriums der Transzendenz einsetzen, lässt sich nichts dagegen machen, dass er auf eine personale Aktivität *jenseits* der Welt hindeutet, die ihrerseits ein Personsein zur Voraussetzung hat, das sich nur *innerhalb* der Welt verständlich machen lässt. Dabei ist sich der Religionsphilosoph dessen bewusst, dass „jenseits" und „innerhalb der Welt" auch bloß Metaphern des Redens über transzendente Dinge sind.

4.3 Die Beschränktheit des bösen Gottes

Dies alles zugestanden und eingeräumt, versuchen wir, uns die Frage noch einmal vorzulegen: Könnte nicht das, was wir das Wunder der Existenz genannt haben, ein „böses Wunder" sein, die Hervorbringung eines bösen Gottes? Dabei liegt die offensichtliche Motivation dieser Frage natürlich in der unbestreitbaren Existenz der Übel, wie sie die Situation der Welt und damit unsere eigene kennzeichnen: *malum physicum, malum metaphysicum* und *malum morale*. Doch wenn wir uns von vornherein darauf verständigen wollten, die Existenz Gottes, das heißt: des guten Gottes, davon abhängig zu machen, dass wir im Paradies leben, also in einer Welt ohne Übel, dann gäbe es keinen Gott, sondern höchstens den Teufel oder einen vergleichbaren Dämon, der mächtig genug wäre, die Welt zu „erschaffen". Obwohl also die offensichtliche Motivation unserer Frage die Existenz der Übel in der Welt ist, ist das, wonach sich die Frage erkundigt, *nicht* eine mögliche „Rechtfertigung Gottes" *nach den Maßstäben des Menschen*. Die Frage rollt den Prozess der Theodizee nicht noch einmal auf. Das wäre sinnlos.

Die Frage setzt, indem sie sich von vornherein auf das Wunder der Existenz und unser darauf bezogenes Welteinverständnis bezieht, wesentlich tiefer an. Sie lautet: *Könnte ein böser Gott ein „guter Anfang" für das sein, was nicht aus sich selbst heraus existieren kann?* Mit anderen Worten: Wäre ein böser Gott denkbar, der über genügend Autonomie verfügte, um „aus sich selbst" die Welt hervorzubringen? Und natürlich verdankt sich diese Erkundigung, wie alle Überlegungen im Feld der rationalen Theologie, einer Problemsituation, die uns aus unserem eigenen Alltag vertraut ist. Dabei handelt es sich um ein Problem, das auf den ersten Blick einfach anmutet, doch umso komplizierter wird, je näher wir es betrachten. Das Problem lautet: Ist die Freiheit des böse Handelnden dieselbe wie die des gut Handelnden?

Auf den ersten Blick lautet die Antwort: Selbstverständlich. Es gibt Handlungen, die ich aus mir selbst heraus setze, und manche dieser Handlungen sind gut, während andere, leider, böse sind. Ich selbst kann mich zum guten oder zum bösen Handeln bestimmen. So funktioniert unser Konzept des personalen Verursachens, und nur weil es so funktioniert, ist die Moral überhaupt möglich. Es gäbe kein moralisches Lob, wenn es keinen authentischen moralischen Tadel gäbe. Denn wäre ich in die eine Richtung – in die des Bösen – unfrei, dann wäre ich logischerweise auch in der anderen Richtung nicht in der Lage, frei zu handeln.

Trotzdem ist die Freiwilligkeit der bösen Handlung – vorausgesetzt, sie wird als solche vom Handelnden klar erfasst – eine Vorstellung, die viel weniger leicht fasslich scheint als die Freiwilligkeit oder Autonomie der guten Handlung. Woran liegt das? Betrachten wir zunächst Handlungen als solche. Jemand sagt zu mir: „In genau fünf Sekunden sollst du dich frei entscheiden, ob du deinen Arm hebst oder nicht." Auf diese Aufforderung hin kann ich in der Weise reagieren, dass ich mich nach fünf Sekunden entscheide, meinen Arm zu heben, und ihn infolgedessen hebe. Doch wenn ich mich hintennach frage, ob meine Entscheidung wirklich frei war, ob wirklich ich selbst es war, der seinen Arm gehoben hat, und ob ich also auch in der Lage gewesen wäre, ihn nicht zu heben, dann werde ich in einer seltsam diffusen Lage sein.

Einerseits hat niemand auf mich Zwang ausgeübt, das spricht für meine Freiheit. Andererseits jedoch hatte ich keinen irgendwie erkennbaren Grund, mich so zu entscheiden, wie ich mich entschied. *Aber ist man frei, wenn man grundlos handelt?* Das ist die Frage, die mich irritieren wird. Denn wenn ich etwas vollkommen grundlos tue, heißt das nicht, dass ich es dann nicht selbst bin, der etwas tut, sondern ein Mechanismus in meinem Gehirn in Gang gesetzt wird und mein Zentralnervensystem ein Problem für mich löst, das ich für mich selbst nicht lösen kann: das Problem nämlich, ob – um unser Beispiel zu bemühen – ich nach fünf Sekunden meinen Arm heben soll oder nicht?

Denken wir an den berühmten Fall des Esels, der sich genau in der Mitte zwischen zwei genau gleich großen Futterballen befindet. Da der Esel keinen Grund hat, den linken oder den rechten Ballen zu bevorzugen, wird er verhungern müssen, solange er sich fragt, ob er einen guten Grund hat, nach links oder rechts zu gehen. Er hat keinen. Wohl aber hat er einen sehr guten Grund zu fressen. Also – das ist die Pointe des Beispiels, wie man sie gerne formuliert[15] – müsste der Esel glattweg verhungern, denken wir ihn bloß als rationales Wesen, das autonom immer nur nach guten Gründen handeln kann. Dass der Esel dennoch nicht verhungert, hat damit zu tun, dass er kein rationales Wesen ist und sein Gehirn aufgrund eines kausalen Mechanismus (möglicherweise funktioniert es in Fällen rational unterbestimmten Handelns wie ein Zufallsgenerator) ihn schließlich in eine der beiden möglichen Richtungen laufen lässt, um zum Futter zu gelangen.

Was wir aus solchen Überlegungen ausdrücklich lernen, ist Folgendes: Um begründeter Maßen sagen zu können, dass ich selbst es war, der seinen Arm gehoben hat, muss ich (a) für diese meine Handlung notfalls gute Gründe nennen können, die (b) im Prinzip von allen anderen, die meine Gründe verstehen, ebenfalls als gute Gründe akzeptierbar sind. Weil das so ist, reicht es nicht aus, die Freiheit meiner Handlung damit zu begründen, dass ich mich auf einen kausalen Mechanismus in meinem Gehirn berufe. Dieser mag eine hinreichende Ursache dafür sein, dass sich mein Arm hebt, aber nicht dafür, dass ich selbst es bin, der ihn hebt. Es reicht aber auch nicht aus, irgendwelche Gründe zu nennen, die von niemandem als gute Gründe dafür, dass ich meinen Arm hebe, akzeptiert werden können. Sage ich zum Beispiel: „Ich hebe meinen Arm, um auszurechnen, wie viel zwei mal zwei ist", wird man mir eher geistige Verwirrung als autonomes Handeln zubilligen.

---

15 Der angebliche Erfinder des Beispiels, ein Scholastiker namens Buridan, 1300–1358, wollte darin ein Argument gegen die Willensfreiheit erblicken.

Das kompliziert die Frage, ob ich aus mir selbst heraus böse zu handeln imstande bin. Ich unterscheide kurz drei mögliche Fälle.

Falltyp 1: Zweckrational böses Handeln. Ich handle böse, weil das in meinem Interesse liegt. Mein Vater hat mich zum alleinigen Erben eingesetzt, aber stirbt und stirbt nicht, während ich dringend das Geld brauche, das mir aus der Erbmasse zufiele; also töte ich meinen Vater. Das ist doch ein rationaler Grund, oder? So suggestiv die Frage klingt, die Antwort ist nicht so einfach. Denn da ich weiß, dass Mord eines der schlimmsten Verbrechen ist, die ein Mensch begehen kann, weiß ich natürlich auch, dass ich meinen Vater auf gar keinen Fall umbringen darf. Mein eigensüchtiges Motiv ist also kein guter Grund! Natürlich habe ich ein eigensüchtiges Motiv, aber da dieses Motiv kein guter Grund ist, meinen Vater zu ermorden, stellt sich für meine Umwelt die Frage: Warum war P.S. nicht in der Lage, dieses Motiv zu unterdrücken? Vielleicht behaupte ich: „Ich hätte es ja unterdrücken können." Und das ist auch die Annahme der anderen, die darauf Wert legen, dass ich verantwortlich gehandelt habe und daher bestraft werden darf. Aber einmal abgesehen von der strafpragmatischen Dringlichkeit, mir nicht die Lage eines Zurechnungsunfähigen zuzubilligen, hat meine Behauptung, dass ich mein Interesse an der Ermordung meines Vaters auch hätte unterdrücken können, etwas Deklamatorisches.

Es ist wahr, ich habe insofern keinen Grund, an meiner Autonomie zu zweifeln, als ich keinem inneren Zwang in der engeren (klinischen) Bedeutung des Wortes unterlag. Weder war ich geistesgestört, noch – so wollen wir annehmen – laboriere ich an einer schweren Form der Psychopathie, die mich zum Widerstand gegen meinen Mordimpuls unfähig gemacht hätte. Doch andererseits konnte der gute Grund, den ich hatte, um mich vom Mord abzuhalten, das heißt der moralische Grund, mich faktisch nicht *rational motivieren.* Vielmehr setzte sich in mir mein eigensüchtiges Interesse durch, das angesichts der moralischen Situation kein rationales Motiv bildete. Und nun lässt sich aber nicht bestreiten, dass wir die Autonomie des Handelns *begrifflich daran binden,* dass wir entsprechend der rationalen Gründe handeln, die wir haben. Sobald *sie* unser Motiv bilden, gelten wir im eigentlichen Sinne als Personen, die „aus sich selbst heraus" handeln. Liegt kein rationales Motiv vor, dann werden die mein Handeln bestimmenden Motive zu *etwas Ähnlichem wie Kausalfaktoren,* deren Wirkung sich nach psychologischen Gesetzen entfaltet, ob es sich dabei nun um Interessen, Affekte oder Persönlichkeitszüge handelt.

Die Wendung „zu etwas Ähnlichem wie Kausalfaktoren" soll auf eine vertrackte und zugleich typische *Asymmetrie* in der Freiheit, gut zu handeln, gegenüber der Freiheit, böse zu handeln, aufmerksam machen. Der böse Handelnde hat ein Motiv, und wenn das Motiv eigensüchtig ist, dann kann es zugleich zweckrational mit Bezug auf das angestrebte Ziel sein. Dafür ist die Ermordung des eigenen Vaters, um endlich in den Besitz des Erbes zu kommen, ein treffendes Beispiel (immer vorausgesetzt, der Mord war so gedacht und geplant, dass er nicht als Mord erkannt werden sollte, ansonsten ja ein absoluter Erbunwürdigkeitsgrund das Motiv zunichte gemacht hätte). Man könnte also sagen, das zweckrational böse Handeln ist rational motiviert, allerdings nur solange, als wir die moralische Ebene ausblenden. Und die Frage ist: Kann ein Mensch wirklich „aus sich selbst heraus" handeln, wenn er die moralische Ebene ausblendet?

Ich denke, dass die richtige Antwort lautet: Seine Freiheit ist zwar nicht vernichtet, denn auf einer eingeschränkten Ebene kann er sich noch rational motivieren; sie ist jedoch *defekt: Etwas in ihm hindert ihn daran,* das zu tun, was er im Prinzip allen anderen als das Richtige mit guten Gründen ausweisen könnte. Würde er das Richtige tun, so würde niemand fragen: „Warum tust du es?" Denn es ist eine analytische Wahrheit, dass man das Richtige tun soll, und wer das Richtige tut, ist in einer Art und Weise motiviert, die keine weitere Begründung erheischt.

Falltyp 2: Irrational böses Handeln. Allgemein ließe sich postulieren, dass eine Handlung umso mehr nach Erklärung verlangt, je mehr sie vom Durchschnitt abweicht. Das gilt für außergewöhnlich böse Handlungen ebenso wie für außergewöhnlich gute. Wenn wir auf den Typus des ganz Guten treffen – also auf jenen, der nach Martin Seels Formulierung nicht ganz so gut ist wie der nicht ganz so Gute –, dann sind wir in der Regel daran interessiert, wie jemand so gut werden konnte. Dass jemand ein Heiliger ist, erscheint uns als erklärungsbedürftig. Aber zugleich, immer vorausgesetzt, es handelt sich um keine offensichtlich kranke Erscheinung, werden wir nicht den Eindruck haben, wir sollten erklären, warum die Autonomie eines solchen Menschen *defekt* ist. Seels Formulierung scheint insofern manipulatorisch, als sie unterstellt – ohne das zu sagen –, dass der ganz Gute ein Fanatiker des Guten ist (daher auch nicht so gut wie der nicht ganz so Gute) und daher in seinem Tun und Lassen zwanghaft, also nicht wirklich frei.

Doch es gibt Menschen, die außergewöhnlich gut sind, „Heilige", ohne dass wir Anlass hätten, an ihrer Autonomie zu zweifeln. Das sind Menschen, die wir außerordentlich bewundern. Und natürlich möchten wir gerne wissen, wie es kam, dass sie die geworden sind, die sie sind. Für solche Erkundigungen ist aber typisch, dass wir nach Erklärungen suchen, die keine Kausalgeschichte, sondern eine *Bildungsgeschichte* ergeben. Eine eigentümliche Sonderrolle spielt dabei das Motiv der göttlichen Berufung, das in vielen Heiligengeschichten zentral ist. Gott selbst greift in das Leben eines Menschen ein. So wird aus dem Saulus Paulus. Freilich entschlüsseln wir den Einbruch der Gnade gerade nicht als Ausdruck eines kausalen Zwangs, sondern als ein zutiefst mysteriöses Transformationsgeschehen, das den freien Willen der betroffenen Person nicht beschädigt, obwohl der Gnadenakt die Person verwandelt.

Die gewöhnliche Bildungsgeschichte sehen wir hingegen als eine Verkettung von Motiven, in der sich die Suche einer Person nach ihrem wahren Selbst ausdrückt. Dieser Vorgang kann von uns gar nicht anders verstanden werden denn als eine Bewegung im Rahmen der persönlichen Autonomie.[16] Selbstfindungsprozesse sind immer Vorgänge, in denen eine Person ihr Leben so begreift, dass es ihr nicht bloß äußerlich zustößt, sondern ein Sinnganzes bildet, das erst dadurch entsteht,

---

16 Vgl. dazu mein Buch *Gibt es ein Leben nach dem Tod? Gehirne, Computer und das wahre Selbst,* München 2004, Teil B, 43 ff.

dass sich die Person durch alle Wechselfälle des Lebens hindurch verwirklicht: dass sie „die wird, die sie ist". Diese aktive Aneignung des eigenen Lebens hat die persönliche Freiheit zur Voraussetzung, auch und gerade dort, wo es gilt, auf Schicksalsschläge zu reagieren. Wäre der Mensch ein durch Naturkräfte Gefesselter, er könnte nur in seinen Gattungsaspekten der werden, der er ist, so wie der Same bei Aristoteles, der seiner inneren Anlage gemäß die Art von Baum wird, zu dem alle anderen Samen derselben Art ebenfalls werden.

Auf der Seite des außergewöhnlich bösen Menschen liegen die Dinge anders. Wir haben, auch wenn wir das aufgrund unseres Vergeltungsbedürfnisses nicht offen zugeben, kaum den Eindruck, dass wirklich monströse Taten der Ausdruck eines unbeschädigten freien Willens sind. Wenn sich Nero daran delektiert, dass Rom in Flammen steht (weil er es anzünden ließ), dann halten wir ihn entweder für wahnsinnig oder für eine Bestie. Letzteres meint, dass er aufgrund sehr tiefliegender Charaktermerkmale – Merkmale vermutlich angeborener Art – zwanghaft dazu neigt, andere Wesen leiden zu sehen oder sie sogar eigenhändig zu quälen. Der wirklich böse Mensch ist nicht wirklich frei. Es ist kein Zufall, dass die wissenschaftliche Kriminologie im letzten Drittel des 19. Jahrhunderts beginnt, indem ihr Begründer, der Turiner Psychiater und Anthropologe Cesare Lombroso, glaubt nachweisen zu können, dass es einen geborenen Verbrecher *(homo delinquens)* gibt. Auch wenn sich diese Diagnose im Detail als unhaltbar erwiesen hat, so ist die hinter ihr stehende Intuition doch nach wie vor aufrecht. Heute glaubt man mit den viel feineren Methoden der modernen Neurologie nachweisen zu können, dass die so genannten kriminellen Psychopathen, also jene Personen, die häufig die brutalsten Verbrechen begehen, und zwar ohne Gewissensbisse, an Defekten des Gehirns und des Hormonhaushalts leiden.[17]

Man mag den biologischen Ansatz des Bösen beargwöhnen, in ihm zeigt sich jedoch eine Evidenz, die gerade in zivilisierten Gesellschaften unbestreitbar scheint. Man kann nicht einfach sagen, dass Hitler ein normaler Mensch war und dass das, was er verbrochen hat, Ausdruck seines freien Willens gewesen ist. Auch wenn wir Hitler aus sehr verständlichen Gründen nicht exkulpieren wollen, werden wir doch nicht müde, nach Ursachen in seiner Kindheit, seiner Erziehung, seiner Persönlichkeit zu suchen, um herauszufinden, warum er das Monster war, das er war. Alle Versuche, aus Hitler einen Menschen „wie du und ich" zu machen, leiden darunter, dass du und ich zu derart monströsen Taten, wie Hitler sie setzte, (hoffentlich) nicht in der Lage wären. Und dabei ist Hitler insofern kein typisches Beispiel, als viele seiner Ziele und Wahnideen, auch seine Neigung zur Brutalität, politisch in der Luft lagen. Das gibt dem, was er tat, oberflächlich den Schein des Zweckrationalen. Doch jemand, der mit „unerbittlicher Entschlossenheit" den Holocaust inszeniert, zeigt einen Überschuss an Irrationalität und verbrecherischer Energie, der die Glasur des Rationalen wegschmilzt. Hätte Hitler auch anders handeln können? Die Antwort auf diese

---

17 Vgl. dazu bes. das Nachwort der Neuausgabe meines Buches *Verbrechermenschen. Zur kriminalwissenschaftlichen Erzeugung des Bösen*, Frankfurt a. M. 2005, 229 ff.

Frage ist offenkundig, zumal ihn die Zeitumstände und die Gunst der Stunde regelrecht „entsicherten". Ebenso gut könnte man von einer Gewehrkugel erwarten, die Gesetze der Ballistik außer Kraft zu setzen und in den Lauf, aus dem sie abgefeuert wurde, wieder zurückzukehren ...

Falltyp 3: Das Böse um seiner selbst willen tun. Dieser Typus des bösen Handelns ist im Grunde literarischer Natur. Zwar gibt es Menschen, die am Bösen an sich Gefallen finden. Aber solche Naturen sind hier nicht gemeint. Gemeint sind jene, die, wie in manchen Werken der existentialistischen Belletristik, namentlich bei Jean Paul Sartre, das Böse mit Absicht tun, weil sie sich dadurch ihrer Freiheit vergewissern wollen. Der dahinter stehende Gedanke ist einigermaßen nachvollziehbar: Zum Tun des Guten wird man durch die soziale Dressur angehalten, bis man schließlich nicht mehr weiß, ob man frei handelt oder bloß wie eine Marionette an den Schnüren der sozialen Konvention zappelt. Die Freiheit bestünde demnach darin, das zu tun, was der, der es tut, selbst für unrichtig hält. Indem der Mensch sich willentlich gegen die guten Gründe entscheidet und böse handelt, demonstriert er erst, dass er frei ist – aber nur, *weil* er sein böses Handeln als Demonstration der Freiheit setzt. Und eine andere Demonstration der Freiheit ist, so die Annahme des Existentialisten, gar nicht möglich.

Um den vorliegenden Falltyp zu beurteilen, muss man immerhin die Frage stellen, ob der angestrebte Freiheitsbeweis vielleicht darin besteht, etwas gegen die Konvention zu tun, was zwar von der Umwelt als anstößig empfunden wird, aber seinem Wesen nach nicht *wirklich* böse ist. Nennen wir diese Art des Handelns „subversiv". Beispielsweise verhält sich ein Mensch subversiv, der die herrschende Sexualmoral herausfordert, indem er öffentlich etwas „Obszönes" tut. In diesem Fall kann kein Zweifel bestehen: Subversives Verhalten mag aus der Autonomie eines freien Denkens heraus geschehen, in Auflehnung gegen eine soziale Praxis, die als repressiv empfunden wird. Wer sich seine Freiheit *so* „beweist", beweist in Wirklichkeit Zivilcourage. Er ist mutig genug, gegen die herrschenden Konventionen das Richtige zu tun, legt man nur den Maßstab der Aufklärung an.

Aber was ist mit demjenigen, der, um sich seiner Freiheit zu vergewissern, absichtlich etwas tut, von dem er selbst überzeugt ist, dass es sich dabei um Böses handelt? Nehmen wir an, so jemand begeht einen Mord an einem Unschuldigen, der bloß das Pech hat, zufällig zu einer bestimmten Zeit an einem bestimmten Ort zu sein. Nun, auch wenn man das „existentialistische Motiv" des Mörders versteht, wird die Frage doch vor allem sein: Wie ist es möglich, dass jemand wegen eines derart lachhaften Motivs einen regelrechten Mord begeht? Mit anderen Worten: Gerade der Umstand, dass dieses Motiv ausschlaggebend sein soll, lässt uns nach den wahren Ursachen der Tat fragen. Volle Autonomie werden wir dem „existentialistischen Mörder" gerade deshalb keine einräumen, weil er sie dadurch unter Beweis zu stellen versucht, dass er etwas wirklich Böses tut. So etwas tut ein autonomer Mensch nicht! Am ehesten werden wir zu der Annahme neigen, es handle sich um einen Psychopathen, der seine banale Mordlust dadurch interessanter erscheinen lassen will, dass er sie existentialistisch verbrämt. Stellt sich indessen heraus, dass der Mörder das von ihm genannte Motiv tatsächlich ernst nimmt, dann werden wir ohne Zögern den Psychiater bemühen, damit er uns über die Eigenart der vorliegenden Geistesstörung Näheres mitteilt.

Alle drei besprochenen Falltypen des bösen Handelns lassen eines klar erkennen: Böses Handeln geht stets mit einer Beschädigung der Autonomie einher. Unter welcher Bedingung auch immer ich böse handle, sogar wenn mein böses Handeln zweckrational motiviert ist und meine Umgebung nicht bereit sein wird, mich im Geringsten zu entschuldigen, ist es wahr, dass sich in mein Handeln ein Zug des Heteronomen eingeschlichen hat. Heteronomie ist, im Gegensatz zur Autonomie, die Bedingtheit durch etwas, was nicht auf mich als Person, die aus sich selbst heraus handelt, zurückgeführt werden kann. Immer stellt sich die Frage: „Warum tat ich nicht das Richtige (obwohl ich wusste, was das Richtige war)?" Und als Antwort reicht niemals aus: „Weil ich das Falsche tun wollte." Denn wenn ich weiß, was das Falsche ist, dann kann ich es nicht *wirklich* wollen, obwohl ich es in einer bestimmten Art und Weise *wollen* kann, beispielsweise um meinen Triebstau zu reduzieren oder um mir meine Freiheit zu beweisen. Und wenn ich das Böse wirklich will – „um seiner selbst willen" –, dann bin ich seelisch schwer gestört, vergleichbar jenem Psychopathen, der auf die Frage, warum er sein Opfer folterte, bevor er es umbrachte, antwortet: „Just for fun!"

Kehren wir jetzt zu unserer religionsphilosophischen Frage zurück: *Könnte ein böser Gott ein „guter Anfang" für das sein, was nicht aus sich selbst heraus existieren kann?* Die religiöse Analogie zum menschlichen Bereich ist offenkundig. Nichts existiert aus sich selbst heraus außer Personen, insofern sie als personale Ursache (als *primum movens immotum*) in Erscheinung treten. Das ist ein Mysterium, aber keines der Philosophie, sondern eines, das wir im Alltag als eine Wahrheit *a priori* voraussetzen, indem wir uns wechselseitig als Wesen wahrnehmen, die zu moralischem Handeln fähig sind. Das metaphysische Problem des bösen Gottes besteht demnach darin, dass er, weil er böse ist, nicht *wirklich* autonom sein kann. Seine Autonomie ist beschädigt durch ein ihm äußerliches Sein, das ihn zum Bösen drängt, obwohl er – so müssen wir annehmen – weiß, worin das Gute und damit Richtige besteht.

Das metaphysische Problem des bösen Gottes gründet darin, dass er selbst von etwas abhängt, dass er nicht selbst hervorbringt. *Der böse Gott ist zugleich stets ein mehr oder weniger heteronomer Gott;* und das ist nur eine andere Art zu sagen, dass er in Kenntnis des Guten das Böse tut. Notwendig stellt sich also die Frage: Warum verhält er sich so? Aurelius Augustinus hat in seinem *Gottesstaat (De Civitate Dei,* entstanden 413–426) die Frage gestellt, woher der böse Wille der bösen Engel komme. Seine Antwort darauf ist natürlich zugleich der Versuch, Gott von jedweder Schuld freizusprechen. Also sagt Augustinus, dass der böse Wille vom bösen Wollen kommt, so wie Nestroy sagen wird, dass die Armut von der *pauvreté* kommt. Das ist natürlich eine reine Scheinerklärung und ein Witz dazu. Augustinus sagt außerdem, dass es keine bewirkende Ursache des bösen Wollens gibt, sondern nur ein Versagen – eine, paradox gesprochen, versagende Ursache. Diese ausfindig machen zu wollen, hieße, die Finsternis sehen und das Schweigen hören wollen. Unschwer erkennt der Leser in solchen Metaphern, dass das böse Wollen aus einer Art von Nichts kommt, und diese Art von Nichts interpretiert Augustinus so, als ob der, der in seinen Bann gerate, das, was er tue, nämlich das Böse, freiwillig tue. Etwas später wird dann immerhin eingeräumt, dass die guten Engel böse wurden, weil ihnen weniger göttliche Gnade zuteil geworden ist, „während die anderen reichlicher unterstützt wurden"[18].

Versuchen wir tatsächlich, den bösen Gott an die Stelle Gottes zu setzen – ihn also nicht in die Lage eines bösen Engels oder Demiurgen zu manövrieren, der gar kein Erstes verkörpern würde, sondern seinerseits eine Kreatur Gottes wäre –, dann sind die Erklärungsversuche des Augustinus von vornherein hinfällig. Der böse Gott könnte nicht durch und durch autonom sein, weshalb er auch nicht als die aus sich selbst heraus existierende Ursache von allem, was nicht aus sich selbst heraus existieren kann, verstehbar ist. Und das ist eine „Evidenz", die nicht vom Religionsphilosophen herbeigeschrieben wird, sondern der Logik – oder Metaphysik – unseres Basismodells der personalen Verursachung und, damit zusammenhängend, der beschädigten Autonomie des bösen Handelns folgt.

Wenn wir also nach einem Anfang von allem, was nicht aus sich selbst heraus existieren kann, fragen, also nach einem guten Anfang der Welt, dann müssen wir dem Pfad einer religiösen Analogie folgen, die uns zu einem Ersten Bewegenden führt, das „im Wissen um das Gute" das Gute tut. Das Mysterium des Anfangs ist auf eine unfassbare Weise, die aber durch eine begriffliche Spur aus der Metaphysik unseres Alltags markiert wird, initialereignishaft. Das ist zugleich ein Ergebnis, welches uns über das Wunder der Existenz staunen lässt, wie man nur über etwas staunen kann, das gut *ist*.

Und das bedeutet nicht – ich wiederhole mich –, die Existenz der Übel zu leugnen. Es bedeutet vielmehr, sich unausweichlich auf einen Standpunkt zu verpflichten, demzufolge das, was wir Menschen aus unserer Perspektive als Übel erkennen, aus der „Perspektive Gottes" nicht mehr als ein Übel *in dem Sinne* erscheint, dass durch seine Existenz die Vollkommenheit des Ganzen verdorben würde. Freilich müsste aus dieser „nicht-perspektivischen Perspektive" dann auch hervorgehen, warum wir Menschen aufgrund unserer Konstitution im Übel *nichts weiter* zu sehen vermögen als ein Übel, kurz: warum wir metaphysisch blockiert sind.

Auf die allerknappste (und dadurch allermissverständlichste) Formel gebracht, ließe sich also sagen: Entweder die Welt existiert nicht, oder sie existiert und existiert dann notwendigerweise so, dass, religiös gesprochen, der Satz gilt: „Es ist, wie es ist, und es ist gut." Das ist der metaphysische Kern des angesprochenen Welteinverständnisses, wie es in unserem ehrfurchtsvollen Staunen über das Wunder der Existenz immer schon mitschwingt – in unserer enthusiastischen, bedingungslosen Einwilligung ins Unfassbare.

---

18 Aurelius Augustinus: *Vom Gottesstaat,* Bücher 11–22, aus dem Lateinischen v. W. Thimme, 3. Aufl., München 1991, 73. Die geschilderte Argumentation findet sich im 12. Buch, Kap. 7–9.

4.4 Gott als Schöpfer und Gott als Welt

Verweilen wir noch eine Zeitlang im Raum der religiösen Metapher. Sie hilft uns, auf dem Wege des Nachdenkens darüber, was es heißt, aus sich selbst heraus zu handeln, eine Idee des guten Anfangs zu entwickeln. Diese Idee lässt sich religionsphilosophisch ummünzen, indem wir uns folgender Spekulation hingeben: „Wenn man Gott als eine Person denkt ...“ Dabei wissen wir, dass wir Gott nicht als Person *in dem uns einzig greifbaren Sinne* denken dürfen, nämlich demjenigen, in dem wir über Personen reden, wenn wir es mit Menschen (und menschenartigen Wesen, also eventuell intelligenten Tieren oder Außerirdischen) zu tun haben.

Und doch bleibt die religiöse Metapher nicht wirkungslos, sie ist nicht, um mit Wittgenstein zu sprechen, ein Rad, das nichts dreht. Denn sie lässt uns verstehen, warum wir nicht ernsthaft denken können, dass die Welt aus sich selbst heraus besteht oder die Hervorbringung einer bösen Macht ist. Wir können so etwas nicht ernsthaft denken, weil unser Denken, unser durch unser Gehirn begrenztes Denken, sich nur entlang einer bestimmten Art von Logik bewegen kann. Zu dieser Logik gehören unumstößlich zwei metaphysische Grundsätze. Erstens, nichts außer einer personalen Ursache existiert aus sich selbst heraus, und zweitens, personales Verursachen und das Tun des Richtigen – wozu die Realisierung des intrinsisch Wertvollen gehört – sind innerlich miteinander verbunden. Das bringt uns überhaupt erst auf den Gedanken, dass es eine „Betrachtungsweise“ geben muss, von der aus gesehen die Übel nichts daran ändern, dass die Welt vollkommen ist. Diese Betrachtungsweise, der „Standpunkt Gottes“, ist uns verschlossen, und deshalb sind alle Versuche der Theodizee, die Schöpfung zu rechtfertigen, nicht nur zum Scheitern verurteilt, sondern stärker noch: sie gehen von der falschen Annahme aus, dass es überhaupt etwas zu rechtfertigen gibt! Das ist natürlich die Folge des Theismus, der sich Gott als einen „persönlichen Gott“ denkt, also als eine Art übernatürliches Pendant zu dem, was wir als natürliche Person kennen.

Ich will hier nun noch zwei Fragen, die sich aus der religiösen Analogie ergeben, eingehender diskutieren.

Die erste Frage lautet, was von der Vorstellung zu halten sei, Gott habe die Welt aus dem Nichts geschaffen. Diese Frage ist natürlich eng verknüpft mit der Tabufrage schlechthin, wie man sich die Entstehung Gottes selbst vorzustellen habe. Beide Fragen sind nicht einfach vom Zaun gebrochen. Sie ergeben sich *mit innerer Konsequenz* daraus, dass Personen irgendwann zu existieren beginnen und dass sie, als personal Verursachende, zwar Letztbeweger sind, aber immerhin etwas brauchen, was sie bewegen können – ihren eigenen Arm zum Beispiel, um ihn zu heben. Nun scheint es sinnlos, anzunehmen, Gott als der gute Anfang von allem sei irgendwie entstanden oder hervorgebracht; und gleichermaßen scheint es sinnlos, zu unterstellen, Gott als der gute Anfang von allem müsse die Weltbaumaterialien – wie immer wüst durcheinandergewürfelt – schon vorgefunden haben, um aus ihnen die Welt aufzubauen. Daraus folgt, dass Gott existiert, ohne entstanden zu sein, und dass er zwar nicht mit der Welt identisch ist, aber die Welt zu Gott gehört, so wie der Körper des Menschen zur menschlichen Person.

Das sind selbstverständlich Folgerungen, die tatsächlich auf so etwas wie einem semantischen „Blindsehen" beruhen. Man kann nicht sagen, wir hätten kein Gefühl dafür, was sie bedeuten, doch was diesem Gefühl fehlt, das ist ein ihm zugeordnetes Verstehen dessen, wovon die Rede ist, *falls* Verstehen bedeutet, irgendein Modell im Bereich des Natürlichen aufzuweisen. Dazu sind wir nicht in der Lage.

Wie kann etwas existieren, ohne entstanden zu sein? Die Frage ist so alt wie das Heraufdämmern der Gewissheit, dass es einen Grund der Welt geben muss. Wir wissen keine Antwort. Wir wissen nur – und das nur auf der Basis dessen, was uns unser Gehirn zu wissen erlaubt –, dass gar nichts existieren würde, wenn nicht irgendetwas aus sich selbst heraus existieren könnte. Insofern wir personale Ursachen sind, existieren wir *in einem bestimmten Sinne* aus uns selbst heraus. Denn *wenn* wir personale Ursachen sind, dann sind wir selbst *durch gar nichts Natürliches mehr* verursacht. Aber daraus, aus dieser metaphysischen Situation unseres Ich, lässt sich kein Verständnis dafür gewinnen, dass Gott ungeschaffen existiert. Oder doch?

Die Verlockung ist groß, auf eine Art Ungeschaffenheit des menschlichen Ich zu setzen. Aber das Einzige, was sich sagen lässt, ist Folgendes: Wenn etwas an mir ist, was sich nicht auf den Raum der natürlichen Phänomene einschränken lässt – eben die Transzendenz meines Ego –, dann gibt es etwas an mir, was, empirisch gesehen, ungeschaffen ist; dieses Etwas, meine „Teilhabe am Göttlichen", ist durch keine natürliche Ursache hervorgebracht. Doch dieses Etwas ist etwas, was sich meinem Verstehen entzieht. Das, was ich mein „Ich" nenne, wird mir begreifbar erst dadurch, dass immer ich es bin, der seine Erlebnisse und Erlebnisinhalte *als seine* verbucht. In welcher Form sollte mein Ich also überdauern, solange ich noch nicht geboren und sobald ich tot bin?

Man wird vielleicht erwidern: Ja, aber etwas überdauert, nämlich das, was an dir transzendent ist. Darauf werde ich erwidern müssen: Das, was an mir transzendent ist, kenne ich nur durch meine ichhaften Aktivitäten hindurch. Es aber mit mir gleichsetzen zu wollen, dafür besteht schon deshalb kein Grund, weil ich, als die Person, die ich bin, mich nur auf dem Wege der Identifikation über körperliche und psychische Merkmale kenne, die vor meiner Geburt nicht existierten und mit meinem Tod (dem Funktionieren meines Gehirns) zu existieren aufhören. Die Anbindung meiner psychischen Erlebnisse an mein Gehirn ist ebenso unstrittig wie die Gezeugtheit und der Zerfall meines Körpers.

Ähnlich mysteriös verhält es sich mit der Annahme, dass Gott zwar nicht mit der Welt identisch ist, aber die Welt zu Gott gehört. Es ist vielleicht nicht überflüssig, darauf hinzuweisen, dass diese Position keinen Spinozismus, jedenfalls keinen in der üblichen Lesart, einschließt. Baruch de Spinoza (1632–1677) war von einer Gleichung ausgegangen, die unter der Formel *deus sive natura* bekannt ist. Da es, als aus sich selbst heraus existierende Ursache *(causa sui)*, laut Spinoza nur eine einzige Substanz geben könne, sind Gott und die Natur im Wesen identisch. Dadurch wird Gott, in klarer Abgrenzung zum Theismus, vollkommen entpersönlicht. Wie wir gesehen haben, ist das im Möglichkeitsraum der religiösen Analogie problematisch, weil für uns mit der Vorstellung einer aus sich selbst heraus wirkenden Ursache notwendig die Vorstellung einer Person, also eines ichhaft agierenden, autonomen Wesens, verbunden ist. Dennoch ist die Idee, die Welt gehöre zu Gott, spinozistischer, als es die Formulierung „die Welt gehört zu Gott, so wie der Körper des Menschen zur menschlichen Person gehört" vermuten lässt.

Denn in einer aufgeklärten Sichtweise ist die Vorstellung, Gott habe einen „Körper", in jedweder denkbaren Variante dieses Ausdrucks ein wüster Mystizismus. Gott ist keine empirische Hyperperson. Abgesehen davon ist der Vergleich der Welt, also des Universums, mit einem Körper ein abstruses Bild. Das Universum hat nichts „Körperhaftes", weder Organe noch Sinne; *es ist keine organische Einheit* – es wird, aber es lebt nicht. Dass die Welt „zu Gott gehört", bedeutet eher, dass wir uns, vom Standpunkt der Religionsphilosophie oder rationalen Theologie aus, nicht vorzustellen vermögen, *dass Gott etwas außer sich hat.* Gott ist alles, oder er ist nichts.

Es war diese Vorstellung, die Spinoza dazu führte, Gott und die Welt zu identifizieren, indem er alle Merkmale der Welt als Merkmale der einen aus sich selbst wirkenden Substanz, der berühmten *natura naturans,* definierte. Denn die einzig nicht mythologische Auffassung der Wirkungsweise Gottes besteht darin, ihn in seiner Schöpfung ebenso anwesend sein zu lassen wie mich in meinen Handlungen. Nur wenn ich mich als empirische Ursache denken wollte, könnte ich sagen, dass ich mich zum Heben meines Arms verhalte wie die eine Billardkugel (mein Ich als Billardkugel) zur anderen (mein Arm als die andere Billardkugel), wobei die eine Kugel die andere beim Aufprall durch die Wirkung einer Kraft in Bewegung setzt. Demgegenüber gilt von allen meinen Handlungen, die ich wirklich autonom (aus mir selbst heraus) setze, dass ich in ihnen enthalten bin: alle meine autonomen Handlungen sind ichhaft.

Es ist wahr, dass ich mit meinen Handlungen weitere Ereignisse auslösen kann, die dann insofern von mir abgespalten sind, als sie die natürliche Wirkung der psychischen Ereignisse darstellen, die das Heben meines Armes mit sich bringt. Doch alle diese Wirkungen sind nur möglich, weil es physische Dinge gibt, auf die ich einwirken kann. Gott hingegen, gedacht als das Urprinzip der Schöpfung, „findet" nichts „vor", auf das er einwirken könnte. Als der gute Anfang von allem, der er ist, ist er in dem Sinne alles, dass sich *alles* zu ihm so verhält wie meine autonomen Handlungen zu mir selbst. In diesem Sinne ist alles göttlich, und nichts befindet sich außerhalb des Radius der Göttlichkeit.

Es ist die strenge Unpersönlichkeit der *causa sui* und damit die Sorge um die Widerspruchsfreiheit des ganzen Systems, die Spinoza gegen das Prinzip des guten Anfangs verstoßen lässt. Für Spinoza spricht die Unpersönlichkeit des Weltlaufs und der ihm unterliegenden Gesetze. Aber wie wir gesehen haben, ist das unter den metaphysischen Aspekten, die in der schöpfungsorientierten Betrachtungsweise eine Rolle spielen, nur einer von mehreren. Die Existenz intrinsischer Werte im menschlichen Leben, die Schönheit der Naturphänomene sowie das eigentümliche Phänomen des Welteinverständnisses erfordern, dass wir *inner-*

halb der religiösen Analogie Gott nicht ins a-personal Göttliche absinken lassen. Denn dieses ist schließlich nichts weiter als „Welt" und damit naturwüchsig: ein Mechanismus.

Doch andererseits – darüber lässt sich kaum hinwegreden – sind hier zwei Modelle im Spiel, die wie Alternativen funktionieren: die Welt als Schöpfung durch Gott und die Welt als das Göttliche selbst. Da ist man geneigt zu sagen: entweder das Eine oder das Andere, aber nicht beides zugleich. Und doch erfordert die religiöse Analogie, das sich beides zueinander verhält *wie ein Komplement zum anderen*. Modelle, die einander auszuschließen scheinen, ergänzen sich, wenn es um die Darstellung des Absoluten mit unseren, also untauglichen Erkenntnismitteln geht.

Im Grunde sind wir an diesem Punkt bereits in ein rationales und begriffliches Desaster geraten. Die religiöse Metapher droht sich aus der Dynamik ihrer Eigenlogik heraus zu zerstören. So sei wenigstens darauf verwiesen, dass die Religionsphilosophie das Desaster seit langem kennt und sich bemühte, darauf eine Antwort zu geben.

(a) Kapitulation der Vernunft. Die Antwort, die intellektuell am wenigsten befriedigt, aber am häufigsten zu hören war, lautet: Über das Absolute lässt sich nur mit Begriffen reden, die einander widersprechen. Denn alle unsere Begriffe haben einen beschränkten Anwendungsbereich. In Gott hingegen gibt es keine Beschränkung. Sogar jene, die sagen, er ist Feuer und Wasser, Liebe und Hass, alles und nichts, haben mehr Recht als jene, die sagen, er ist, so wie wir sind: er liebt, so wie wir lieben, er ist der Geist, der über den Wassern oder dem Abgrund schwebt. Gott, so lautet die berühmte mystische Formel von Nikolaus von Kues (1401–1464) über Giordano Bruno bis zu dem Idealisten Friedrich Wilhelm Joseph Schelling (1775–1854), ist die *coincidentia oppositorum,* das heißt, die Einheit aller denkbaren Gegensätze. Diese Auffassung führt, in reiner Konsequenz, nicht bloß zu der *docta ignorantia* des Kusaners, zu der „gelehrten Unwissenheit", die das Begreifen des Nichtbegreifens, soweit es sich dabei um den Gegenstand „Gott" handelt, einsichtig macht. Sie führt nicht selten in den radikalen Irrationalismus als einer Haltung, die im Umgang mit dem Absoluten als die einzig adäquate angesehen wird.

Ein literarisch niveauvolles Zeugnis für diesen Verwilderungsprozess ist das Buch *Athen oder Jerusalem* des russischen Religionsphilosophen Leo Schestow (1866–1938). Stark beeinflusst von Dostojewskij und Sören Kierkegaard, stellte er der rationalen Welt Athens die Offenbarungshaltung Jerusalems, also des Alten Testaments und des Christentums, gegenüber. Der Glaube wird geradezu so definiert, dass er nur dann wahrhaft vorhanden ist, wenn er in der vollständigen Unterwerfung der menschlichen Vernunft unter Gottes Allmacht besteht. So wie Gott jederzeit jedes Naturgesetz durchbrechen kann und also die Lehre der Wunder nicht bloß irgendwie metaphorisch aufgefasst werden darf, so kann Gott sich auch jederzeit über die Logik hinwegsetzen. Für Gott hat der Satz vom Widerspruch, wonach nicht gleichzeitig A und nicht-A der Fall sein kann, keinerlei Bedeutung. Wenn Gott will, dann sind A und nicht-A gleichzeitig der Fall.

Das ist eine Auffassung der *coincidentia oppositorum,* die jeden kritischen Diskurs über Gott im Ansatz für sinnlos und sogar für sündig, weil überheblich erklärt. Auf diese Weise tritt an die Stelle der Vernunft die Offenbarung. Das Problem freilich, das sich dann stellt, besteht darin, wie man zwischen falschen und wahren Propheten, wahrhaft Berufenen und solchen, die bloß berufen zu sein glauben, unterscheiden kann. Und die Antwort lautet: Gar nicht, jedenfalls in keiner nachvollziehbaren Weise, da in solchen Fragen die Vernunft nichts mitzureden hat. Das hat theologische Folgen bis ins Herz des Glaubens. *Denn wenn vor dem Glauben die Vernunft vollständig zusammenbricht, dann ist es schließlich selbst dem Gläubigsten nicht mehr möglich, zwischen Gott und dem Teufel zu unterscheiden.*

Was das praktisch bedeuten kann, dafür gibt uns die biblische Abraham-Episode ein Beispiel, jedenfalls wenn man sie so erzählt, wie Sören Kierkegaard in *Furcht und Zittern* (1843). Denn Abraham, der bei Kierkegaard ein wahrhaftiger Glaubensritter ist, zeigt die Bereitschaft, gegen alles, was ihm als Mensch ethisch richtig erscheint, den Mord an seinem geliebten Sohn Isaak zu begehen, *weil* es sich dabei um einen Befehl Gottes handelt. Das mag man – wie auch die Erzählung vom gottgeplagten Hiob – als eine mythologische Geschichte gelten lassen. Es geht um die unverbrüchliche Treue zu Gott, egal, was Gottes Taten und Befehle inhaltlich bedeuten. Sie mögen, vom menschlichen Standpunkt aus, als sinnlos grausam erscheinen (so, wenn Hiob unverdientes Leiden zugefügt wird, bloß weil Jahwe dem Satan beweisen will, dass Hiob im Glauben standfest ist) und darüber hinaus als extrem unmoralisch (so, wenn Abraham für nichts und wieder nichts zum Mord befohlen wird). Doch dem Menschen steht eben kein Urteil über Gottes Ratschlüsse zu; dabei setzt der Mythos voraus, dass es unzweifelhaft Gott ist, um dessen Ratschlüsse es sich handelt.

Kierkegaard arbeitet zwar den Glaubensstandpunkt grell heraus: Zu glauben heißt, Gott *unbedingt* zu gehorchen, auch wenn man dadurch nach menschlichen Maßstäben zum Mörder wird und den Tod verdient. Aber eigenartiger Weise entgeht ihm das Glaubensproblem, wie es sich in einer postmythologischen Kultur stellt. Unbedingter Gehorsam im Glauben schließt ein, dass man aus seinen Glaubenshandlungen die Vernunft ausschließt, auch dann, wenn es sich um Angelegenheiten der Vernunft, sei es der theoretischen oder der praktischen, handelt. Doch wer das tut, der hat kein Kriterium mehr, außer den *blinden Glauben* an eine innere Stimme oder eine äußere Autorität, um zu entscheiden, ob er die Stimme Gottes oder des Teufels hört, ob die Autorität von Gott inspiriert oder vom Teufel besessen ist. Das führt in den Wahnsinn, der sich individuell oder kollektiv äußern mag, wobei die kollektive Form des Wahns – Sektenbildung, militanter Fundamentalismus – gewiss die gefährlichere Art ist, vernunftlos zu leben.

(b) Der reflexionsphilosophische Rettungsversuch. Angesichts der komplementären religiösen Analogien: „Gott ist der *Schöpfer* von allem" und „Gott *ist* alles", haben die Idealisten versucht, namentlich Fichte, Hegel, Schelling, aus der Struktur des Selbstbewusstsein eine Lösung für das Problem eines widerspruchsfreien Gottesbegriffs zu entwickeln. Worin besteht diese Struktur? Nun, in der eigen-

tümlichen inneren Verknüpfung von Subjekt und Objekt. Indem das Subjekt
über sich selbst nachdenkt, macht es sich zu seinem eigenen Objekt, bleibt also,
so die reflexionsphilosophische Redeweise, in der Differenz mit sich selbst identisch. Zugleich führt das Nachdenken über sich selbst, allgemein: das auf sich
selbst Bezogensein des Subjekts, dazu, dass sich dieses innerlich fortentwickelt.
In und durch die Selbstbetrachtung wird es immer reicher, immer mehr Diffe-
renzierungen entstehen im Subjekt-Objekt.

Entscheidend für die Selbstentfaltung kraft Reflexion ist, dass es ein Subjekt
der Objektivierung gibt, das durchgehend *Subjekt* und dabei aber *identisch bleibt*
mit dem, was es zum Gegenstand seiner Objektivierung macht: In der Selbstreflexion ist das Subjekt notwendig sein eigenes Objekt. Von da aus liegt es nahe,
sich Gott als ein Subjekt-Objekt vorzustellen, wobei die Schöpfung dann nichts
anderes wäre als das, was wir mithilfe des Modells der Selbstreflexion darzustellen
versuchen. Indem Gott sich selbst denkt, entsteht als das Objekt, auf das er sich
bezieht und mit dem er nichtsdestotrotz identisch bleibt, die Welt, ohne dabei
als das Sich-selbst-Denkende in seinem Objekt (der Welt) aufzugehen. Doch
so verlockend dieses Modell auch sein mag – und in der Tat, wenn ich mich als
Religionsphilosoph für eines entscheiden müsste, dann am ehesten für dieses –,
es leidet an einem grundlegenden Mangel: Den empirischen Daten, die uns erst
Auskunft darüber geben, was wir meinen, wenn wir von „der Welt" reden, steht
das reflexionsphilosophische Modell teils beziehungslos gegenüber, teils scheint
es ihnen zu widersprechen.

Es scheint ihnen zu widersprechen, insofern die wissenschaftliche Sichtweise
im Universum nirgendwo Geist oder Bewusstsein entdecken kann, außer in jenen
fragilen, hochentwickelten Organismen, die über ein Nervensystem verfügen.
Soweit wir heute wissen, gibt es solche Organismen auf der Erde, während die
Wahrscheinlichkeit, dass es sonst wo welche gibt, verschwindend gering ist. Um
diesen Widerspruch aufzulösen, muss der Idealist auf jene Schleife zurückgreifen,
über die wir bereits anlässlich der Frage, ob es intrinsische Werte gibt, gesprochen
haben: Die Entdeckung der Welt jenseits des Bewusstseins basiert auf Daten, die
sich ausschließlich unserem Bewusstsein verdanken. Dabei ist es nicht bloß so,
dass das Bewusstsein Daten registriert, sondern die *Daten* selbst sind Daten des
Bewusstseins – bewusstseinsartige Daten.

Mag es daher auch spekulativ sein, so ließe sich immerhin argumentieren, dass
es in der Welt kein Bewusstsein geben könnte, wäre die Welt nicht im Innersten
schon bewusstseinsartig; und nur weil sie es ist, gibt es sie überhaupt. Dass wir das
Bewusstseinsartige der Welt nur postulieren, aber nicht wissenschaftlich erkennen
können, würde demnach an der Struktur unseres menschlichen Bewusstseins selbst
liegen. Diese Struktur, determiniert durch unser Gehirn, würde es demnach verhindern, dass wir beispielsweise einem Photon oder einem Schwarzen Loch oder
einer Galaxie – oder einem Stein oder einer Pflanze – Eigenschaften zuzuordnen
vermöchten, von denen sich sinnvoll sagen ließe, sie seien bewusstseinsartig.

Gewiss, wir sind nicht Gott. Doch dieses an sich schon wenig informative
Zugeständnis ist außerdem rein negativ. Es trägt nichts dazu bei, folgende Fest-

stellung abzuschwächen: Wenn wir außerstande sind, einen sinnvollen Begriff des Bewusstseinsartigen auf die Welt und ihre Elemente anzuwenden, dann sind wir erst recht außerstande, der Rede davon, dass die Welt die selbstreflexive Entfaltung Gottes darstellt, einen metaphorischen Sinn zu geben, der sich mit den empirischen Fakten an irgendeinem Punkt verknüpfen ließe.

4.5 Die Bedeutung der Komplementaritätsthese

Gott als Schöpfer und Gott als Welt: das sind komplementäre Analogien, die sich uns in der rationalen Theologie nahe legen, obwohl wir gleichzeitig wissen, dass sie sich nicht zu *einem* Gottesbild vereinigen lassen. Der Skeptiker wird darauf pochen, dass wir ohnedies schon längst die Grenze des sinnvollen Redens überschritten haben. Ihm zufolge treiben wir gedanklich zwischen den zueinander querstehenden Trümmern von Modellen hin und her, die solange einen guten Sinn hatten, als ihr Anwendungsbereich auf unsere Welt, die Welt des Menschen, beschränkt blieb.

Ich denke, man kann dem Skeptiker nicht einfach widersprechen. Widersprechen kann man ihm nur, indem man seine Theorie der sinnvollen Verwendung von Begriffen und Modellen kritisiert. Sie ist zu simpel. Denn wie wir gesehen haben, ist die Idee des guten Anfangs eine, die an die Entstehung der Welt nicht gedankenlos herangetragen wird. Sie ist Teil unserer Bemühung, die Welt zu verstehen. Ihre Folgerungen für jedes mögliche Gottesbild sind weder willkürlich noch unverständlich – das zeigt sich unter anderem in den Überlegungen zur beschädigten Autonomie des bösen Gottes.

Doch im Nichtwillkürlichen und Immer-noch-Verständlichen der religiösen Analogie bewegen wir uns stets in einem Grenzgebiet, in dem, je weiter wir eindringen, an irgendeinem Punkt alle unsere Verstehensbemühungen scheitern. Wir merken dieses Scheitern an unserem unausweichlichen Abgleiten in komplementäre „Evidenzen" und Argumente. Was wir indessen nicht wissen, ist, wo dieser Punkt liegt – wo also das Sehen aufhört und das Blindsehen beginnt, um schließlich in jene „Blindheit der Begriffe" einzumünden, auf die der Skeptiker mit Recht deutet.

Das religionsphilosophische Reden ist ein um diesen Punkt Herumreden und sich an ihn Herantasten. Die Schwierigkeit besteht darin, dass es hier weder um einen empirischen noch einen formalwissenschaftlichen Punkt geht. Ob sich daher das Reden noch im Raum der gemeinsam verständlichen Sprache bewegt, ist von keinem anderen Kriterium abhängig als vom Konsens aller prinzipiell Verständigen, die zugleich tatsächlich verständnisbereit sind – vom Konsens darüber nämlich, dass sie einander beim Reden noch verstehen können.

Vielleicht beargwöhnt der Skeptiker in diesem Zusammenhang das Wörtchen „verständnisbereit". Soll es womöglich dazu dienen, alle, die sich aus wohlerwogenen Gründen weigern, die Bedeutung mysteriöser religiöser Analogien zu verstehen, aus dem Gespräche als inkompetent, weil voreingenommen, auszuschließen? Nein, natürlich nicht. Aber es gibt auch das, was Jürgen Habermas im so genannten Positivismusstreit seinen Gegnern (Antihegelianern, Popperianern) vorgeworfen hat: ein „methodisch geübtes Kannitverstan".

Angenommen, ein platonischer Mathematiker trifft auf einen Radikalempiristen. Dieser behauptet, das Zeichen „2" erhalte seine Bedeutung dadurch, dass die Menschen sich auf zwei konkrete Erfahrungsgegenstände im Gegensatz zu einem oder drei Gegenständen (und so weiter) beziehen. Nennen wir zwei konkrete Erfahrungsgegenstände ein „empirisches Paar". Dann bedeutet „2" die Menge aller empirischen Paare. Der platonische Mathematiker wird dem widersprechen. Für ihn sind Zahlen abstrakte Wesenheiten, deren Eigenschaften unabhängig davon existieren, welche Eigenschaften irgendwelche empirischen Gegenstände haben oder nicht, und natürlich auch unabhängig davon, ob solche Gegenstände überhaupt existieren. Eins plus eins ist zwei, und zwei mal zwei ist vier. Das gilt in allen möglichen Erfahrungswelten, wie immer die Welten beschaffen sein mögen.

Der Radikalempirist schüttelt dazu bloß den Kopf und behauptet, er wisse nicht, wovon der platonische Mathematiker rede, wenn er sage, Zahlen seien Wesenheiten, deren Bedeutung unabhängig von allen Erfahrungssituationen sei. Er bestreitet nicht, dass man ein Regelsystem mit Zeichen wie „1", „2", „plus" und „=" konstruieren kann, so dass innerhalb des Systems gemäß der Regel der Addition notwendig wahr ist: „1 + 1 = 2". Doch was *bedeuten* die Zeichen und was *bedeutet* die Regel der Addition? Das, so argumentiert der Radikalempirist, könne man unmöglich wissen, wenn man kein Wissen darüber habe, was es heißt, zu einem Erfahrungsgegenstand einen zweiten hinzuzufügen, also ein empirisches Paar zu bilden.

Auf die Frage, wer von den Kontrahenten Recht hat, scheint mir die akzeptabelste Antwort zu sein: Keiner von beiden, aber am wenigsten der radikale Empirist. Der platonische Mathematiker hat darin Recht, dass die Mathematik alle Empirie *transzendiert*. Und das gilt bereits für die einzelne Zahl, deren Bedeutung sich über ihre mathematischen Eigenschaften definiert, die ihrerseits durch den gesamten Möglichkeitsraum der Mathematik festgelegt werden. Zu diesem Möglichkeitsraum gehören eine Fülle von Operationen, *die empirisch nicht darstellbar sind*. Dazu zählen schon ganz einfache, beispielsweise solche, die, statt positiver, negative Größen ausdrücken: „2 − 2 − 2 = − 2". Aber auch viele Zahlen selbst, wie 0 oder *Pi* oder *i* entziehen sich der Darstellbarkeit, die der Empiriker fordert. Die Zahl *Pi* hat die Eigenschaft, hinterm Komma anscheinend niemals fertig zu werden. Das ist, als Merkmal einer Zahl betrachtet, im Grunde nur dann kein hässlicher Unsinn, wenn man davon ausgeht, dass Zahlen eigene Wesenheiten bilden, unter denen es welche gibt, die durch eine endliche Menge von Ziffern – wohl ein empiristisches Minimalkriterium – gar nicht adäquat darstellbar sind.

Dennoch wäre es nicht richtig, die Intuition des Empirikers einfach für falsch zu erklären. Denn in welche abstrakten Höhen sich die Mathematik auch aufschwingen mag, wahr bleibt, dass das, was dort passiert, uns nur deshalb einen Sinn zu haben scheint, weil es – um ganz plakativ zu formulieren – ursprünglich daher kommt, dass 1 Apfel und 1 Apfel gleich 2 Äpfel sind, das heißt, vor unseren

Augen eine Erfahrungssituation ergeben, die wir „2 Äpfel" nennen. Ohne das Fundament solcher Erfahrungssituationen mathematisch bedeutsamer Art wäre das Hantieren mit mathematischen Zeichen in den höheren Abstraktionslagen ein Spiel mit geregelten Abläufen, aber ohne jede Bedeutung, weil ohne Verknüpfung mit der Welt des empirisch Demonstrierbaren.

Das Beispiel der Mathematik lässt sich natürlich nicht ohne weiteres auf die Situation des religionsphilosophischen Redens, das sich dem Absoluten zuwendet, übertragen. Die Mathematik ist eine formale und exakte Wissenschaft. Ich benütze dieses Beispiel nur, um folgende Punkte hervorzuheben: Es gibt im menschlichen Nachdenken viele Bereiche, in denen die Erfahrung Ausgangsmodelle liefert, ohne doch im Mindesten geeignet zu sein, die Struktur der fraglichen Bereiche selbst angemessen wiederzugeben. Daher lösen sich die Begriffe von der Erfahrung ab. Das kann in der Art und Weise geschehen, wie es uns die Mathematik zeigt. Es kann auch so geschehen wie in der theoretischen Physik, deren Grundbegriffe nur sehr indirekt und punktuell mit der Erfahrung zusammenhängen. Außerdem mag es der Fall sein, dass über die empirische Sinnhaftigkeit von Begriffen Zweifel bestehen. Man denke an den „absoluten Raum" Newtons seinerzeit oder an die „Strings" heute.

Und schließlich kann es geschehen, wie in allen Kontexten, die vom Übernatürlichen und Transzendenten handeln, dass wir versuchen, metaphysische Probleme durch die analoge Verwendung alltäglich eingewurzelter Anschauungsmodelle zumindest in ihrer Problemstruktur klarer werden zu lassen. Ich wüsste nicht, welcher Einwand sich dagegen prinzipiell vorbringen ließe, immer vorausgesetzt, die Diskutierenden haben *kraft des Diskurses* den Eindruck, sie würden sich auf sinnvolle Weise über ein inhaltlich bestimmbares Problem verständigen.

Das ist das einzige Kriterium, und nur mit seiner Hilfe mag den Diskutierenden in manchen Belangen schließlich klar werden, dass sie gewissen ihrer Begriffe keine Bedeutung mehr zubilligen. Dagegen sind, wie ich zu zeigen versucht habe, prinzipielle skeptische Einwände, die sich auf die fehlende Empirie des Transzendenten stützen, nicht durchschlagend. In gewissem Sinne nämlich sind Zahlen und Strings auch „transzendent". Sie haben einen massiven, empirisch uneinlösbaren Bedeutungsüberschuss, verglichen mit dem, was uns die Erfahrung an Gegenständlichkeiten und Situationen liefert.

Ich will damit nicht über die einzigartige Grenzlage hinwegtäuschen, in der sich das religionsphilosophische Denken befindet. Denn während alle empirische Wissenschaft als selbstverständlich voraussetzt, dass das, worüber sie redet, mit den Begriffen unserer Sprache adäquat ausdrückbar ist, handelt es sich bei den „Gegenständen" der Religionsphilosophie darum, dass angenommen wird, sie seien mit den Begriffen unserer Sprache gerade *nicht* adäquat auszudrücken. Dieses Unterschieds gewärtig möchte ich dennoch zu bedenken geben, dass die adäquate Ausdrückbarkeit von Gegenständen und Zuständen allem Anschein nach ein *abstufbares Phänomen* meint.

Wenn die Physik von der „Doppelnatur" quantenphysikalischer Objekte redet, die als Teilchen und Wellen beschrieben werden, dann handelt es sich um eine mathematisch präzise definierte Situation. Die Frage ihrer adäquaten Beschreibung ist freilich damit noch nicht beantwortet. Als Teilchen *und* Welle: so und nicht anders können wir, die Möglichkeiten unserer Erfahrung und unseres Denkens vorausgesetzt, theoretische Objekte wie Elektronen oder Photonen einzig charakterisieren. Doch – und das ist keine Nebensächlichkeit des Erkenntnisgewinns – wir sind außerstande, von jenen Objekten ein Bild zu geben, das nicht aus zwei Bildern bestünde (Teilchen, Welle), die zueinander komplementär sind und in der Überlagerung einander ausschließen. Was heißt also „adäquate Beschreibung"?

In einer diesen Vorbehalten nicht unähnlichen Weise sind wir ebenfalls außerstande, uns von Gott ein Bild zu machen. Es gibt gute Gründe zu sagen, dass Gott zugleich der Schöpfer der Welt und die Welt selbst ist. Wenn wir diese Redeweise auch als religiöse Analogie auffassen, so bleibt eben doch, dass sie sich aus zwei Begriffsschichten zusammensetzt, die zueinander querstehen: sie sind komplementär. Dennoch wäre es in einer unauflösbaren Weise unbefriedigend, wollte man darauf beharren, dass Gott als „Objekt" unserer Erkenntnissehnsucht entweder nur als das Eine oder das Andere gedacht werden dürfe. Er muss, falls er überhaupt gedacht wird, vielmehr als beides zugleich gedacht werden – so wie das eigentümliche „Objekt", das als Teilchen und Welle gedacht werden *muss*, um es als *real* denken zu können. Und daraus folgt, dass wir uns von Gott kein Bild machen *können*, falls wir ihn als real denken *wollen*.

5. Kapitel
Der Gott aller Menschen

Der Skeptiker will uns nicht zuletzt auf die Absurdität von Behauptungen wie „Gott ist eine Person", „Gott ist die Welt", „Gott ist das Gute" oder „Gott ist die Liebe" aufmerksam machen. Denn in allen uns bekannten Verwendungsweisen der Begriffe „Person", „Welt", „das Gute" und „die Liebe" ergibt sich nichts, was vereinbar sein könnte mit dem, was Gott sonst jeweils auch noch sein muss. Die Welt ist *keine* Person. *Als* Welt ist Gott auch das Übel, einschließlich des Bösen, wie könnte er dann die Liebe sein, oder zumindest das Gute? Darauf lässt sich nur antworten, dass die genannten Begriffe auf Wirkaspekte eines Seinsgrundes deuten, dessen Wesen alle diese Aspekte in einer uns unfassbaren Weise übersteigt, „transzendiert".

Gott ist nicht eine Person, so wie wir uns selbst und andere als Personen kennen; und er ist nicht die Welt, so wie wir die Welt kennen. Aber da es einen guten Anfang der Welt geben muss, ist er etwas, das, wäre er wie wir, als Person in Erscheinung träte; und da die Welt nichts außerhalb von Gott sein kann, ist er etwas, was die Welt, wie sie uns erkennbar ist, wäre, vorausgesetzt, er wäre die Welt, wie sie uns erkennbar ist. Dasselbe gilt für Gott als das Gute und Gott als die Liebe: Wäre Gott wie wir, er wäre ganz und gar gut in dem Sinne, wie wir das Gute einzig verstehen können und müssen; und wäre er wie wir, er wäre ganz und gar die Liebe so, wie wir die Liebe als ein Ideal der Vervollkommnung alles menschlichen Seins, Daseins und Mitseins zu erfassen suchen. Gott ist aber nicht wie wir; er ist, als das Absolute, radikal anders.

5.1 Humaner und inhumaner Gott

Es ist das radikale Anderssein Gottes, das angesichts des Bösen in der Welt zu einer Reihe von Reaktionen führt, die bei näherer Betrachtung defekt sind. Eine dieser Reaktionen, die in vielfältiger Abwandlung immer wieder zu hören ist, lautet: Entweder das Böse oder Gott. Entweder Auschwitz oder Gott, entweder Nordkoreas Folterlager oder Gott … Das lässt sich beliebig oft wiederholen, und um es zu wiederholen, bedarf es keiner Massenmorde. Dostojewskij hat in den *Brüdern Karamasow* den Iwan zur Verteidigung seine Atheismus sagen lassen, dass die Harmonie der ganzen Welt (sofern es denn eine Harmonie gibt, mit dem Himmel für die Guten und die Hölle für die Schlechten) die Tränen eines einzigen gequälten Kindes nicht wert sei:

„Solange noch Zeit ist, beeile ich mich, mich mit einer Mauer zu umgeben, denn von der höheren Harmonie will ich nichts wissen. Sie ist nicht wert der Tränen auch nur eines gemarterten Kindes, das mit seinen Fäustchen auf die Brust geschlagen hat und in jenem stinkenden Loch mit seinen ungetrockneten Tränlein zum ‚lieben Gott' gebetet hat. Sie ist es nicht wert; denn die Tränen wurden nicht gesühnt. Sie müssen gesühnt werden, sonst kann es keine Harmonie geben! Doch womit, womit willst du sie sühnen? Ist es überhaupt möglich? Doch nicht dadurch, dass sie gerächt werden? Was nützt mir die Rache, was die Hölle für die Peiniger? Was kann hier die Hölle gutmachen, wenn die Kinder schon zu Tode gemartert sind?"[19]

Das ist eine typisch religiöse Reaktion. Sie ist das Ergebnis einer profunden Enttäuschung unter der Voraussetzung, dass Gott es niemals zulassen dürfte, dass einem unschuldigen Wesen auf Erden Leid zugefügt wird. Wenn wir Gott als liebenden Vater denken – wozu die gesamte christliche Tradition neigt –, noch dazu als einen liebenden Vater, der mächtig genug ist, um von den Unschuldigen Leid abzuhalten, dann sind die Tränen eines einzigen Kindes Beweis genug dafür, dass es Gott nicht gibt. Das ist ein so einfacher und zwingender Zusammenhang, dass es keiner vielen Worte bedarf. Dennoch scheint die Konsequenz allzu niederschmetternd, um einfach hingenommen zu werden; sie lautet: Insoweit der religiöse Mensch moralisch denkt und fühlt, muss er Atheist werden mit Bezug auf die Behauptung, Gott sei ein liebender Vater.

Für Iwan bedeutet dies, dass er sich mit einer Mauer umgeben muss. Der Leser mag das so verstehen, dass sein ganzes Wesen zum Glauben an Gott drängt, weil es ihn drängt, die Harmonie des Ganzen als Schöpfung zu rühmen; aber er will dem Drängen seines Wesens nicht nachgeben, weil damit der Glaube an einen Gott verbunden wäre, den es angesichts der Leiden der Unschuldigen nicht geben kann. Ungeachtet der fragwürdigen Motivation des Atheisten bei Dostojewskij, der verdächtig ins Vernünfteln gerät, um dahinter etwas in seinem Charakter Lauerndes zu verbergen, bleibt doch das religiöse Drama des Menschen festzuhalten, der entdecken muss, dass Gott kein liebender Vater ist.

Dieses Drama – auch das lässt den Atheisten aus Enttäuschung ein wenig verdächtig erscheinen – ist freilich in der Reinheit, wie es Iwan rhetorisch inszeniert, kaum jemals anzutreffen. Die Menschen glauben an Gott schon immer unter der Bedingung, dass ihnen die Welt als ein Ort vielfältiger Übel gegenübertritt. Das Auftreten des Übels selbst war historisch noch nie ein guter Grund dafür, dass eine Kultur atheistisch geworden wäre – obwohl es immer einzelne Menschen gegeben hat, die aus hochmoralischen und weniger edlen Motiven das Übel zum Anlass nahmen, um die Existenz Gottes zu bestreiten.

Aber natürlich hatte die Existenz des Übels Auswirkungen auf das Bild, das sich die Menschen von Gott machten, oder von den Göttern. Die Gottfigur des gütigen Vaters taucht erst spät in der Geschichte der Religionen auf, und sie ist von Anfang an eine Projektion der Sehnsucht. Vom gütigen Vater träumt man mehr, als dass man, wandernd durch das irdische Jammertal, die Zeichen seines Wirkens erkennen könnte. Und am Anfang des religiösen Bilderkranzes steht ohnedies nicht der eine Gott, sondern die vielen Götter und Göttinnen, die ihrerseits keinesfalls durchwegs ethisch sind.

---

19 F. M. Dostojewskij: *Die Brüder Karamasow*, aus dem Russischen v. Reinhold von Walter, 3. Aufl., Zürich 1994, 379.

Was sich im griechischen Olymp sozusagen Tag für Tag abspielt, das ist nichts für Kinderohren und schwache Nerven. Und was uns Hesiod in seiner griechischen Welt- und Götter-Entstehungslehre, der *Theogonie,* berichtet, das ist erst recht ein wüster Alptraum, zusammengebraut aus allen nur denkbaren Bluttaten, Schandtaten und Gräueln. Und so beginnt es: Das Chaos gebiert Gaia, die Erde, die ihrerseits Uranos, den Himmel, gebiert, um sich mit ihm zu vereinigen. Aus der Kette dieser elementaren Vereinigungen entspringen die Titanen, darunter Okeanos, der alsbald zusammen mit seinen Brüdern von Uranos, dem eifersüchtigen Vater, im Schoß der Erde lichtlos verschlossen wird. Der ob solchen Frevels erzürnten Gaia gelingt es, den Okeanos aufzuwiegeln. Sie befreit ihn, und er, mit einer Sichel bewehrt, entmannt den Vater. Während Gaia die Blutstropfen der väterlichen Wunde aufnimmt, um mit ihnen im Laufe der Jahre das Geschlecht der Erinnyen und die Giganten zu gebären, fallen die Genitalien des Uranos in die Meerflut. Aus ihnen geht, nachdem sich weißer Schaum um sie gebildet hat, Aphrodite hervor, die Schaumgeborene.[20] Das nachfolgende Geschehen, in dem Zeus durch schreckliches Wüten beim Sturz seines Vaters Kronos und der Titanen zum Herrn der Olympier aufsteigt, ist ein Machteroberungsspiel, das mit Brutalität und Verschlagenheit gespielt wird.

Die antiken Menschen, die an die vielen Götter glauben, scheint es nicht zu stören, dass diese sich menschlich, allzu menschlich gebärden. Im Gegenteil. Es ist ein Privileg der Götter, auch hemmungslos unmoralisch sein zu dürfen. Und wenn sie den Menschen Schaden zufügen, so ist das eine Seite in ihrem Wesen, die man zu respektieren hat. Man darf sich von ihnen ja Hilfe erwarten, sowohl in den Belangen des Friedens als auch des Kriegs, falls man die von den Priestern für notwendig erachteten Rituale vollzieht. Wie immer die Beziehungen zwischen Menschen und Göttern im Einzelnen strukturiert sind, sie sind keinesfalls dadurch gekennzeichnet, dass in ihnen die Frage der Moral an erster Stelle stünde.

Das hat nicht nur mit einem hierarchischen Denken zu tun, für welches der Satz „quod licet Jovi non licet bovi" typisch ist. Dem Ochsen, der hier als Bild für den einfachen Menschen steht, ist nicht erlaubt, was dem Gott Zeus oder Jupiter erlaubt ist. Es hat auch damit zu tun, dass in der antiken Welt ein ethischer Rationalismus, der sich entlang streng allgemeiner moralischer Regeln bewegt, durch eine Reihe anderer, viel stärker situationsbezogener Verhaltensmodelle durchbrochen wurde. In vielen Fällen stand, was die Masse des Volkes betraf, die Frage des schlichten Überlebens unter schwierigen Natur- und unsicheren Gesellschaftsverhältnissen im Vordergrund. Und wie uns die Dichtungen Homers erkennen lassen, schließen Verschlagenheit und Grausamkeit im Kampf nicht aus, dass man ein strahlender, geradezu gottgleicher Held sein und dabei von einem Gott oder einer Göttin protegiert werden mag, so wie Achill von Pallas Athene und Hera. Um es brutal zu sagen: Die Tränen eines unschuldigen Kindes hätten niemanden aufgeregt, man wusste sich ja auch unerwünschter Neugeborener kurzerhand zu entledigen.

---

20 Hesiod: *Theogonie. Werke und Tage,* griechisch—deutsch, hg. u. übersetzt v. Albert von Schirnding, 2. Aufl., Düsseldorf/Zürich 1997, 15 ff.

Darüber hinaus gibt es bei den Griechen und Römern ebenso wie in anderen antiken Kulturen das Motiv des Schicksals, dem beide Reiche unterliegen, das Reich der Menschen und das der Götter. Dieses Motiv mag sich unterschiedlich gestalten, aber selbst dort, wo es personifiziert wird, hat es eine deutlich unpersönliche Seite. Es ist eine Macht, der alle unterliegen, wenn auch nicht in derselben Weise. Damit wird einer Ahnung Raum gegeben, die geeignet ist, dunkelste Ängste zu wecken, welche durch Ritualisierung entsprechend bekämpft werden müssen: Hinter allem gibt es etwas Unbegreifliches, Gesichtsloses, dem sich nichts und niemand entwinden kann. Das betrifft das Lebensschicksal, die Geburt und den Tod des Einzelnen; es betrifft aber auch das Funktionieren der Welt insgesamt, mit all den Kreisläufen der Natur, die ein Leben erst möglich machen. Je stärker die Götter selbst Unterworfene und Betreiber unpersönlicher Kreisläufe, Mächte, Gesetze sind, um so zerbrechlicher wird der Schutz, den sie dem hilfebedürftigen Menschen gewähren können.

Jacques Soustelle schildert die Düsternis der aztekischen Kultur am Vorabend der spanischen Invasion (1519). Wodurch immer diese Düsternis ursprünglich bedingt war, eine wesentliche Rolle spielte in ihr der Glaube, dass den Göttern durch Blutopfer geholfen werden musste, den Lauf der Welt sicherzustellen. Die Welt schien eine riesige Maschine zu sein, die jeden Augenblick zum Stillstand kommen oder im Chaos versinken konnte, es sei denn, man verschaffte den Göttern genügend Nahrung, um ihre Kraft zu erhalten. Schon der aztekische Mythos vom Ursprung der Welt lässt nichts Gutes erahnen. So wurde die Sonne aus den Göttern des Anfangs geboren, indem diese in die Urglut hineinsprangen, zunächst um das Gestirn zu gebären, dann, um es in Bewegung zu setzen. Damit die Sonne ihren Lauf fortsetzen kann und nicht erlischt, muss ihr täglich Menschenblut geopfert werden. Auch andere blutige Unterstützungsmaßnahmen waren notwendig. Zu Ehren der blutdurstigen Erdgöttinnen enthauptete man Frauen. Um den Regengott Tlaloc zu befriedigen, brachte man Kinder zum Weinen und ertränkte sie. Man betäubte Opfer mit Haschisch, um sie für den Feuergott auf den Scheiterhaufen zu werfen. Man band Opfer, die den Gott Xipe Totec darstellen sollten, auf eine Bank und durchbohrte sie mit Pfeilen; danach zog man ihnen die Haut ab, die sich die Priester zeremoniell umlegten. „Jedes Mal", schreibt Soustelle, „wenn auf der höchsten Plattform einer Pyramide der Priester das blutende Herz eines Opfers in seinen Händen hochhebt [...], ist der Zusammenbruch, der Welt und Menschheit in jedem Augenblick bedroht, noch einmal verhütet."[21]

Es sei dahingestellt, ob alle historischen Details stimmen. Wesentlich scheint im Augenblick die Feststellung, dass die religiöse Kultur der antiken Welt besonders dort, wo sie ausdrücklich polytheistische Züge aufweist, in der Existenz der Übel kein Argument gegen die Existenz der Götter erblickt. Erstens nämlich sind die Götter selbst keine in unserem Verständnis ethischen Gestalten. Zweitens agie-

---

21 Jacques Soustelle: *Das Leben der Azteken. Mexiko am Vorabend der spanischen Eroberung*, aus dem Französischen v. Curt Meyer-Clason, 2. Aufl., Zürich 1987, 186.

ren die Götter ihrerseits vor einem Hintergrund, der sie ausschauen lässt, als ob sie auf das Rad des Schicksals geflochten wären. Sie sind keineswegs immer und überall autonom. Drittens schließlich ist die Beziehung zwischen den Menschen und den Göttern keine exklusiv ethische. Man kann sich nie sicher sein, ob die Opfer angenommen, die Gebete erhört, die guten Taten belohnt, die geschlossenen Verträge eingehalten werden. Oft hadern die Menschen mit den Göttern, weil sie sich durch sie ungerecht behandelt fühlen; aber sie kämen *deswegen* niemals auf die Idee, an ihrer Existenz zu zweifeln.

Mit der Herausbildung eines Ein-Gott-Glaubens ändert sich das Klima. Das hat im Ursprung vielleicht damit zu tun, dass ein Volk, das sein Schicksal in die Hände eines Gottes legt, diesen vor dem Hintergrund einer vielfältigen polytheistischen Szenerie wahrnimmt. Die Szenerie wird durch die eigenen Götter und Göttinnen gebildet, von denen man sich selbst in langen Prozessen des Distanznehmens lossagte, sowie von den tierischen und menschlichen Göttergestalten, die in der Umgebung von anderen Völkern verehrt werden. Auch Jahwe, der Gott Israels, ist zunächst der Stammesgott eines kleinen Wüstenvolkes, der neben vielen anderen Gottheiten, Halbgottheiten und mächtigen Geistern existiert. Salopp gesagt: Da ist eine Menge Konkurrenz. Das muss Moses erleben, als er nach 40 Tagen vom Berg Sinai heruntersteigt, mit den Gesetzestafeln, die ihm Jahwe diktierte, und sieht, wie sich sein Volk unterdessen einer anderen Gottheit ergeben hat.

Im Buch Exodus ist von dieser Gottheit als dem „Goldenen Kalb" die Rede (Ex 32,1 ff). Doch die gelehrten Kommentare sprechen davon, dass es sich dabei bloß um ein anderes Trägergefäß für Jahwe gehandelt hat, ein altorientalisches Stierbild als Symbol der Gegenwart Gottes, während Moses und die Gruppe um ihn auf der Bundeslade bestanden.[22] Dennoch spricht aus jener Geschichte eine Lehre. Als nämlich Jahwe dem Moses am Berg eröffnet, dass sein Volk sich einem Götzen ergeben hatte, da entbrennt auch gleich sein göttlicher Zorn: er will dieses unbotmäßige Volk vernichten (Ex 32,10). Und das ist nur eine Vernichtungsdrohung unter mehreren, in denen Jahwe jedes Mal nicht bloß als absoluter Herr über Leben und Tod seines Volkes in Erscheinung tritt, sondern auch erkennen lässt, dass er der größte und stärkste aller Götter ist. Sein Volk kann er nur bei der Stange halten, wenn er ihm zeigt, dass seinem Zorn kein noch so festgeschmiedetes metallenes Götzenbild oder sonst ein Gott standzuhalten vermag.

Die Art und Weise, wie Moses nun dem Jahwe – man kann nicht anders sagen – ins Gewissen redet, ist für die Frage der ethischen Beziehung zwischen Gott und Mensch auf dieser Stufe der religiösen Entwicklung erhellend. Moses gibt Jahwe zu bedenken, dass er sein Volk eben erst den Ägyptern entrissen hat (und zwar dadurch, dass er dort unter allen Erstgeborenen bei Mensch und Haustier ein regelrechtes Schlachtfest veranstaltete). Was werden die Ägypter sagen, wenn er nun, nachdem er die Ägypter massenhaft dezimierte, sein eigenes Volk umbringt? Sie werden sagen, dass der Gott der Juden ein böser Gott sei, weil

---

22 Vgl. z.B. die Anmerkung zu Ex 32,1–6 in der Jerusalemer Bibel (Stuttgart 1980, 119).

er sein Volk „in böser Absicht" aus Ägypten herausgeführt habe, um es bei der erstbesten Gelegenheit umzubringen. Also muss sich Gott Jahwe von Moses, dem Menschen, Folgendes anhören: „Lass ab von deinem glühenden Zorn, und lass dich das Böse reuen, das du deinem Volk antun wolltest." (Ex 32,12)

Hier fällt zweierlei auf: Zum einen scheint es für Moses in keinem Widerspruch zur Göttlichkeit Gottes zu stehen, dass dieser sich immer wieder zu unmoralischen Handlungen hinreißen lässt. Zum anderen aber fordert er von Gott ein ethisches Verhalten ein, und dabei bedient er sich eines Arguments, das selber weniger ethisch als strategisch ist. Ob Jahwe denn wolle, dass ihn die Ägypter für böse halten? Und geradezu wie ein Gleichgestellter argumentiert Moses, wenn er Jahwe auffordert, sich das Böse, das er tun möchte, reuen zu lassen. Hier wird auf ebenso lebendige wie schwankende Weise thematisiert, dass eine korrekte Beziehung Gottes zu den Menschen „gerecht", also moralisch intakt sein muss, wobei als selbstverständlich noch vorausgesetzt wird, dass das Gute und Böse etwas ist, was nicht unmittelbar aus dem Wesen Gottes selbst folgt. Für Jahwe wie für Moses ist das Gerechte offenbar etwas, was beiden als Richtschnur zu dienen hat und wovon sich beide, der Gott und der Mensch, auch entfernen können!

Aber immerhin: Indem Gott zunehmend als der *eine* Gott gedacht wird, wird er in einer verschärften Weise als der Verursacher des Guten wie des Bösen wahrgenommen. Und zunehmend wird nun seine Rolle die eines absoluten Herrschers sein, zu dessen Grundausrichtung es gehört, „gerecht" zu handeln. Mit der polytheistischen Verteilung des ganzen Spektrums an menschlichen Tugenden *und* Lastern, Stärken *und* Schwächen auf die verschiedenen Götterfiguren geht es langsam zu Ende. Ethisch in unserem Sinne ist Jahwe deswegen noch lange nicht. Kein Gott, dessen Wesen gut ist, hätte Abraham befohlen, seinen Sohn zu töten (auch wenn die Tötung nicht vollzogen werden muss); und dasselbe gilt für Hiob, dessen Leiden nichts weiter als die Folge davon sind, dass Gott mit dem Teufel eine Wette abgeschlossen hat. Aber immerhin: Jahwe bemüht sich jedes Mal, den entstandenen Schaden wieder gut zu machen.

Indem der *eine* Gott im Monotheismus nun die Rolle aller Götter verkörpern muss und dabei zugleich mehr und mehr die Verkörperung des „Gerechten" selbst wird, entstehen eine Fülle von Nachfolgeproblemen, die den religionsphilosophischen Diskurs bis heute prägen. Dabei ist der Gott des Judentums insofern ein lokaler Gott, als er eben der Gott des *Judentums* ist. Das erzeugt weiterhin eine Atmosphäre der Familiarität, die sich gegen die vollständige Ethisierung Jahwes sträubt. Denn Jahwe hat ein Volk auserwählt, über dessen Treue er eifernd und eifersüchtig wacht. Jahwe bleibt, auch wenn er sich zusehends mäßigt, ein Patriarch, von dem sich alles sagen lässt, nur nicht, dass er im ethischen Sinne unparteiisch ist. Es gibt sein Volk und es gibt die Anderen, deren Gott er *nicht* ist. Der jüdische Monotheismus schließt zunächst alle Nichtjuden aus und dann später alle, die nicht durch das körperliche Stigma der Beschneidung zu „Juden im Glauben" werden. Erst mit dem Christentum und besonders seit der durch Paulus propagierten Erweiterungsbewegung, wird aus dem Gott der Juden ein Gott aller Menschen.

5.2 Der transhumane Gott

Doch der durch und durch ethische Gott ist keine Erfindung des Christentums. Vermutlich haben auch ihn die Griechen „erfunden", besonders Platon an der Wende vom 5. zum 4. vorchristlichen Jahrhundert. Denn er setzt Gott mit der Idee des Guten gleich – einer Idee, die nur die geistigsten Menschen in ihrer Reinheit erfassen können. Selbstverständlich existiert bei Platon die Idee als eine objektive Wesenheit, raumlos, zeitlos, und alle sinnlichen Dinge sind insofern von ihr abhängig, als sie sich in ihnen unvollkommen ausdrückt. Das Böse wird bei Platon notwendig zu einer Art Unvollkommenheit, einer mehr oder minder großen Abwesenheit des Guten im Sein. Das Böse hat demnach keine eigene Substanz. Dem steht gegenüber, dass Gott als das Gute keine persönlichen Züge trägt. Dafür ist das, was sein Wesen ausdrückt, für alles Sein verbindlich: alle Dinge und Wesen haben an ihm teil, insofern sie in irgendeiner Form am Geist teilhaben. Das Sein ist gut, und es ist umso „seiender", je reiner sich das Gute in ihm ausdrückt. Am meisten und vollkommensten aber drückt sich das Gute in der selbstbewussten, von allem sinnlichen Beiwerk befreiten Schau der Idee des Guten aus, wie sie für den wohltrainierten „Liebhaber der Weisheit", den Philosophen, charakteristisch ist.

Für Platon sind die Göttererzählungen seiner Zeit nichts weiter als mythologische Märchen, manche belehrend (wenn sie der Masse helfen, das Gute besser zu verstehen), manche aber auch ärgerlich und empörend, insofern die Götter gerade nicht das Gute, sondern das Böse tun. Homer wird von Platon schwer getadelt, weil in seinen Erzählungen weder die Wahrheit berichtet wird, noch auch die Gemeinschaft der Menschen und Götter dazu dient, die Hörer zum Guten hinzuführen. Welche Ausgeburten an Untugend sind nicht die Helden Homers ebenso wie die Bewohner des Olymps. Und welche Märchen werden uns in den homerischen Epen, der *Ilias* und *Odyssee,* aufgetischt! In seinem Idealstaat, sagt Platon, könnte man auf Homer gut und gerne verzichten. Mit Schaudern erfährt man aus den Platonischen Dialogen, exemplarisch aus der *Politeia* (10. Buch), was alles an Kunst verboten sein sollte, weil es sich dabei bloß um eine Nachahmung des Sinnlichen handelt, nicht jedoch um eine Darlegung des Guten, worunter bei Platon immer auch das geistig Schöne und Wahre fällt.

Glücklicherweise hat sich die Kunst niemals ernsthaft den Ratschlägen Platons ergeben. Wohl aber wäre die christlich-abendländische Denktradition im Hinblick auf den *einen* Gott ohne die platonische Problemeröffnung kaum denkbar. Insgesamt ist die Vorstellung, dass Gott das Gute *ist,* ob er nun als dieses eine Gute „Logos" (Wort, Gesetz) heißt oder anders, griechischen Ursprungs. Denn Gott so zu *denken,* lag im Anfang nicht auf der Linie des Christentums, das doch gar nicht anders gesehen werden kann denn als Erbin der jüdischen Tradition. Vom Judentum übernimmt das Christentum jedenfalls dreierlei: Gott ist persönlich, ein „Du"; Gott hat einen Gegenspieler, den Teufel; und Gott ist der oberste Gesetzgeber. Dieser Gott lässt sich sehr gut mit Bildern ausdrücken, die das ganze Spektrum von „human" bis „inhuman" abdecken. Demgegenüber führt die griechische Logos-Idee mit innerer Notwendigkeit dazu, dass das Göttliche der persönlichen Züge entledigt wird.

Das erkennt man auch deutlich am Anfang des Johannes-Evangeliums, der im christlichen Evangelienbogen eine Sonderstellung einnimmt. „Im Anfang war das Wort, / und das Wort war bei Gott, / und das Wort war Gott." (Joh 1,1) Das ist viel weniger jüdisch, als griechisch gedacht. Und es enthält eine Zweideutigkeit, die zugleich eine schwer ausbalancierbare Spannung im Gottesbegriff verrät. Einerseits war das Wort bei Gott, was darauf hindeutet, dass es in Gott „präexistiert", also schon vor der Schöpfung als Form und Bedeutung vorhanden ist. Dabei ist Gott, als der Schöpfer, nicht dasselbe wie das, was in ihm präexistiert – eben das Wort. Doch sogleich heißt es von diesem, dass es Gott war, was gar nicht anders verstanden werden kann, als dass hier eine Identität vorliegt: Gott = Wort. Erst so verstanden ergibt Johannes 1,3 einen guten Sinn: „Alles ist durch das Wort geworden, / und ohne das Wort wurde nichts, was geworden ist."

Die Spannung zum Buch Genesis, wo Gott aus eigener Machvollkommenheit heraus etwas macht und sich dann anschaut, was er gemacht hat, und sieht, dass es sehr gut ist (Gen 1,31) – diese Spannung springt hier ins Auge: sie wird die christliche Lehre über das Wesen Gottes von Augustinus bis zum Idealismus des 19. Jahrhunderts unauslöschlich prägen. Denn diese Spannung wird umso weniger auflösbar sein, je mehr sich die Theologie vom mythischen Weltbild ablöst. Es wird die Komplementaritätsthese sein, die den Standard der Religionsphilosophie definiert.

Das platonische Gute ist keine Person. Und dasselbe gilt, in vertrackter Weise, auch für das Böse. Während das Juden-Christentum als einen der polytheistischen Reste, die es verwaltet und gleichzeitig zu überdecken sucht, im Teufel einen bösen Erzengel erblickt, der nicht selten Gott an Macht nahe zu kommen scheint, führt die griechische Logos-Idee dazu, das Böse als eine Abwesenheit des Guten im Sein zu denken. Das Böse kann bloß so vorgestellt werden, dass es Bereiche des Seins gibt, in denen der alles durchdringende Logos nur noch gering und in sozusagen homöopathischen Spuren anwest.

Was Platon dachte, wird der Neuplatoniker Plotin (203/204–269/70) in Metaphern kleiden, die an den Rand des Manichäismus führen[23]. Das Ur-Eine weist eine Überfülle an Vollkommenheit auf, die es aus sich selbst heraustreten, es überfließen lässt, so dass einzelne göttliche Funken nach unten sinken, hinein in die formlose Nacht der Materie. Sie ist bei Plotin – und dann auch auf verwinkelte Weise bei den großen christlichen Lehrautoritäten – das böse Gegen-Sein. Dass die Materie nicht wirklich zu einem eigenen Prinzip oder einer eigenen Substanz werden kann, hat bei Plotin allein damit zu tun, dass alles, was nicht Sein ist, eigentlich eine Art von Nichts darstellt. Und eben das ist die Materie,

---

23 Der Ausdruck „Manichäismus" steht für eine religiöse Auffassung, in der sich ein gutes und ein böses Prinzip gegenüberstehen. Bei Mani (ca. 215–275), dem Gründer des Manichäismus, beginnt das kosmische Drama, indem der „König der Finsternis" in das Reich des „Königs der Lichtparadiese" eindringt, um von dort Lichtelemente (Seelenfunken) in die Dunkelheit zu entführen. Der Manichäismus ist eine wichtige Spielart der so genannten Gnosis.

eher ein Nichtsein als ein Sein – eine *Privation,* Beraubung, daher der Ausdruck: „Privationstheorie des Bösen".

Es ist auch wichtig zu sehen, dass mit der Gleichsetzung „Gott = Logos", anders ausgedrückt: der platonischen Ineinssetzung des Göttlichen mit dem Guten, Gott nicht mehr als autonomer Gesetzgeber in Erscheinung tritt. Das folgt schon daraus, dass im Begriffskreis des Logos – Wort, Gesetz, Sein, das Gute – kein Platz mehr ist für das Bild, in dem Gott als Person und Schöpfer der Welt vergegenwärtigt wird. Der Logos-Gedanke besagt: Gott ist das Gesetz, das Gesetz ist Gott. Und obwohl auch dieser Gedanke der jüdisch-christlichen Gottessehnsucht, die stets eine Sehnsucht nach dem „Vater" war, widerstrebt, hat er eine Fragelinie eröffnet, die über alle Disputationen hinweg chronisch aktuell blieb.

Der Scholastiker Johannes Duns Scotus (1266–1308) stellte das Problem heraus: Befiehlt Gott das Gute, weil es gut ist – wie Thomas von Aquin lehrte –, oder ist das Gute gut, weil Gott es befiehlt? Duns Scotus antwortet: Letzteres. Dahinter steckt die Überzeugung, dass das Gute seinen Ort der Entstehung nirgendwo anders hat als „in Gott". Doch wenn es „in Gott" entsteht, dann *ist* Gott das Gute (oder der Logos), und dann ist nicht leicht zu sehen, wie an seiner Autonomie auch dem Guten gegenüber festgehalten werden könnte.

Duns Scotus dachte, er würde die Freiheit Gottes wie des Menschen dadurch sichern, dass er den Willen über den Verstand stellte *(voluntas est superior intellectu).* Doch wenn bei Gott der *bloße* Wille zum Ursprung des Guten wird, dann muss unter der Hand vorausgesetzt werden, dass dieser Wille, eben weil er göttlich ist, zugleich und notwendig auch gut ist. Das bedeutet aber, dass Gottes Wille nicht frei ist, denn dieser Wille kann nichts Böses wollen; also ist – so ließe sich argumentieren – auch Gott nicht frei, indem er befiehlt, was immer er will.

Gott ist dem Guten gegenüber nur dann autonom, wenn es immerhin in seiner Macht stünde, sich gegen das Gute zu entscheiden. Hier nähern wir uns bereits wieder jener Grenze, wo unsere Begriffe abzugleiten beginnen. Denn natürlich hat man gefragt, ob unter der Voraussetzung, dass Gott auch das Böse tun könne, nicht angenommen werden müsse, dass sein Wesen weniger gut sei, als es Gott einzig zustehe – sozusagen absolut gut. Aber wenn das göttliche Wesen absolut gut ist, ist es Gott unmöglich, sich für das Böse zu entscheiden, und das bedeutet wiederum, dass die göttliche Autonomie auf eine unzulässige Weise beschränkt ist. Außerdem: Wenn das Gute etwas ist, das Gott selbst als Richtschnur seines autonomen Handelns dient, dann ist es ihm in einem analogen Sinne „vorgegeben" wie uns. Woher kommt es dann?

Von der Auffassung, dass das Gute gut sei, weil Gott es tue, führt freilich auch eine Linie zu der im Irrationalismus des 19. Jahrhunderts wurzelnden Idee, Gott könne – salopp formuliert – tun und lassen, was er will. Mag uns Menschen Gottes Tun und Lassen als Übel erscheinen, ja als Grausamkeit und Verbrechen, von der höheren göttlichen Warte aus spielt das keine Rolle, vielmehr ist unser Urteil eine Anmaßung und Blasphemie. Viele Stellen bei Kierkegaard klingen so, als ob er genau dies gemeint hätte. Der Glaubensritter folgt jeder Anordnung Gottes, auch wenn sie nach menschlichen Maßstäben wahnsinnig und unmenschlich wäre.

Doch es ist, wie schon erwähnt, nicht möglich, Gott derart zu denken, ohne die Grenze zwischen ihm und dem Teufel systematisch zu verwischen.

Blicken wir von hier aus zurück auf die Anklage des Iwan Karamasow gegen Gott, so bekommt sie noch einmal einen tief religiösen Sinn: In dem Spannungsbogen „human-inhuman", der auf Gott bezogen eine Folge seines Personseins ist, scheint Gott nur existieren zu können, wenn das, was er befiehlt und tut, den ganzen Bogen ausfüllt. Gottes *Tun,* das nicht anders gedacht werden kann als gut, weil es *Gottes* Tun ist, ist manchmal „human" und manchmal „inhuman". Manchmal unterscheidet sich das Tun Gottes vom Tun des Teufels nur dadurch, dass es das Tun Gottes ist. Man denke an die Tränen des unschuldigen Kindes. Für Iwan ist das Grund genug, um Atheist zu werden. Und wie sollte es für jemanden, der einen moralischen Sinn hat, anders sein?

Doch man beachte, dass dieses Ergebnis auf zwei Voraussetzungen basiert: Erstens darauf, dass es in einer nachmythologischen Sicht nicht möglich scheint, das Wesen Gottes als vereinbar damit zu halten, dass Gott in irgendeiner Form die Übel der Welt herbeiführt. Hier ist auch das Christentum von dem Augenblick an, da es seinen Gott universal zu denken beginnt, mit der griechisch-römischen Metaphysik des Welt-Logos („am Anfang war das Wort") eine unlösbare Verbindung eingegangen. Ich nenne dieses Phänomen die *Ethisierung Gottes.* Zweitens – und damit zusammenhängend – wird der als gut gedachte („ethisierte") Gott bei Iwan entsprechend der Denktradition des Juden-Christentums als persönlicher Gott gedacht. Aber wenn der ethisierte Gott zugleich als persönlicher Gott gedacht wird, dann folgt aufgrund der Übel in der Welt, für die der Mensch nichts kann, dass dieser Gott nicht existiert.

Das führt uns zu dem Versuch, unser Nachdenken über Gott nicht mehr im Spannungsbogen „human – inhuman" anzusiedeln. Der Ethisierung Gottes entspricht, dass Gott Züge des Transhumanen annimmt. Damit ist gemeint, dass das Gutsein Gottes die menschlichen Begriffe übersteigt. Auf die Frage, wie denn Gottes Gutsein mit der Tatsache der Übel und des Bösen vereinbar sei, haben wir keine Antwort als: *Es ist so, und das ist alles, was sich sagen lässt.* Dabei brauchen wir uns keinen Illusionen hinzugeben: Zu sagen, dass Gott weder human noch inhuman, sondern transhuman sei, heißt eigentlich nur, dass wir sein Gutsein nicht verstehen.

Wieso aber, so lautet die nächste Frage, dürfen wir ihn dann überhaupt als „gut" bezeichnen? Weil, so lautet jetzt wiederum die Antwort, Gottes unerforschliches Gutsein über unsere nachmythologischen religiösen Analogien an den Bereich dessen gebunden wird, was wir Menschen als „gut" *bezeichnen.* Wir nannten (a) die Existenz objektiver Werte im Sinne von Wertpotentialen, die hin auf den Horizont des guten Lebens, der „Erlösung", ausgelegt sind. Wir nannten (b) die Schönheit der Naturdinge und ihres Zusammenspiels. Und schließlich nannten wir (c) das Wunder der Existenz und, darin verankert, unser Welteinverständnis. Letzteres setzt als Grund alles Seienden eine „Macht", die, *wäre sie menschlich,* durch das Modell der autonom gut handelnden Person repräsentiert würde; sie ist aber nicht menschlich.

Ethisierung Gottes bedeutet, dass unser Begriff von Gott außerhalb des Zauber- und Gewaltkreises der Mythen mit der Vorstellung, Gott selber sei eine Art Zauberer und Gewalttäter, unvereinbar ist. Und das bedeutet ferner, dass Gott, gerade indem wir ihn ethisieren – also als theologisches Axiom befürworten, weder wolle er uns Böses, noch gehe von ihm Böses aus –, fremder wird, als er es jemals zuvor war. Weder können wir Gott als Verursacher des Bösen denken, noch wissen wir (außer im Sinne der religiösen Analogie), was Gutsein im *göttlichen* Sinne bedeutet. Wir haben schließlich, indem wir die mythische Welt verlassen, keinen Gott mehr, der *für uns Menschen* als Person ansprechbar wäre. Der nachmythologische Gott ist ein transhumaner Gott.

Die Menschen hatten es nie leicht mit ihren Göttern. Sie flehten die Himmlischen an und wurden nicht erhört. Sie brachten ihnen unter Mühen Opfer und die Ernte verdarb trotzdem. Sie befolgten komplizierte Rituale und konnten es dennoch nicht verhindern, dass sie verfolgt, in die Sklaverei verschleppt und von den Feinden ermordet wurden. Über die Azteken schreibt Soustelle: „Alles in allem lässt die mexikanische Weltanschauung dem Menschen wenig Bewegungsfreiheit. […] Die Last der Götter und der Gestirne erdrückt ihn, die Allmacht der Zeichen macht ihn zum Sklaven seines Verhängnisses. […] Schrecken und Grauen sind ihm auf den Fersen ein Leben lang, Gespenster und Gesichter künden ihm nur Unheil."[24] Treten wir ins Freie, ins Licht der Aufklärung, dann lichten sich die Nebel. Wir erkennen, dass es keine Götter gibt, die uns belasten oder sogar Böses tun wollen. Aber wir erkennen auch, dass das viele Blut der Opfer, das vergossen wurde, nach menschlichen Maßstäben umsonst war. Umsonst waren all der Afterglaube und Fetischdienst. Diese Erkenntnis geht einher mit dem Gefühl, dass sich Gottes Anwesenheit in der Welt verliert, so sehr, bis es nun überhaupt keinen Gott mehr zu geben scheint.

5.3 Religiöse Evolution

Das ist, so oder so, das Ergebnis, zu dem die Aufklärung gelangt. Ihr religiöser Flügel wird sich Gott als den göttlichen Uhrmeister denken, der die Weltmaschine gebaut und in Gang gesetzt hat und seitdem nicht mehr in sie eingreift. Das ist die Lösung der Deisten. Die Lösung der Atheisten lautet: Es gibt eine Maschine und mehr ist da nicht. Dass die Metapher der Maschine einen Sinn nur hat, wenn es jemanden gibt, der sie gebaut und zum Laufen gebracht hat, wird schließlich, noch immer unter der Perspektive der Aufklärung, aber schon in den Idealismus vorausweisend, zu den verschiedenen Formen des Pantheismus führen: Alles, was ist, ist göttlich, *deus sive natura,* Schöpfung ist immerdar. Für alle diese Varianten ist typisch, dass sie den Gottvater-Theismus ablehnen, auch wenn sie ihn als historische Etappe auf dem Wege des Menschen zu sich selbst in Ehren halten mögen.

---

24 Jacques Soustelle: *Das Leben der Azteken,* 2. Aufl., Zürich 1987, 214 f.

Für den Religionsphilosophen wie für den aufgeklärt religiösen Menschen (was im Grunde ohnedies dasselbe meint) führt kein Weg daran vorbei, dass sich mit der Erkenntnis auch die Religion mitentwickelt, vorausgesetzt, sie will nicht regressiv werden. Es gibt heute wieder viele Christen, besonders die Neuevangelikalen in den USA, welche ein „Zurück zur Bibel!" fordern. Das bedeutet unter anderem, dass man den Schöpfungsbericht des Buches Genesis gegen den Darwinismus ausspielt. Wer derlei Dinge propagiert, steht natürlich mit der Erkenntnis, die jeden vernünftigen Menschen bindet, auf Kriegsfuß.

Entsprechend aggressiv verhalten sich regelmäßig auch die Mitglieder fundamentalistischer Strömungen. Denn sie spüren, dass das erreichte Niveau des Wissens und der kognitiven Entwicklung, ja das moderne Weltbild insgesamt, gegen sie steht. Dieses muss daher als eine besonders teuflische Maske des Bösen entlarvt werden. Ich selbst habe schon den einen oder anderen Ultragläubigen getroffen, der gerade in der zunehmenden Moralisierung, Humanisierung und Sensibilisierung der modernen Lebensverhältnisse Lockangebote des Satans sehen wollte, dazu angetan, die Gutmeinenden auf den Leim des Unglaubens zu führen. So eine verfolgungswahnartige Haltung ist strukturell von jener Hitlers nicht zu unterscheiden, wenn dieser in *Mein Kampf* vor der besonderen Teufelei der Juden warnt, die darin bestehe, sich zu assimilieren, um schließlich von ihrem „Wirtsvolk", den Deutschen, nicht mehr unterscheidbar zu sein.

Es gibt einen theologischen Lehrsatz, der lautet, dass das *lumen naturale* und das *lumen supranaturale* niemals in Widerspruch geraten können. Damit wird von vornherein klargestellt, dass das, was Ausdruck der menschlichen Vernunft ist – und nichts anderes ist mit dem *lumen naturale,* dem natürlichen Licht gemeint –, keinesfalls als Teufelswerk dämonisiert werden darf. Es scheint mir nicht unwesentlich, darauf hinzuweisen, dass die großen Kirchenlehrer der Christenheit diesen Lehrsatz im Allgemeinen nicht bekämpfen, ja ihn zu einem guten Teil für unverbrüchlich halten, obwohl es immer wieder Zweifel und Angriffe gibt. Letztere haben ihren Grund darin, dass es vom religiösen Standpunkt aus der menschlichen Vernunft nicht zusteht, gegen die Offenbarung – also das übernatürliche Licht, das *lumen supranaturale* – zu opponieren.

Was aber, wenn die Offenbarung gegen das Zeugnis der Sinne steht oder, noch schlimmer, gegen das, was uns der logische Verstand sagt? Wo immer in der Religionsgeschichte diese Frage so aufgenommen wird, dass ihre Antwort lautet: „Dann haben eben die Sinne und der Verstand Unrecht!", sind die Aussichten darauf, dass die Religion Gewalt gegen Andersdenkende predigt und ihre eigenen Leute verrückt macht, nicht schlecht. Es gab Zeiten, da konnte man ohne gegen all das, was einem die Erfahrung und der Verstand lehrten, daran glauben, dass Noah eine Arche baute, in die er von jeder Tierart ein Paar aufnahm, um sie aus der Sintflut zu erretten.[25] 1675 stellte der naturkundlich gelehrte Jesuit Athanasius

---

25 Die Angaben in Genesis 7 sind komplexer: Noah soll von allen „reinen Tieren" je sieben Paare mitnehmen, von allen „unreinen" je ein Paar, „auch von den Vögeln des Himmels je sieben Männchen und Weibchen".

Kircher Berechnungen zur Arche Noah an und zeichnete sie als ein großes kastenförmiges Transportmittel aus Holz (ein Unding, das niemals am Wasser hätte schwimmen können). Nicht ganz ein Jahrhundert später, zur Zeit des großen Linné, war das Wissen um die Vielfalt der Arten bereits so weit gediehen, dass es undenkbar schien, eine jede Spezies in einem Holzschiff aufzubewahren, um mit ihr die Erde nach der Flut wieder zu bevölkern.[26] Später noch, als man begann, die Fossilienfunde in den Gesteinen richtig zu deuten, konnte kein Zweifel mehr daran bestehen, dass jede vernünftige empirische Interpretation der Arche Noah ausgeschlossen war. Jede solche Interpretation war durch die Fakten widerlegt. Es blieb nichts übrig, als in der biblischen Geschichte eine Fabel zu sehen, die zwar den Tatsachen nicht standhielt, aber eine moralische Lehre beinhaltete.

Kurz gesagt, die Offenbarung lässt sich gegen die Vernunft nicht abschirmen nach dem Motto: Glaube und Vernunft stehen *für den, der glaubt,* nicht in Widerspruch. Denn die darin enthaltene Position läuft darauf hinaus, dass der, der glaubt, eben die Offenbarungswahrheiten immer höher einstuft als jene der Vernunft. Das führt dazu, dass der Glaube zu einer Art Verrücktheit wird; und das ist auch der Grund dafür, warum in zivilisierten, aufgeklärten Gesellschaften von einem wörtlichen Verständnis der heiligen Schriften vielfach Abstand genommen wird.

Auf drei Punkte sei besonders hingewiesen: (a) Da die Texte, um die es sich handelt, oft aus archaischen Kulturen stammen, ist die darin vertretene Moralauffassung nicht selten überholt und mit unseren Überzeugungen unvereinbar. Gibt es heute etwa noch einen Juden oder Christen, der ernsthaft, wie im Strafkatalog des Levitikus (20,13) vorgesehen, für die Homosexualität unter Männern die Todesstrafe fordern wollte? Vielleicht gibt es solche Strenggläubige da und dort, doch sie wirken auf uns psychisch gestört, neurotisch und fanatisch. (b) Wir wissen von vielen Ereignissen der Bibel, die als historische Tatsachen ausgegeben werden, dass sie keine sind. So etwa konnte die Leben-Jesu-Forschung zeigen, dass viele Worte, die Jesu gesprochen haben soll, und viele Taten, die er angeblich getan hat, von den Evangelisten gutgläubig übernommen oder sogar erfunden wurden. (c) Viele Ereignisse, die man einst als Ausdruck des Wirkens übernatürlicher Kräfte verstehen konnte, scheinen uns heute, selbst unter der Voraussetzung, dass sie tatsächlich geschehen sein sollten, keineswegs mehr als göttliche Zeichen. Dazu zählt das ganze fragwürdige Gebiet der Wunder – ein Punkt, über den wir bereits im 1. Kapitel ausführlich sprachen.

In all diesen Fällen erfordert der Stand der Dinge, wie er uns durch das *lumen naturale* (Erfahrung, Verstand) gebieterisch nahegelegt wird, eine Neuverständigung darüber, was uns das menschliche als das zugleich geoffenbarte Wort in Wirklichkeit sagt. Und eben die im Grunde ständige Neuverständigung über den wahren Gehalt des *lumen supranaturale* ergibt das, was sich uns als Evolution der Religion darstellt. Aber gerade weil diese Evolution, als ein geistiges Geschehen, zugleich Züge einer Entwicklungslogik zeigt – das beweist die zuneh-

---

26 Zu Details vgl. David Young: *The Discovery of Evolution,* Cambridge 1992, 59 f.

mende Dezentralisierung der Glaubensgehalte von bloß lokalen Bedingungen –, ist sie niemals ein unumstrittenes Geschehen. Der gläubige Mensch fühlt sich häufig durch sie herausgefordert. Droht nicht eine intolerable Ausdünnung der Glaubenssubstanz?

Dass gewisse Elemente im Bestand der heiligen Schriften nur noch als historische Einlagerungen ohne Aktualitätswert verharren, bereitet dabei die geringsten Schwierigkeiten. Im soeben erwähnten Buch Levitikus, einem Teil der jüdischen Tora, die auch Bestandteil des Alten Testaments der Christenheit ist[27], finden sich Vorschriften zum Opferritual und Vorschriften über Rein und Unrein, die auf lokale Verhältnisse und Wissensbestände zurück gehen, welche unter anderen Bedingungen keinen guten Sinn ergeben. Beispielsweise wird gesagt, dass alle Kleintiere mit Flügeln und vier Beinen (!) „abscheulich" sind, nicht aber generell jene, die Springbeine haben, namentlich die Wanderheuschrecke, die Solam-, Hargol- und Hagabheuschrecke (Lev 11, 20–23). Die altjüdischen Vorschriften zum Opferritual (Lev 1–7), die unter anderem das Opfern von Tieren vorsahen, sind archaisch und längst obsolet.

Wie aber soll mit jenen Teilen der Bibel verfahren werden, die mythische Erzählungen beinhalten wie die Schöpfungslehre, oder historische Berichte, die falsch sind, oder Wundergeschichten? Im Falle des Mythos und der Fabel verbietet sich ein wörtliches Verständnis, so dass nach der symbolischen Bedeutung des Erzählten gesucht werden muss – einer Bedeutung, die dann zugleich als die eigentliche und wahre Botschaft der Erzählung zu gelten hat. Im Falle von Wundern, die wir, als Vorgänge in Raum und Zeit, nicht mehr als Ausdruck des Übernatürlichen anerkennen können, sind wir ebenfalls angehalten, nach ihrem „tieferen", ihrem „wahren" Sinn zu suchen. Das alles hört sich weniger dramatisch an, als es dem Gläubigen von Stufe zu Stufe möglicherweise erscheint. Dafür gibt es mehrere Gründe:

(a) Wenn wir beispielsweise die Schöpfungsgeschichte als Mythos auffassen, der keiner wörtlichen Zustimmung bedarf, wohl aber eine Glaubenswahrheit in bildhafter Form zum Ausdruck bringt, dann bleibt die Frage nach der „Wahrheit" der mythischen Details zunächst vollkommen offen. Gewiss, das Buch Genesis sagt uns, dass die Welt eine Schöpfung ist. Das ist, recht verstanden, seine nichtmythologische Wahrheit. Doch sind die darin berichteten Einzelheiten auch irgendwie wahr, sofern wir sie „symbolisch" interpretieren? Gott schafft die Welt in sechs Tagen, und was den Menschen betrifft, so formt er zuerst den Adam aus Lehm, und erst danach bildet er die Eva aus einer Rippe des schlafenden Mannes. Man merkt sofort, dass jeder Versuch, die symbolische „Wahrheit" dieser Details zu eruieren, die mit unserem Wissen über die Entstehung des Universums und des Menschen nichts zu tun haben, hoffnungslos an den Haaren herbeigezogen sein müsste. Kurz gesagt: die Ermittlung der tieferen, wahren Bedeutung des Mythos führt dazu, dass die Kraft seiner Erzählung blass und blasser wird, bis schließlich vom Mythos nur noch ein „Gedanke" oder eine „Moral" übrig bleibt.

---

27 Zusammen sind das die ersten fünf Bücher der Bibel, die den Namen „Pentateuch" tragen.

(b) Eine Zeitlang war es in der Theologie nicht unüblich zu sagen, dass die Glaubenserzählung der historischen Wahrheit entbehren könne, ja dass die Fixierung auf die Fakten den eigentlichen Gehalt des Glaubens eher verstelle als freistelle. Doch es ist offenkundig, dass dieses Argument in voller Allgemeinheit nicht stimmt. Denn es gibt – wie schon an früherer Stelle dargetan – Teile der Jesuserzählung, deren ganzer *Glaubenswert* daran hängt, dass sie *tatsächlich* so geschehen sind, wie sie berichtet werden. Man stelle sich nur einmal vor, der wirkliche Jesus wäre gar nicht gekreuzigt worden, was könnte es dann noch bedeuten, dass unsere gesamte abendländische Kultur eine Kultur „im Zeichen des Kreuzes" ist? Das wäre dann bloß ein schlechter Witz. Und weiter: Was, wenn Jesus nicht im buchstäblichen Sinne von den Toten auferstanden ist, sondern als Toter im Grabe liegen blieb? Wie sollte es dann noch möglich sein, aus der Auferstehungserzählung der Evangelien irgendeine Art des Trostes zu beziehen? Man kann sich die Antwort sparen. Eine symbolische Wahrheit ist zuwenig, um gegen die Trostlosigkeit des Todes etwas ausrichten zu können.

(c) Typisch für die moderne Theologie ist auch der Versuch, das Verständnis der Glaubenserzählungen an den Vollzug der Glaubensrituale zu binden. Der dahinter stehende Gedanke ist Folgender: Sprache ist nicht nur Behauptung und Bericht, sondern vielfach eine Art des Handelns, welches in einen Kontext eingebunden ist, aus dem erst hervorgeht, was die sprachliche Äußerung an sich bedeutet. Wittgenstein hat in seinen *Philosophischen Untersuchungen* (posthum 1953) von „Sprachspielen" geredet (§ 7 ff), um das unauflösbare Ineinander von sprachlichen Zeichen und den Handlungen, die mit ihnen verknüpft sind, zu charakterisieren. Leute, die einer Messfeier beiwohnen, zelebrieren ein komplexes Ritual, bei dem es nicht darum geht, Behauptungen aufzustellen (für die es adäquat schiene, wie im „Sprachspiel" der Wissenschaft, Gründe zu verlangen oder Gegengründe beizubringen).

Die sprachlichen Äußerungen während der Messfeier sind Handlungen im Rahmen eines Rituals. Sie dienen dazu, Gott zu *verherrlichen,* Dinge zu *erbitten,* im „Abendmahl" durch das gemeinsame Verzehren von Brot und Wein, die mystisch transfiguriert der Leib und das Blut des Herrn sind, den Bund mit Jesus zu *befestigen.* Verherrlichen, erbitten, befestigen – das ist etwas anderes, als historische oder metaphysische Behauptungen aufzustellen. Dieses Argument der modernen Theologie ist einerseits trivialer Weise wahr; andererseits löst es nicht das Problem, ob jene Behauptungen wahr sind, die das Ritual unterstellen muss, um überhaupt einen Sinn zu haben. Wenn ich im einfachen Gebet Gott anflehe und ihn bitte, mir in der Not beizustehen, so setze ich Sprachhandlungen (anflehen, bitten etc.), die nur dann einen Sinn ergeben, wenn es einen ansprechbaren Gott *gibt,* von dem nicht prinzipiell *angenommen wird,* dass er sich aus der Welt und den Schicksalen der Menschen heraushält. Kurz gesagt: Der Versuch, den Glauben als ein behauptungsfreies „Sprachspiel" aufzufassen, führt bloß dazu, die rituellen Elemente des Glaubens ihres Sinns zu berauben. Mit diesem Ergebnis sind wir jedoch wiederum auf die unter (a) und (b) geschilderte Problematik der Bedeutung von Glaubenswahrheiten verwiesen.

Gegen das Gefühl des traditionell Gläubigen, dass die religiöse Entwicklungslogik ein Schwächerwerden der religiösen Bindungskräfte mit sich bringt, lässt sich wenig einwenden. So ist es. Gleichzeitig werden freilich auch all die unerwünschten Effekte des Religiösseins, die mit der traditionellen Geborgenheits- und Trostfunktion des Glaubens zusammenhängen – Irrationalität, missionarischer Eifer, Ausgrenzung der Anders- und Nichtgläubigen, Gewaltbereitschaft – ausgetrocknet. Ich sage das bloß als Feststellung, ohne die eine Seite gegen die andere aufrechnen zu wollen. Denn ich versuche hier, Gründe für die Auffassung zu formulieren, der zufolge es nicht einfach eine Frage der Erziehung, persönlichen Einstellung oder kulturellen Prägung ist, ob man die Evolution des religiösen Denken, Fühlens und Handelns mitmacht oder nicht. Ich versuche im Gegenteil, dafür zu argumentieren, dass diese Evolution überall dort im Übergang vom mythologischen zum aufgeklärten Weltbild stattfindet, wo man den Menschen nicht erfolgreich abverlangt (oder sie es sich selbst abverlangen), an überkommen, vom Standpunkt der gemeinsam geteilten Vernunft aus unhaltbaren Glaubenspostulaten festzuhalten.

Vieles von dem, was ich hier sage, ist in beispielgebender Weise bereits von Kant vorformuliert worden. *Die Religion innerhalb der Grenzen der bloßen Vernunft,* eine Schrift, deren Titel schon Programm ist, erschien zuerst 1793 und setzte einen Markstein. Kant trifft dort die Unterscheidung (die übrigens nicht von ihm erfunden wurde) zwischen geoffenbarter und natürlicher Religion. Erstere, so Kant, sei dadurch definiert, dass ich zunächst wissen müsse, was göttliches Gebot sei, um wissen zu können, worin meine Pflicht bestehe. Bei Letzterer hingegen muss ich zunächst wissen, dass etwas meine Pflicht sei, um es als göttliches Gebot anzuerkennen.

Das ist nur der Auftakt zu folgender Überlegung: Niemand wird ernsthaft eine Idee Gottes verteidigen wollen, die darin einmündete, dass das, was wir aus Gründen der Vernunft für unsere Pflicht halten, gar nicht unsere Pflicht sei. Daher ist es nach Kant ausgeschlossen, dass die geoffenbarte Religion, sofern sie auf unsere Zustimmung als Vernunftwesen zählen wolle, der natürlichen Religion widerspreche. Und sofern die geoffenbarte Religion vom Gläubigen dennoch Dinge verlange, die über das hinausgehen, was er als vernünftiger Mensch zu seinen moralischen Pflicht rechnen müsse, wird der Wert dieser Dinge (beispielsweise religiöser Rituale) davon abhängen, ob sie zur Beförderung des guten, pflichtgemäßen Lebens im Sinne des praktisch Vernünftigen beitragen.

Alles andere, so Kant, ist dumme Götzenverehrung. Sie setzt voraus, dass es Gott wohlgefallen könnte, uns Dienste abzuverlangen, die zu dem, was wir als unsere Pflicht zu erkennen vermögen, entweder im Widerspruch stehe oder zu ihm gar keine Beziehung unterhalte. Es ist klar, dass Kant so eine Gottesidee strikt verneint, denn sie hätte zur Folge, dass die Menschen von Gott bloß als Mittel zum Zweck benützt würden (einem Zweck, der, in Gott gelegen, dem Menschen uneinsichtig bliebe). Das heißt, die Menschen würden nicht als der „Selbstzweck" geachtet, der sie als Vernunftwesen sind.

Der unauflösbare Zusammenhang zwischen Kants Kategorischem Imperativ und Kants Gottesbegriff ist hier evident. In einer seiner Formulierungen lautet

der Imperativ, der ja für Kant die oberste Regel der praktischen Vernunft darstellt: „Handle so, daß du die Menschheit sowohl in deiner Person, als in der
Person eines jeden andern, jederzeit zugleich als Zweck, niemals bloß als Mittel
brauchest." (*Grundlegung zur Metaphysik der Sitten*, BA 66 f) Das bedeutet, dass
man jeden Menschen, gedacht als Vernunftwesen, immer nur gemäß solcher
Regeln behandeln darf, welche die Menschheit, gedacht als das vernünftige
Kollektivsubjekt oder die Repräsentantin der Vernunft, mit guten Gründen für
richtig erkennen kann.

Ein Gott, der vom Menschen Dinge verlangte, die durch den Kategorischen
Imperativ nicht sanktioniert („geheiligt") würden, wäre bloß als eine Art Dämon
vorstellbar. Kant nimmt daher folgenden Satz „als einen keines Beweises bedürf-
tigen Grundsatz an: *alles, was außer dem guten Lebenswandel der Mensch noch
thun zu können vermeinet, um Gott wohlgefällig zu werden, ist bloßer Religionswahn
und Afterdienst Gottes.*"[28]

Das bringt Kant folgerichtig dazu, die natürliche Religion als die im Grunde
einzig wahre dem Leser anzuempfehlen: „Sie hat die große Erforderniß der wahren Kirche, nämlich die Qualification zur Allgemeinheit, in sich, sofern man
darunter die Gültigkeit für jedermann (*universitas vel omnitudo distributiva*), d.i.
allgemeine Einhelligkeit, versteht. Um sie in diesem Sinne als Weltreligion auszubreiten und zu erhalten, bedarf sie freilich zwar einer Dienerschaft (*ministerium*)
der bloß unsichtbaren Kirche, aber keiner Beamten (*officiales*), d.i. Lehrer, aber
nicht Vorsteher, weil durch Vernunftreligion jedes Einzelnen noch keine Kirche
als allgemeine *Vereinigung* (*omnitudo collectiva*) existirt, oder auch durch jene
Idee eigentlich beabsichtigt wird."[29]

Diejenigen, die sagen, dass Kant in den vorliegenden Passagen die Religion
schlichtweg auf Ethik reduziere, haben Recht. Wir haben demgegenüber in den
voranliegenden Kapiteln gesehen, dass zu einer derartigen Schrumpfform des
Religiösen kein Anlass besteht, selbst wenn man das Grundanliegen von Kant
teilt. Dieses lautet, dass im Falle eines Konflikts zwischen Offenbarung und Vernunft eine Lösung nur darin bestehen kann, die *Vernünftigkeit der Offenbarung*
zu demonstrieren.

Das mag Gläubigen, die daran gewöhnt sind, an das Geheimnis und die Mysterien des Glaubens zu appellieren, regelrecht ungeheuerlich und jedenfalls abstoßend anmuten. Aber das hat zum Teil damit zu tun, dass Kant in seiner Schrift
(die aber keinesfalls seine einzige Äußerung zu religiösen Fragen darstellt) eine
ethische Engführung praktiziert: als ob der religiöse Impuls sich damit begnügen
sollte oder müsste, nach dem „guten Lebenswandel" im Sinne des Pflichtgemäßen
zu streben. Das tut er jedoch gewiss nicht, obwohl die Erkenntnis und Praxis
intrinsischer Werte ein wesentlicher Bestandteil des nachmythologisch-religiösen
Strebens ist.

---

28 „Die Religion innerhalb der Grenzen der bloßen Vernunft", in: *Kants Werke. Akademie-Ausgabe*,
   Bd. VI, Berlin 1968, 170.
29 Kant, a.a.O., 157.

Würde man nach einem Wort suchen, das dieses Streben insgesamt charakterisiert, so wäre vielleicht die Wendung „Kultur der Welteinverständnisses" angemessen: *Es ist, wie es ist, und es ist gut.* Die Kultur des Welteinverständnisses: das ist, ließe sich argumentieren, die authentisch religiöse Kultur der Moderne, wobei das, was die Welt *ist,* das, was sie sein *sollte,* mit einschließt. Die Kultur des Welteinverständnisses betrachtet die Welt aus der „Perspektive der Schöpfung", das heißt, sie sieht in den Tatsachen das Wunder der Existenz, die Schönheit, den Horizont der Erlösung, auf den die dem menschlichen Bewusstsein eingesenkten Werte als ihren Limes zustreben. Die, die sich um die Entfaltung und Vertiefung dieser Kultur bemühen, sind – mit Kant zu sprechen – die wahre Kirche, die ebenso unsichtbar wie universal ist, und die zwar der Lehrer, aber nicht der Vorsteher bedarf.

5.4 Religiöser Universalismus

Im Einzelnen sind die Zusammenhänge zwischen tradierter Religion und *lumen naturale* viel komplexer und derart ineinander verwoben, dass es schwer fällt, eine klare Trennlinie zu ziehen. Ein zentrales Beispiel ist die Entwicklung, die vom Gott der Juden zum ethisierten Gott aller Menschen führt. Es ist diese Entwicklung, die ebenfalls zur Vorstellung der *einen* Menschheit hinleitet, und schließlich das Resultat erbringt, dass, als Mitglieder des Solidarsubjekts „Menschheit", alle Menschen gleich sind. Damit ist selbstverständlich keine biologische Gleichheit gemeint. Es geht hier, in noch mythologischer Ummantelung, zunächst um die Gleichheit vor Gott, der den Menschen nach seinem „Bild" geformt hat; dann aber darum, dass alle Menschen in Würde und Grundrechten absolut gleich sind. Uns Heutigen erscheint der menschenrechtliche Gleichheitsgedanke als „natürlich". Damit wir indessen – und ich rede von den Kulturen, die überhaupt so etwas wie eine Aufklärung hatten – zu dieser Einsicht kommen konnten, musste eine lange, verwickelte Geschichte durchmessen werden.

Niemand kann genau sagen, was auf dem Konzil der Apostel in Jerusalem geschah, von dem die Apostelgeschichte berichtet. Fest steht, dass dort heftig gestritten wurde. Es scheint zwei Fraktionen gegeben zu haben. Die eine Fraktion war, grob und ein wenig gewagt formuliert, die des Jesus. Dazu gehörten Männer wie Petrus, der „Fels", auf dem der Legende nach Jesus seine Kirche bauen wollte, und auch Jakobus, der Bruder Jesu. Zur anderen Fraktion zählten die Missionare der Heiden, allen voran Paulus.

Was wir über den Streit erfahren, ist, dass es um die Beschneidung ging und um die Einhaltung des mosaischen Gesetzes. Paulus verfocht den Standpunkt, dass beides für die Heiden, die sich zum Christentum bekehrten, in weitem Umfange keine Geltung mehr haben sollte. Das musste von der Gegenseite nicht nur als ein Anschlag auf die jüdische Glaubensidentität empfunden werden, sondern darüber hinaus auch als jesusfremd. Allerdings zeigt uns die Apostelgeschichte, wohl nicht ohne Diplomatie, zuletzt ein versöhnliches Bild: Die Jesusfraktion gibt nach, Petrus und Jakobus stimmen der Marschroute des Paulus zu. Historisch gesehen mutet das seltsam an. Denn es ging eben nicht bloß um strategische Fragen der Mission; es ging um das Wesen des Judentums selbst.

Dass sich Paulus durchsetzte, mag uns heute als eine zweitrangige Episode in der Geschichte des Christentums erscheinen. Denn wir haben uns daran gewöhnt, das Christentum ganz aus Jesus heraus zu denken. Wer immer sich durchsetzte – so suggeriert die jesuszentrierte Optik –, er hat im Geiste des Erlösers gehandelt. In Wahrheit jedoch (falls es hier überhaupt eine Wahrheit gibt) liegen die Dinge anders. „Peter und Paul", das ist jedenfalls kein Paar wie aus einem Guss. Petrus und Paulus sind, so dürfen wir vermuten, Repräsentanten sehr unterschiedlicher Geisteshaltungen. Und nur der Umstand, dass sich jene des Paulus durchgesetzt hat, ließ das Christentum zu dem werden, was es heute ist: zu jener monotheistischen Religion, die den *Gott aller Menschen* ins Spiel bringt und damit den welthistorischen Gedanken der Menschheit möglich macht. Sind die Juden Gottes erste Liebe, so ist die Menschheit das, worauf diese Liebe in der Potenz abzielt. Die Menschheit ist Gottes zweite Liebe, und erst sie ist wahrhaft universal.

Mit Paulus entsteht etwas, was heute aktueller ist als je zuvor: Die Freund-Feind-Konstellation, von der noch Carl Schmitt meinte, sie sei für Religion und Politik fundamental, hat keine Bedeutung mehr. Natürlich gibt es die Verstockten, Bösen, jene, die nicht guten Willens sind. Es gibt die Feinde des Christentums, aber nicht als Bestandteil eines Heilsplans. Vielmehr sind fortan alle Ungläubigen schon aufgrund ihres Menschseins der Möglichkeit nach Christen. Das ist die Geburtsstunde eines neuen Gottes – eines Gottes, wie er der Welt bis dahin unvorstellbar war. Daran kann auch nichts ändern, dass die Geschichte der sich ausbreitenden, machthungrigen Kirche Jesu dann über weite Strecken ein Schlachthaus ist und ein Tollhaus dazu.

Hier einige Bausteine zur Geburt der Menschheitsidee aus dem Geiste des Christentums:

„Für jetzt bleiben Glaube, Hoffnung, Liebe, diese drei; doch am größten unter ihnen ist die Liebe." So lesen wir es im Ersten Korintherbrief (13,13). Es handelt sich um eine jener Stellen, die den Apostel Paulus zur wirkmächtigsten Gestalt des Christentums gemacht haben. Einen fernen Nachklang der Stimmung, aus der heraus hier gesprochen wird, finden wir noch bei Alfred North Whitehead, dem Mathematiker und Philosophen. In seinem metaphysischen Hauptwerk, *Process and Reality* (1929), schrieb er: „Liebe herrscht weder, noch ist sie unbewegt; auch ist sie ein wenig nachlässig gegenüber der Moral." Whitehead stellt den Gott des galiläischen Christentums jenen Gottesvorstellungen gegenüber, die für die außerchristliche Antike auf höchstem Niveau charakteristisch waren: Gott als Imperator, als unbewegter Beweger, als abstraktes moralisches Prinzip. Doch nun, plötzlich, der Gott der Liebe.[30]

---

30 Alfred North Whitehead: *Prozess und Realität. Entwurf einer Kosmologie*, 2. Aufl., Frankfurt a. M. 1984, 612 f.

Mit Jesus von Nazaret – so ist man geneigt, Whitehead fortzuführen – erscheint etwas Neues auf der Weltbühne, etwas, das Nietzsche gelegentlich „zart" nannte. Aus Jahwe, dem zornmütigen Herrscher, ist ein Kind geworden. Gott offenbart sich noch einmal, nun aber als leidender und mitleidender Mensch. Damit, so scheint es, wird die Geschichte der Juden zu einer Geschichte der Menschheit. Zugleich hat die Epoche des starren Gesetzes ihr Ende. Die Liebe ist ein wenig nachlässig. Als handfestes Symbol für diesen inneren Wandel finden wir bei Paulus die Abwertung der körperlichen Beschneidung. Diese war seit jeher Zeichen des Besitzanspruches, den Jahwe gegenüber den Seinen erhob. Von nun an soll es auf die „Beschneidung des Herzens" ankommen, das heißt, auf das Leben in der richtigen Gesinnung und im rechten Glauben – dem Glauben an Jesus Christus. Die Beschneidung des Herzens führt weg vom Samen, hin zur unabschließbaren Gemeinschaft derer, die einander lieben in der gemeinsam geteilten Liebe zu Gott: dem Gott aller Menschen.

Die Geschichte ist indessen selten so einfach, dass sie dem frommen Wunsch genügen würde. Sie ist nicht nur voller Tragik und Wahnsinn, sie ist auch voller Ironie. Sie lebt von den Missverständnissen, die Geschichte machen. Eines dieser Missverständnisse ist die Vorstellung, Jesus sei ein Christ gewesen. Das war er nicht. Er war ein Jude, der mit „Rabbi" angeredet wurde. Jesus stammte aus Palästina, die Quelle seiner Gelehrsamkeit war die hebräische Bibel. Im Johannes-Evangelium sagt er zu der Samariterin, also akkurat zu einer Angehörigen des verfeindeten Volkes: „denn das Heil kommt von den Juden" (Joh 4,22). Dementsprechend war Jesus auch ein Mann des Gesetzes. In der Bergpredigt äußert er sich dazu unmissverständlich: „Bis Himmel und Erde vergehen, wird auch nicht der kleinste Buchstabe des Gesetzes vergehen ..." (Mt 5,18)

Das bringt uns zu der Frage: Ist Jesus am Kreuz für alle Menschen gestorben? Die Antwort darauf fällt nicht leicht. Denn im Gegensatz zu Paulus finden wir bei Jesus keine Anzeichen dafür, dass er die Heidenmission gutgeheißen hätte. Wieso auch? Jesus war ein Erregter der Endzeit. Er dachte, dass die Tage der Welt gezählt seien. Ihm ging es darum, die Verirrten des eigenen Volkes heimzuholen, bevor es zu spät war. Zwar gibt es im Judentum seit den Tagen des babylonischen Exils eine Tendenz, die Enge der Stammesreligion aufzusprengen. Im Buch des Propheten Jesaja erhöht Jahwe Israel, seinen „Knecht", indem gesagt wird: „Ich mache dich zum Licht für die Völker; damit mein Heil bis an das Ende der Erde reicht." (Jes 49,6) Trotzdem ist von hier bis zum missionarischen Eifer des Paulus noch ein weiter Weg.

Dazwischen liegt der Bruch, der aus Saulus Paulus werden lässt. Saulus – eigentlich „Scha'ul", was soviel wie „Erwünschter" bedeutet – trug den griechischen Beinamen Paulus. Saulus-Paulus war ein schriftgelehrter Jude, ein Pharisäer aus der Diaspora, Geburtsort Taurus. Der spätere Apostel selbst hat uns darüber informiert, wie die Vision vom auferstandenen Jesus, das so genannte Damaskus-Erlebnis, aus ihm, dem eifrigen Christenverfolger, einen Judenchristen machte. Was ändert sich mit Damaskus? Gewiss nicht, dass das Heil von den Juden kommt, sie sind nach wie vor Gottes erste Liebe. Aber den Glauben an Jesus verknüpft Paulus nun mit einer radikalen Absage an die jüdische Gesetzes-Haltung: Im Evangelium offenbare sich die Gerechtigkeit Gottes „aus Glauben zum Glauben". Das ist eine Formulierung des Römerbriefs (1,17), der Jesus wohl nicht zugestimmt hätte. Denn sie bezweckt, den Glauben *an die Stelle* des Gesetzes treten zu lassen.

Gott, heißt es bei Paulus, ist der Gott der Juden und der Heiden, „da doch gilt: Gott ist ‚der Eine'" (Röm 3,29–30). Ausschlaggebend ist nicht das Blut, die Sippe oder ein äußeres Zeichen des Bundes. Ausschlaggebend ist der Glaube an die Erlösungstat Jesu. Und Paulus geht noch einen Schritt weiter: Heiden, die das Gesetz nicht haben, können vor Gott auch dann gerecht sein, wenn sie bloß ihrem Gewissen folgen. Denn dadurch genügen sie jenem höheren Gesetz, das allen Menschen „ins Herz geschrieben ist".

Wie ist das möglich? Wie ist es möglich, dass ein Jude der Tradition so massiv gegen die Tradition spricht? In seinem Paulus-Buch hat Schalom Ben-Chorin vom eigenen Leiden am jüdischen Gesetz gesprochen.[31] Er habe nur dessen Tyrannei, nicht dessen Freude erfahren dürfen, sagt Ben-Chorin. Und er fügt hinzu: Das war auch das Leiden des Paulus. 613 Gebote hatten die Weisen Israels zusammengestellt. Niemand, außer ein Heiliger, kann jemals alle Vorschriften für alle Tätigkeiten bei Tag und bei Nacht erfüllen. Selbst in reduzierter Form übersteigt der Gebotskatalog noch das Menschenmögliche. So wird gerade dem angestrengt Gläubigen das Leben leicht zur rituellen Ödnis, ja zur Qual.

Paulus schüttelt das Joch des Gesetzes ab, indem er sich auf die Lehre Jesu beruft. Deren Kernaussage wird im Galaterbrief durch ein einziges Gebot repräsentiert – das Gebot der Agape oder Nächstenliebe: „Denn das ganze Gesetz ist in dem einen Wort zusammengefasst: *Du sollst deinen Nächsten lieben wie dich selbst!* (Gal 5,14). Die Frage, die sich dem Historiker gleichermaßen wie dem Gläubigen an diesem Punkt stellt, lautet: Hat Paulus Recht, wenn er Jesus als seinen höchsten Gewährsmann zitiert? Und die Antwort muss lauten: Eher nein, als ja.

Zwar gibt es eine klare Linie der Agape, die von Jesus zurück zu den Vätern, zum Alten Bund und zur Tora führt. Im Buch Levitikus gebietet Jahwe dem Moses die Nächstenliebe. Freilich, er gebietet sie ausdrücklich nur für die „Kinder deines Volkes" (Lev 19,18). Es handelt sich also um eine innerjüdische Angelegenheit, und es gibt keinen Grund, warum Rabbi Jesus diesen Punkt hätte anders auffassen sollen. Im Übrigen stand auch Paulus im Bann des nahen Endes. „Die Zeit ist kurz", sagt er, wer eine Frau hat, möge sich so verhalten, als habe er keine, wer weint, als weine er nicht, wer sich freut, als freue er sich nicht (1. Kor 7,29–30). Das ist keine gute Basis, um das Gebot der Nächstenliebe zu verstehen, wie es die Christen heute tun, nämlich als das Menschheitsprinzip schlechthin. Vielmehr ist die Moral des Völkerapostels ein Provisorium für die gerade noch Erreichbaren, ein Notbehelf zur Sicherung des Heils vor der Wiederkunft des Messias.

Paulus wird gerne kritisiert, weil er die Lehre Jesu verfälscht habe. Doch es scheint, als ob unser Jesusbild ohne „Verfälschungen" nicht auskäme. Unter dem Getöse katholischer Obrigkeiten erinnerte Adolf Holl seinerzeit daran, dass der

---

31 Schalom Ben-Chorin: *Paulus. Der Völkerapostel in jüdischer Sicht*, 8. Aufl., München 1992.

Nazarener gar keine Kirche wollte.[32] Und auch die Vorstellung einer christlichen Offenbarung, die sich dem Judentum entgegenstellt, sprengt den Geist, der die Evangelien im Ursprung beflügelt. Erst über die Erweiterungsbewegung, die mit Paulus einsetzt, wird Jesus zunehmend unter einer Optik fassbar, die aus dem jüdischen Visionär den Begründer des Christentums macht.

Kurz gesagt: Das Christentum gibt es, weil es ein Missverständnis zwischen Jesus und Paulus gab und weil – Ironie der Geschichte – die Wiederkunft des Messias ausblieb. Nur so ließ sich die christliche Ethik der Nächstenliebe als ein Langzeitprojekt etablieren. Und nur so wurde das Christentum befähigt, die Botschaft vom Gott aller Menschen in die Welt hinauszutragen.

Historisch gesehen liegt hier, in diesen „Pannen", auch der Ursprung jener Idee, auf die wir uns beziehen, wenn wir von der *einen* Menschheit reden, die wir alle *sind*, nicht bloß faktisch, sondern als Gleiche mit gleicher Würde. Die Idee des Gottes aller Menschen und die Idee der Menschheit gehören innerlich zusammen. Ihr Ahnherr aber ist Paulus, der unter das Joch des Gesetzes gestellt war, um die „Nachlässigkeit" der Liebe zu predigen.

---

32 Adolf Holl: *Jesus in schlechter Gesellschaft*, Stuttgart 2000. Erstausgabe 1971.

6. Kapitel
Evolution des religiösen Erlebens

Es ist einer jener Spätsommertage: Der Wanderer, der unterwegs ist durch eine Landschaft, die aus Hügeln, Lichtungen und kleinen Mischwäldern besteht, hat nichts vor; er will nur unterwegs sein. Sein Körper ist ihm ein leichtes Gefährt, das ihn trägt und fortträgt. In den letzten Tagen hat es geregnet, der Boden, auf dem die Moospolster Mosaike bilden, ist nachgiebig. An den Wegrändern sind die Gräser und Pflanzen tropfschwer. Die Sonne steht hoch, aber sie sticht nicht. Während aus den erwärmten Winkeln rundum Dämpfe aufsteigen, tanzen zwischen dem Blattwerk der Bäume die Insekten. Mücken, die aus dem Tanz ihres Schwarms plötzlich ausbrechen, fügen sich blitzartig wieder ein in das Ganze, das so schnell in sich selbst lebt, dass kein Auge zu folgen vermag. Das Auge des Wanderers folgt stattdessen den Spinnfäden, die durch die Luft treiben, man weiß nicht, woher sie kommen. An manchen Fäden hängen winzige Raupen, an anderen nur Nadeln von Bäumen, in deren Ästen Spinnen ihre Netze gespannt haben. Unzählige dieser wundersam gewirkten Gebilde schaukeln in der Brise, die kaum spürbar heraufweht aus dem Hohlweg, auf den sich der Wanderer zubewegt. Dabei schweift sein Blick an den Horizont: in einiger Entfernung die Distelfelder mit den dunkellila Blüten, über denen die Bienen und Hummeln schwirren, und weiter weg die weißglänzenden Stämme eines Birkenwäldchens, das vielerlei Durchblicke auf eine Abholzung im dahinter liegenden Tal gestattet. Von dorther ist das Knattern einer Motorsäge zu hören. Bevor der Wanderer in den Hohlweg eintritt, kommt er an einem kleinen Tümpel vorbei, der um diese Jahreszeit heftigen Betrieb zeigt. Unter den Wasserläufern, deren Beinspuren wie Kristallfäden die Oberfläche durchziehen, ist dunkles Gezappel mehr spür- als sichtbar. Ein grünschillernder Käfer rumort einen Augenblick lang über dem Tümpel, um dann in Richtung eines Fleckens voll mit rotlippig blühendem Kraut abzuschwirren. Und auch der Wanderer hat sich schon weiterbewegt, abwärts nun, von oben dringen die Strahlen der Sonne durch das Blattwerk der Bäume, von unten steigt die Wärme aus dem Boden auf. Jetzt wird im Wanderer der Himmel, der ihn soeben noch überwölbte, erst lebendig. Jetzt erst hört er den Gesang der Vögel und sieht die Drähte der Telegraphenmasten, die sich über das Tal spannten, auf das er von der Lichtung hinausblickte. Dort saßen, aufgefädelt, die bereits Abflugbereiten. Sie werden in Länder fliegen, denkt der Wanderer, die ich nicht kenne, nicht kennen will, nicht zu kennen brauche. Irgendwohin. Es ist ihm, als ob dieses Irgendwohin aus dem Geruch des Hohlwegs ihm zuströmte, wie aus einer Höhle, in die er sich seinerseits verströmen kann ohne Angst, im Wahnsinn zu enden. Sein Ich, leichtbewegt wie das Gefieder der Vögel hoch oben auf den Telegraphendrähten, sinkt ein in die Feuchtigkeit der Moose, Farne und all der kleinen Tiere, die hier unbemerkt leben. Schnecken, Käfer, Spinnen. Und während er heimwärts geht, ist er schon da.

6.1 Religiöses Erleben im Ursprung

Er ist schon da, während er heimwärts geht. So ein Wanderer ist nicht an allen Orten und nicht zu allen Zeiten denkbar. Ja, man kann sagen, dass er im christlichen Europa vor dem 19. Jahrhundert undenkbar wäre. Das liegt gewiss nicht an den Telegraphendrähten, sondern an dem Blick, der auf die Natur geworfen wird. Es ist ein seelenvoller Blick, der, längst gesättigt von den Wildwassern der Romantik, sich einer freundlichen Mystik des Zusammenseins mit Stein, Pflanze und Tier erfreut. Dieser Blick ist nur möglich in einer Zivilisation, die dem geängstigten Herzen Sicherheit gibt: Um das Morgen muss es sich nicht schwer bekümmern, es ist gesorgt. Und auch aus der Landschaft, die man durchschreitet, wird nichts Schreckliches hervorbrechen, weder ein Dämon, noch ein wildes Tier. Die Landschaft, auch wenn sie sich dem Auge als „naturbelassen" präsentiert, ist eine Art Garten, gepflegt durch viele unsichtbare Hände, Holzarbeiter, Förster, Wegemacher. Immerhin, einmal ist eine Kreissäge zu hören, und die Telegraphendrähte sind Zeichen des technischen Umraumes, der so hohe Sicherheit gewährt, dass man beim Gehen sein Ich ein wenig verlieren darf.

Im Englischen nennt man solche Augenblicke *Moments of being*, Augenblicke, in denen man in einer ganz besonderen Weise *existiert*: Man scheint sich in die Dinge hinein zu verlieren, man hört auf, darunter zu leiden, dass man ein im Weltall separiertes Individuum ist, und zugleich scheinen die Dinge dem nebulos werdenden Ich entgegenzuschweben, ihr Wesen zu öffnen. Das alles ist wundersam und fast zeitlos. Das ist ein mystischer Moment. Warum sollte man nicht sagen, es ist ein religiöser Moment? Die Dinge sind *da*. Dieses plötzlich fraglose Dasein, das keiner Erklärung mehr bedarf, ist ein Modus der Geheimnislosigkeit. Was Heidegger die „Lichtung des Seins" nannte, lässt sich als Freistellung der Transzendenz im konkreten sinnlichen Schein umschreiben. Und eben das ist mystische Präsenz: Das Subjekt verliert sich in die Dinge hinein, ohne sein Ich völlig preiszugeben (und zu sterben), um in seinem halbwegs selbstbewussten In-die-Welt-hinein-Verlorensein den gemeinsamen Grund wahrzunehmen, aus dem heraus sie beide, die Dinge und das Subjekt, existieren.

Das ist ein flüchtiger, zarter, nicht mitteilbarer Moment. In ihm steckt, auch wenn er dem Erlebenden ganz zeitlos zu sein scheint, die Zivilisationsgeschichte des Abendlandes. Dass wir ihn überhaupt als religiös gelten lassen, hat mit jener Geschichte zu tun. Denn gerade im Christentum ist es keine Selbstverständlichkeit, dass Gott in der Natur „anwest". Und man darf wohl sagen, dass vom Standpunkt des voll entfalteten katholischen Rituals aus die Naturmystik als romantische Abstiegsstufe der Religiosität belächelt und ein wenig verachtet wird. Gott ist der Schöpfer der Welt und seine Präsenz wird in den liturgischen Mysterien gesichert, deren authentischer Ort die Kirchen sind und nicht die blühenden Wiesen. Damit diese in den Vordergrund des religiösen Empfindens treten können, bedarf es mehrerer Brechungen des christlichen Gefühls. Aus der Natur als einem Ort des Überlebenskampfes muss wieder etwas werden, worin man den paradiesischen Garten erahnen kann.

Tatsächlich gehen ja dem mystischen Naturgefühl, von dem hier die Rede ist, sowohl Landflucht und Verstädterung voraus. Das „Zurück zur Natur" des Jean-Jacques Rousseau (1712–1778) markiert eine abgeleitete Sehnsucht. Was all den Jahrhunderten vorher ein Ort war, der unterworfen und bearbeitet werden musste, die rohe Natur, wird nun, im Blick des 18. Jahrhunderts, der die Öde und abstoßende Künstlichkeit der adeligen Zivilisation einerseits, den Schmutz und die Armut der Städte andererseits kennt, zu einer religiösen Projektionsfläche. In der Natur finden sich Ursprünglichkeit, Reinheit, Wahrheit und Schönheit des Seins. Des besonnenen Goethes pantheistische Gefühle sind bekannt, und der Pantheismus, also die Lehre, dass Gott überall ist, nur nicht in der Verkommenheit der Zivilisation, wird dann zum wilden Credo der Romantik, das die Künstler in den tiefen Tann, zur Schlucht mit dem Wasserfall und hinauf in die Gletscherregionen der Berge stürmen lässt.

Das alles ist weit entfernt vom Ursprung religiösen Fühlens. Man hat diesen Ursprung als „animistisches" und „magisches" Verhältnis zu den Dingen umschrieben. Aber das sind nur Worte. Dürfen wir annehmen, dass zu der Zeit, als der Mensch sich aus seinem Tiersein ablöst und hineinwächst in die Welt seiner Großhirnrinde, ihm Innen und Außen noch immer fließende Bereiche sind? Er kann schon denken, aber kraft seines Empfindens ist er noch kein Subjekt in unserem Sinne. Das gefühlte Leben, das in ihm ist, ist auch draußen, warum sollte es anders sein? Die Kraft, die in ihm ist, ist auch in den Dingen, bei manchen ist sie schwach genug, um sie zu überwältigen, zu zerstören und zu verschlingen, aber andere Dinge sind stark, unbesiegbar, riesig. Sonne, Wasser, Donner, Sturm: das alles sind lebendige Gewalten, man muss sich ihnen unterwerfen. Sie nähren den Menschen und sie wüten gegen ihn. Was ist der Grund ihres Wütens, was hat man falsch gemacht? Wie kann man sie gütig stimmen?

Und dann sind da die Nächte und ihre Schatten, und vor allem: die Träume. In den Träumen kommen die Dinge des Tages wieder, verzerrt, verwandelt, oft eigenartig stofflos. Der Bison, der sich tagsüber seinen schwergewichtigen Weg bahnt, existiert auch nächstens noch, in einer anderen Welt und einer anderen Zeit. Dort ist manchmal die Erdschwere aufgehoben und die Jäger beginnen zu fliegen. Am Morgen, nachdem sie in den höchsten Bäumen gesessen und über die Weiden gestrichen sind, wachen sie auf in ihren engen Körpern, am harten Boden, in feuchten Höhlen.

In diesen Phasen der Menschwerdung stirbt niemand. Was liegen bleibt, ist der Köper. Doch er ist nicht tot, er ist Teil des Ganzen und daher noch immer voller Macht. Der Wandel von lebendig zu tot ist nichtsdestotrotz eklatant und furchterregend. Um den toten Körper ist etwas wie Schuld. Denn kalt dazuliegen und nicht mehr aufzuwachen, setzt eine Gewalt voraus, die niederstreckte, lähmte, den heißen Atem wegnahm. War hier Vergeltung im Spiel, Bosheit? Oder was? Und wenn der Tote in den Träumen wiederkommt, dann ist das so, weil mit dem kalten Körper nicht alles stirbt. Im Gegenteil: Alles lebt irgendwie weiter, die Ahnen leben und sie haben die Macht, aus ihrer Traumexistenz heraus die Lebenden zu beschützen oder zu bedrohen.

Niemand will sterben. Kein Trieb ist so heftig wie der, der den Menschen ans Leben schmiedet. Man will leben, auf jeden Fall, und wenn der Körper zerbricht und kalt wird, dann muss man darauf achten, dass man in das andere Leben, von dem die Träume berichten (und die Erzähler, die über die Träume bald mehr zu wissen scheinen, als die Träumenden selbst), möglichst unbeschadet hinüberkommt. Man braucht Geschenke, Nahrung, auch andere Dinge.

Wie lässt sich das religiöse Empfinden des Anfangs beschreiben? Unser geschulter Blick sucht nach den typisch religiösen Situationen. Doch was er findet, ist eine Lebensatmosphäre, in der die Trennung zwischen „religiös" und „profan" keinen guten Sinn ergibt. Der Anfang war götterlos, aber irgendwie war alles lebendig, weil von Kraft und Kräften durchsetzt. Diese freilich waren nichts Abstraktes, sie hatten immer ein Gesicht, eine Gestalt, sie waren Mensch, Tier, Pflanze, Stein, spendeten Leben und stifteten Tod in den konkreten Erscheinungen des Himmels und der Erde.

Was uns scheinbar rasch an den Rand des uns vertraut Religiösen führt, ist die Magie. Doch wir neigen dazu, die Magie des Anfangs misszuverstehen. Zunächst gibt es noch keine Theorie der magischen Wirkungen. Stattdessen gibt es die Erkenntnis, dass manche Dinge sich bewegen und beherrschen lassen, indem man bestimmte Handlungen setzt. So überlebt man. Große Steine muss man mit einem Hebel aus ihrer Position kippen, um sie an einen anderen Ort zu verbringen. Den Bison muss man an einer bestimmten Stelle des Körpers durchbohren, dann knickt er ein und fällt um. Es gibt allerdings Dinge, die sich mit solchen Techniken nicht beeinflussen lassen. Es gibt auch „psychologische" Techniken: Attrappentechniken, Traumtechniken, Techniken des veränderten Bewusstseins, mimetische Techniken.

Das Bisonbild an der Höhlenwand ist eine Attrappentechnik. Es löst in abgeschwächter Form dieselben Gefühle aus, die der reale Bison auslöst. Heißt das nicht, dass der Bison im Bild präsent ist? Der Voodoo-Zauberer, der in die Puppe sticht, um den Menschen, den sie darstellt, zu töten, hat die Frage schon beantwortet. Und wenn der Bison im Bild präsent ist, kann man sich dann nicht mimetisch der Seele des Bisons vergewissern, ja sich ihrer bemächtigen? Schon sehr früh entdecken die Menschen die Macht der Nachahmung. Das Kind ahmt die Mutter nach, in Mimik und Gebärdenspiel; so erfährt es, wie die Mutter sich fühlt, und bringt die Mutter dazu, auf seine eigenen Gefühle einzugehen. Im Traum und im Rausch wiederum lebt man in einer anderen Welt und einer anderen Zeit. Hier herrschen andere Kräfte und Gesetze. Man kann sie nützen, um etwas über die geheimen Absichten der Dinge, über die Zukunft und über das Schicksal der Toten zu erfahren.

Man darf also die Vermutung äußern, dass das religiöse Erleben am Anfang, ob mehr empirisch oder mehr magisch orientiert, insgesamt pragmatisch und weltverhaftet bleibt. Natürlich treten die Gefühle, die für das spätere Empfinden typisch sein werden, auch hier schon auf: Gefühle der Furcht und Ehrfurcht, der Faszination vor dem Mächtigen und Übermächtigen. Rudolf Ottos *Mysterium tremendum et fascinosum,* typisch für das spezifische Mischgefühl der Gottheit gegenüber – unbeschreibliches Zittern und unbeschreibliche Attraktion zugleich –, ist zwar einer viel späteren Zeit vorbehalten (und in der Ausformung Ottos trägt es deutlich Züge der Spätromantik)[33], doch seine Ursprünge sind ursprünglich bereits da. Nur sind sie eben noch nicht auf Götter oder einen Gott gerichtet; ihnen fehlt zunächst der typische Charakter des Übernatürlichen. Am Anfang ist alles natürlich und alles durchzogen von Stimmungen, die von einem späteren Standpunkt aus als religiös charakterisiert werden können.

Es kann kaum ein Zweifel bestehen, dass sich die Menschen der Frühzeit keine Gedanken darüber machen, ob „die Welt" gut oder schlecht ist. „Die Welt" oder „die Schöpfung" sind Konzepte einer späteren, grundsätzlicheren Zeit, als vor dem geistigen Auge bereits „Ganzheiten" erwogen werden, die im Ursprung höchstens als sprachlos machende Horizonte der lokalen Gegebenheiten auftauchen. Die lokalen Gegebenheiten, das sind all die konkreten Lebensvollzüge, die notwendig scheinen, um zu leben und zu überleben. Ich meine das nicht düster, obwohl das Leben eines Menschen in der Steinzeit an manchen Orten und zu manchen Zeiten wohl düster gewesen sein mag. Ich meine das einfach in dem Sinne, dass gut und böse vorerst noch Urteile sind, die um typische Situationen des Wohlbefindens und der Ängstigung kreisen. Dabei mag es so gewesen sein, dass die lokalen Umwelten mit ihrer Fülle von begehrenswerten, schrecklichen und auch gleichgültigen Dingen von vornherein als ein Feld vielfältiger Kräfte erfahren wurden – und was eine Kraft ist, das weiß jeder sich gegen Widerstände Bewegende unmittelbar –, die den Menschen tausendfach *auf die Knie zwangen;* und hier ist es am Platz, den Ausdruck in der doppelten Bedeutung des Wortes zu verstehen, physisch und numinos!

Man hat die Atmosphäre der Homerischen Epen so geschildert, dass man sagte, ihre Schönheit rühre nicht zuletzt daher, dass in ihnen alle Dinge, auch noch die allergrässlichsten Gemetzel, in ein göttliches Licht getaucht sind. Das ist wahr. Doch woher kommt dieses Licht? Es kommt nur zu einem Teil daher, dass die Götter und Göttinnen buchstäblich mitmischen, wenn es für die Menschen darum geht, Ruhm und Ehre zu erringen oder Schande über den Gegner zu bringen. Der Ursprung dieses Lichts ist wesentlich so zu sehen, dass alle bei aller Willensanstrengung doch eingebunden sind in ein *erzählbares Geschehen,* dessen Zusammenhalt in der *Struktur der Erzählung* selbst liegt, nicht im Individuum und seinem Wollen. Dass die Welt eine Erzählung *ist,* an der die Menschen nichts ändern, die sie vielmehr nur nach Kräften ausfüllen können (und auszufüllen haben), ist bereits eine Form des Schicksalsglaubens. Das ästhetische Element in ihm ist unübersehbar, und das Kunstwerk, das der inspirierte Dichter schafft, ist Mimesis – eine möglichst getreue Nachbildung jenes Elements. Hier treffen wir auf die schicksalszentrierte Fassung des religiösen *Es ist, wie es ist, und es ist gut.*

Nun ist die homerische Art, die Dinge zu sehen, bereits ein hochentwickeltes Stadium, die Göttlichkeit des Seins und Daseins zu erleben und zu bekunden.

---

33 Rudolf Otto: *Das Heilige. Über das Irrationale in der Idee des Göttlichen und sein Verhältnis zum Rationalen.* Die erste Auflage dieses einflussreichen Buches erschien 1917.

Wir bewegen uns im Zeitraum zwischen etwa 750 bis 650 vor Christus. Doch es ist nicht abwegig, Vorformen dieses Stadiums – das sind Vorformen des Welteinverständnisses – bereits in den Ahnungen des frühen Menschen zu vermuten. Denn die Welt im Ursprung ist belebt („animiert") durch und durch, und zu leben heißt, wie der Mensch unmittelbar weiß, auf Ziele hin ausgerichtet zu sein. Noch einfacher: Leben heißt wollen. Überall, in allen Wachstumsprozessen und Naturzyklen liegt ein Wollen, dem das menschliche Leben, in dem das Blut zirkuliert, der Atem aus- und eingeht und die Träume wirken, einbeschlossen ist. Ohne diesen Begriff zu denken, gehört es doch zu einer sehr frühen Stufe des religiösen Erlebens, die Dinge als *energetisch* wahrzunehmen. In ihnen äußert sich eine Lebenskraft – oder schlummert auch nur –, die gerichtet ist wie das Wollen, das den Menschen selbst vorantreibt.

Im entwickelten magischen Weltbild wird dann der Brahmanenschüler bei seiner Weihe auf einen Stein treten, um durch die von diesem ausgehende Festigkeit selbst fest zu werden.[34] Kraftübertragung im Sinne der Übertragung lebendiger Energie und mimetisches Verhalten spielen hier ineinander. Denn im Stein steckt ein Wollen, ein ruhendes Wollen, „potentielle Energie", die in denjenigen übergehen kann, der sich innerlich einem Stein anzugleichen versucht. Und indem sich der Mensch, selber wollend, in einen Raum lebendigen Wollens eingebunden fühlt, fühlt er sich zugleich als Teil von etwas, was später „Schicksal" heißen wird und dem Lauf der Dinge die Struktur einer Erzählung verleiht.

Die Magie ist die Praxis des Animismus. Beide haben ihren Ursprung im primären Erleben des Menschen. Beide werden auf späteren Stufen der geistigen Entwicklung als illusionär erkannt und schrittweise aus dem religiösen Leben ausgeschieden. Aber in beiden wurzelt ein Vorstellungskomplex, der im Laufe der Zeit rationalisiert wird. Dieser Komplex sieht in allen Dingen etwas Göttliches, das sich zunächst, für den archaischen Menschen, in der Form des Schicksals äußert, welches das einzelne Leben in eine große Erzählung einbindet, im Extrem: in die Erzählung, die die Welt *ist*. So bleibt durch alle Wechselfälle des Lebens hindurch die Gewissheit aufrecht, dass die Dinge einen ihre Beschränktheit übersteigenden, sie „transzendierenden" Sinn haben, der das Sein gut sein lässt, es jedenfalls innerlich auf das Gute hin ausrichtet – bis hin auf jenen Absoluthorizont, der schließlich als das Ideal der Erlösung in Erscheinung tritt.

6.2. Die Epoche der Götter

Doch bis dahin ist ein weiter Weg. Zuerst kommt die Epoche der mächtigen Wesen, die in vielerlei Gestalten und Gestaltungen zu Trägern von Kräften werden, welche die armseligen Fähigkeiten des Menschen übersteigen. Das beginnt mit den Tieren, die man zugleich fürchtet und verehrt. Tiergötter gehören einer alten Stufe der Menschheit an. Dann gibt es die Toten, die Macht gewinnen,

---

34 Stichwort „Magie" im *Wörterbuch der Religionen*, 4. Aufl., Stuttgart 1985, 367.

insbesondere solche, die in den Erzählungen als mächtige Krieger den mächtigen Tieren gleichgeworden sind und am Anfang der Familien, Clans und Stämme stehen. Und dann gibt es die mächtigen Wesen, die über die Gewalten herrschen, häufig dadurch, dass sie anfänglich diese Gewalten in animistischer Ausdeutung waren. Hier betreten wir bereits das Feld der Götter im engeren Sinne, das sind jene, die mit dem Anfang der Welt (wie lokal „die Welt" zuerst auch gedacht werden mag) in Zusammenhang stehen. Alle Ordnung, ob menschlich, irdisch oder himmlisch, braucht Gesetzgeber, Lenker und Wächter.

Dabei schwanken die Bilder der Götter. Die Götter sind vexierbildartig die Naturgewalten *und* ihre personal gedachten Repräsentanten. Der psychologische Hintergrund dieser mythischen Grundsituation ist uns durchaus vertraut, auch wenn die mythische Denkweise uns seltsam anmutet. Die Erde ist die Erde, also im Grunde nichts Persönliches, aber da ihr die Kraft zueigen ist, Dinge der Natur zu „gebären", muss sie als Ursache, ganz im Sinne der bekannten menschlichen Verhältnisse, personal gedacht werden: als Gebärerin, die dem weiblichen Geschlecht und damit der Frau im Wesen nahe steht. In der *Theogonie* – wir befinden uns an der Wende zum 7. vorchristlichen Jahrhundert – rechnet Hesiod mit vier Urgottheiten, die alle diesen impersonal-personalen Doppelcharakter zeigen: Chaos als der „gähnende" Raum; Gaia als die Erde; Eros als die zeugungskräftige Liebe; Tartaros als die Unterwelt. Ernst Günther Schmidt merkt dazu an:

„Gerade bei den frühesten Gottheiten des hesiodeischen Systems, denen der Dichter ein Zeugen und Gebären zuschreibt, stellt sich für den heutigen Leser die Frage nach dem Verhältnis zwischen der hier vorausgesetzten Personenhaftigkeit der Götter und ihrer Existenzweise als Teilen der Welt. Für Hesiod ist auch das noch kein Problem gewesen. Der Fluss und der Flussgott, der Baum und die Baumnymphe, das Naturphänomen Nacht und die Göttin Nacht sind gewissermaßen zwei Aggregatzustände der gleichen Sache."[35]

Die Göttlichkeit der Welt und damit – auf der Seite des Menschen, der die Göttlichkeit in allen Dingen registriert – eine ursprüngliche Form des Welteinverständnisses gründet in der Doppelnatur der Götter. Daran können auch die wüsten Phantasien, die sich an den Weltanfang namentlich in der griechischen Mythologie knüpfen, nichts ändern. Man darf allerdings nicht vergessen, dass, ähnlich wie bei Homer, Hesiods *Theogonie* bereits ein hochentwickeltes Erzählstadium darstellt, in dem mythische Urfassungen und Urgottheiten auf vielfältige Weise kombiniert, rekombiniert, verschmolzen und auf geradezu reißerische Weise erweitert wurden. Was mit alten Motiven und Stoffen passieren kann, erfährt der Leser am besten aus Ovids *Metamorphosen,* in denen der Phantasie der Verwandlung schier keine Grenzen gesetzt sind.

Freilich ist Ovid (43 v.–17 n. Chr.) kein mythisch Gebannter mehr. Er ist in erster Linie Dichter, der auf Quellen zurückgreift, nicht um sie so wortgetreu wie möglich wiederzugeben, sondern um mit ihnen ein großes Kunstwerk zu

---

35 Ernst Günther Schmidts „Einführung" zu Hesiod: *Theogonie*, 2. Aufl., Düsseldorf/Zürich 1997, 182 f.

gestalten. Der römische Gebildete war es durchaus gewohnt, auf mehreren geistigen Klaviaturen gleichzeitig zu spielen. Der christliche Wahrheitsdrang, der dann beispielsweise das Werk eines Augustinus erfüllen wird, ist der römischen Mentalität dieser Zeit fremd; ja, sie hätte ihn als engstirnige, lebensfeindliche Prinzipienreiterei verurteilt. Natürlich weiß Ovid, dass die Erde eine Kugel ist und dass sich daher das Weltbild nicht auf die mythische Dreiteilung – Himmel, Erde, Unterwelt – reduzieren lässt. Und obwohl Philosophen wie Epikur der Meinung waren, dass die Götter nicht in die Schicksale der Welt und des Menschen eingreifen, wäre es den Gebildeten ferngelegen, die Staatsreligion mit ihrem rituellen Tamtam bis hin zu den vielen Opfervorschriften und Regeln der Zukunftsschau zu bekämpfen. Lieber unterschied man, wie der römische Antiquar Varro, drei „Theologien", eine mythische, eine wissenschaftliche und eine staatsreligiöse.[36]

Aber man kann natürlich – und nicht zu Unrecht – in einem derartigen „Pluralismus", der manchem heutigen Kommentator als ein nachahmenswertes Zeichen der Toleranz gilt, auch ein Stadium der Dekadenz, der geistigen Verkommenheit sehen. Das war jedenfalls die Perspektive, die Augustinus in seinem Gottesstaat (*De civitate Dei*, VI,5 f) gegenüber Varro einnimmt. In der Tat fragt man sich, woran die gebildeten Römer jener Zeit eigentlich glaubten. Glaubten sie an ihre Götter, auch wenn sie möglicherweise nicht mehr daran glaubten, dass die Götter in die Welt aktiv eingriffen? In seinem Buch über das Wesen der Götter, *De natura deorum*, das 44 v. Chr. entsteht, lässt Cicero auf höchstem philosophischen Niveau einen Epikuräer, einen Stoiker und einen Vertreter der Neueren Akademie miteinander diskutieren. Letzterer vertritt Ciceros eigene Position, und die ist die einer *theologia civilis*. Worauf immer das genau hinausläuft, es bedeutet, die religiösen Ansichten der Vorfahren zu ehren und ihre Bräuche zu pflegen, weil sie zur Legitimierung des herrschenden Staats- und Rechtsverständnisses unverzichtbar sind.

Die Götter und die ihnen zustehenden Dienste sind demnach Teile einer Tradition, deren Wahrheit in ihrer wohltätigen Wirksamkeit für die Menschen gründet. In diesem Sinne brauchte sich Cicero auch nicht als jemand zu fühlen, der die Leute an der Nase herumführte, wenn er sich selber sakral betätigte. Dass man aus den Eingeweiden von Opfertieren oder aus dem Vogelflug die Zukunft vorauszusagen versuchte, war nicht einfach wüster Aberglaube, wie es der wissenschaftlichen Auffassung erscheinen mochte; es war vielmehr Teil einer hochgeachteten, bewährten Praxis des Volkes. *Man tat das so.* Und insofern in diesem Tun Existenz- und Wirkannahmen mit Bezug auf verschiedene Götter enthalten waren, glaubte *man* an sie. Cicero wäre das Kunststück moderner Theologen absurd vorgekommen, die das „religiöse Sprachspiel" ohne Existenzannahmen spielen wollen, bloß um nicht irgendwelchen Kritikern der Metaphysik ins offene Messer zu laufen.

---

36 Vgl. Michael von Albrecht: „Nachwort" zu P. Ovidius Naso: *Metamorphosen*, lateinisch–deutsch, übersetzt u. hg. v. Michael von Albrecht, Stuttgart 1994, 958 f.

Andererseits bewegt sich der zivile Theologe bereits an einer Grenzlinie, an der die Götter zu Symbolen werden, die weniger eigene Realität zu haben scheinen als die Realität des Staates, um dessen höhere Ehren willen sie den Kult genießen, der eigentlich nur Wesen zusteht, von deren Existenz das Wohl und Wehe der menschlichen Angelegenheiten abhängt. Das alles sind schon sehr vertrackte Verhältnisse, eminent „zivilisiert". Von ihnen aus gesehen musste die Doppelnatur der alten Gottheiten, wie sie noch bei Hesiod im Rückgriff auf alte Quellen nachgezeichnet werden, wahrhaft archaisch anmuten – als märchenhafter Mummenschanz. Wer eine „wissenschaftliche Theologie" hat, dem sind die elementaren Naturphänomene nicht mehr göttlich in dem elementaren Sinne, dass sie als Phänomene, die zugleich bewegende, gebärende Kräfte sind, jederzeit auch als Personen in Erscheinung treten können.

> *Wahrlich, als erstes ist Chaos entstanden, doch wenig nur später*
> *Gaia, mit breiten Brüsten, aller Unsterblichen ewig*
> *sicherer Sitz, der Bewohner des schneebedeckten Olympos,*
> *dunstig Tartaros dann im Schoß der geräumigen Erde,*
> *wie auch Eros, der schönste im Kreis der unsterblichen Götter …*

Schon in diesen wenigen Versen der *Theogonie*, 116–120, in der Übersetzung von Albert von Schirnding, sehen wir eine Phantasie am Werk, die an die „Logik" der Träume erinnert und nicht daran, wie der Naturforscher an die Dinge herangeht. Doch steht hier die Logik des Traumes bereits unter einer hinreißend ästhetischen Form- und Bildgebung, die uns bezaubert dem Gebärschaffen der Gaia lauschen lässt (Verse 126–130):

> *Gaia gebar zuerst an Größe gleich wie sie selber*
> *Uranos sternenbedeckt, damit er sie völlig umhülle*
> *und den seligen Göttern ein sicherer Sitz sei für ewig.*
> *Dann gebar sie die großen Berge, die reizende Wohnstatt*
> *göttlicher Wesen: der Nymphen, die hausen in Schluchten der Berge.*
> *Auch die öde Meerflut gebar sie, die wogengeschwellte,*
> *Pontos, ganz ohne Liebe. Okeanos aber entströmte*
> *tief, voller Wirbel dem Lager, das sie mit Uranos teilte.*

Pontos ist das „innere", das Mittelländische Meer im Gegensatz zum Ringstrom Okeanos, der nach der alten mythischen Vorstellung außen die Welt umfloss. Dem gelehrten Kommentar ist zu entnehmen, dass im Gedicht des Hesiod das Meer fernerhin mit dem gleichen Wort *(pontos)* bezeichnet wird und mehr die natürliche Realität meint als die Gottheit. Da walten Unübersichtlichkeiten des Konzepts, die aus neuerem Erfahrungswissen herrühren, das sich mit alten Vorstellungen überlagert.

Wie auch immer, wenn wir uns in die Zeit zurückbegeben, in der die personalen Gottheiten noch unpersönliche Elementargewalten sein konnten, dann haben wir uns auf eine Ebene des religiösen Erlebens versetzt, auf der, weil alles göttlich ist, nichts wirklich natürlich in dem uns heute geläufigen Sinne sein konnte. Das Natürliche in diesem Sinne ist eine Folge der Entfaltung einer autonomen Sphäre des Übernatürlichen, was zur Voraussetzung hat, dass sich die Götter aus ihrer unpersönlichen Existenzweise im Elementaren ablösen. Sie müssen die Welt gleichsam hinter sich lassen, über sie hinaussteigen und über die Elemente, die sie anfänglich auch waren, zu herrschen beginnen.

Damit wird dann eine neue Stufe des religiösen Erlebens eingeleitet, die zu den komplexesten und vielleicht unglücklichsten gehört. Sobald die Götter losgelöst von der Welt existieren, werden sie auf eine viel massivere Weise zu Vorbildern und Rivalen der Menschen, als sie es jemals zuvor waren. Denn nun wird ihre Herrschaft über die Elemente, die Welt und alle Kreaturen des bekannten Universums in derselben Art und Weise autonom, beweglich und rücksichtslos, wie die menschlichen Herrscher über ihr Gebiet und ihre Untertanen herrschen. Göttliche und menschliche Gesetzgeber beginnen, einander zu spiegeln, wobei im Laufe der Zeit die Götter alle menschenmögliche Macht in größenwahnsinnige Dimensionen zu steigern imstande sind. In der Herrschaft der Götter wird ablesbar, was absolute Machtentfaltung, aber auch was unbeschränkte Willkür und machiavellistisches Großherrentum bedeuten. Kurz gesagt: Die Welt der Götter wird ebenso zu einer Projektionsfläche menschlicher Übermenschenphantasien, wie sie im Gegenzug zu einer schweren Belastung für das Leben der Menschen werden kann, die an die Macht der Götter glauben. Das von dieser Dialektik der Stand der Priester, Kultdiener und diverser Mittler profitiert und daher an mäßigender Aufklärung nicht im Geringsten interessiert ist, bedarf kaum einer Erwähnung.

Die Geburtsstunde der autonomen Götter ist zugleich der Anfang einer Religiosität, die sich bis in das Innerste der Heiligtümer und Erlebensformen mit den Gewalten und Wahngebilden des Machtverlangens vollsaugt. Doch der Anfang selbst mag da und dort noch einigermaßen so gewesen sein, wie sich das die heutigen postmodernen Polytheisten gerne vorstellen. Da die Herrschaft unter den Menschen früher Kulturen, die keine großen Staaten bildeten und auch nicht von ruhmsüchtigen Fürsten ausgequetscht wurden, eine einigermaßen funktionale war, bezogen auf das Überleben und Wohlergehen einer relativ überschaubaren Gemeinschaft, wird vermutlich auch der Clan oder Hofstaat der Götter in seinen Forderungen mäßig gewesen sein. Dafür bot die Schar der Himmlischen und ihr dienender Anhang Schutz in Angelegenheiten, wo, wie es so schön heißt, nur mehr Beten hilft. Auch mochten passable Weltentstehungs- und Nachlebenslehren die Angst des Menschen vor Katastrophen besänftigt haben, die aus dem Dunkel der Nacht, des Himmels und des eigenen sterblichen Herzens hervorbrachen.

Doch die Freistellung der Götter von ihrem Seinsgrund, dem sie entwuchsen – Erde, Feuer, Wasser, Luft und dergleichen Elemente –, war eine bewegliche und instabile Projektionsfläche der menschlichen Wünsche, Nöte, Begehrlichkeiten und Verrücktheiten. Unter all den möglichen Deformationen des Götterglaubens seien nur einige der historisch schwerwiegendsten herausgegriffen.

Fressgötter, schwache Götter. Dass man den Göttern Opfer zu bringen hat, ist selbstverständlich. Man will ihr Wohlwollen, man will ihren Schutz. Opfer sind Gaben für die Himmlischen, so wie die Herren dieser Welt verlangen dürfen, dass man ihnen von dem, was man erarbeitet, einen Teil abgibt. Solange sich derartige Opfergaben in bescheidenen Grenzen halten und solange sie Pflanzen und Tiere umfassen, also Dinge, die von den Menschen selbst verzehrt werden, ist die Balance zwischen Himmlischen und Irdischen in Ordnung. Aber es gab viele Kulturen, in denen die Götter gefräßig wurden und darüber hinaus nach dem Tabuopfer schlechthin – Menschenfleisch, Menschenblut – verlangten. Das konnte, wie wir am Beispiel der Azteken gesehen haben, ein Zeichen der Schwäche sein: dann benötigten die Götter Nahrung, um den Weltlauf regulär in Gang zu halten.

Zu einer Verdüsterung der Kulturen führt das Menschenopfer jedenfalls. Denn die Menschen beginnen, sich vor den Göttern wie Schlachtvieh zu fühlen, und wenn sie ihre Würde nicht verlieren wollen, dann müssen sie den Umstand, dass ein Gott sie auffressen oder sonst wie als Nahrung konsumieren will, durch eine mythische Erzählung und ein sakrales Ritual überhöhen. Wie immer die Überhöhungsfabel lauten mag, der düstere psychische Unterstrom, der eine Kultur erfasst, die ihre eigenen Mitglieder zur Schlachtung freigibt, wird erst mit dem Ende des Menschenopfers zum Stillstand gebracht werden können.

Urschuld. Dass sich die Menschen fragen, warum die Welt voller horrender Übel und warum das menschliche Leben leidvoll, armselig und kurz ist, gehört zu jenen Antriebsmomenten der Religion, die aus einer profunden Einsicht in das Gegebene stammen. Die religiösen Antworten darauf unter der Herrschaft der Götter sind, dem Anlass entsprechend, fabulös; und sie entlasten nicht bloß, sondern beschweren vielfach das ohnedies beschwerte Geschlecht der Menschen noch mehr. Die Antwort der biblischen Genesis auf die Übel der Welt ist kindlich und tief archaisch zugleich und hat eine schreckliche Folge: die Erbsünde.

Der Grundtatbestand lautet dahingehend, dass die ersten Menschen ein göttliches Gebot übertreten (bei aller Pietät: ein ziemlich läppisches), weshalb sie aus dem paradiesischen Anfangszustand, in dem sie leben, von Gottvater vertrieben werden, hinaus in eine Wüstenei, die sich Erde nennt. Jetzt heißt es schuften und unter Schmerzen gebären und am Schluss sterben. Doch damit nicht genug. Gottvater favorisiert ein quasi-infektiöses Schuldkonzept. Das ist magische Denkwelt. Man findet sie überall dort, wo durch die ehrlose Handlung eines Gemeinschaftsmitgliedes die ganze Familie oder sogar der Clan in der Ehrlosigkeit verharren muss, bis durch eine Ehrentat, vornehmlich im Kampf und nicht selten mit gefordert tödlichem Ausgang, eine *restitutio in integrum*, das heißt eine Wiederherstellung des ehrenhaften Ausgangszustandes erfolgt. Von Generation zu Generation überträgt sich die Urschuld der ersten Menschen, die darin bestand, unter der Einflüsterung des Satans von der verbotenen Frucht zu essen. Wir wissen, wie die Geschichte im Christentum endet. Gottvater kann die Schuldinfektion nur dadurch stoppen, dass er seinen eigenen Sohn opfert, ans Kreuz nageln und dort elend sterben lässt – um die Schuld der ganzen Menschheit zu sühnen.

Das ist eine grauenhafte Geschichte, auch wenn man mitbedenkt, dass Jesus, der Sohn Gottes, ja wieder von den Toten aufersteht und, laut kirchlicher Lehrtradition, im Wesen Gottvater und Gottsohn eins sind. Denn dass Gott die Sache der Schuld nur durch einen blutigen Akt der Sohnes- oder gar Selbstopferung aus der Welt schaffen kann, zeigt an, welche Archaismen hier im Spiel sind. Dabei ist jene Interpretation, in welcher der Mensch Jesus dem Gläubiger-Gott als eine Art Lösegeld angeboten wird, zwar barbarisch, aber immer noch regelrecht rational gegenüber der Alternative. Diese besteht nämlich in der Vorstellung, dass durch die Sündentat Adams und Evas ein Böses in die Welt kam, gegen das auch Gott nur mehr sich selbst in der Form eines Menschenopfers aufzubieten vermag. Hier kippt die ganze Szenerie ins Alptraumartige. Muss sich Gott selbst exorzieren? Oder ist Satan zu einer unbeherrschbaren Macht geworden, die nur mehr durch das blutigste und autoritativste aller möglichen Opfer gebrochen werden kann? Wie immer, die Erbsündenlehre des Christentums zeigt deutlich paranoide Züge. Sie zeigt, welche psychopathologischen Effekte der mythologische Trigger „Urschuld" auszulösen vermag.

Böse Götter. Aber natürlich legen die Übel der Welt, denen die Menschen nicht zu entrinnen vermögen, auch noch eine andere Interpretation nahe. Es gibt Götter, die den Menschen Übles wollen, und ihre Macht ist derart groß, dass sie durch die Gegenmacht jener Himmlischen, die auf der Seite der Menschen stehen, nicht oder nur schwer gebrochen werden kann. Sehen wir von jener relativ harmlosen Variante ab, in der ein Gott wie Zeus auf seine eigenen Geschöpfe, die Menschen, neidig ist, weil ihnen ein anderer Gott, eigentlich Halbgott: Prometheus, zur Erleichterung ihres Loses die himmlische Gabe des Feuers bringt. Daraus folgt vor allem, dass die Menschen bescheidene Diener ihrer Götter sein sollten, um nicht deren Missgunst zu erregen. Die wesentlich angsteinflößendere Variante besteht darin, dass die Welt selbst die Schöpfung eines bösen Gottes ist.

Auch in der abendländischen Tradition war dieses Motiv, freilich durch die kirchliche Orthodoxie bekämpft, mächtig wirksam, zumindest in den Anfängen des Christentums. Denn die Gedankenwelt der so genannten christlichen Gnosis ging davon aus, dass es einen guten Hochgott gab, der reglos in sich ruhte und mit der Welt nichts zu tun hatte. Dem standen allerlei dämonische Emanationen mit komplizierten mythischen Stammbäumen gegenüber. Satan bzw. Luzifer, als der gefallene Lieblingsengel Gottes (oder eines Gottes unter dem höchsten, dem Licht- und Logos-Gott der Gnosis), war dabei eine recht schlichte Lösung: der Engel wurde aus Überheblichkeit böse.

Doch die Identifikation Satans mit dem Gott des Alten Testaments, Jahwe, wie sie etwa Marcion im 2. nachchristlichen Jahrhundert vorgenommen hatte, ergab ein düsteres Bild. Die Welt war demnach Teufelswerk. Darin eingeschlossen zu sein, hieß, der Gefangene der Materie zu sein, die mit allen metaphorischen Attributen des Bösen ausgestattet wurde: sie war ewige Nacht, Formlosigkeit, eine Art von Nichts. Von dieser Welt konnte alles gesagt werden nur nicht: „Es ist, wie es ist, und es ist gut." Statt Welteinverständnis lehrt die Gnosis aggressive Weltentsagung und Weltflucht. Was es zu retten gilt, sind die in die irdische

Nacht herabgesunkenen Seelenfunken (davon erzählen lange Geschichten). Die Seelenfunken leben eingeschlossen in den Körpern der Menschen und sehnen sich nach ihrer Urheimat zurück, nach dorthin, wo der göttliche Vater wohnt.

Ganz allgemein könnte man sagen, dass die Menschen in der Epoche der autonomen Götter in einer Welt der Dubletten und Spiegelungen eigener Unvollkommenheiten, Herrschsüchte und Ängstigungen leben. In dieser Epoche verliert sich häufig das Gefühl für die Göttlichkeit allen Seins und Daseins. Man fühlt sich neben der Tyrannei, die von den Herren der Welt ausgeübt wird, zusätzlich den Tyranneien ausgeliefert, die erst dadurch in die Welt kommen, dass sich die Götter ins Spiel des Lebens und Sterbens einmischen. Diejenigen, welche die herrschaftlichen Wünsche der Götter den Menschen vermitteln, also die bald mächtige Kaste der Priester, passen schon auf, dass die Bäume nicht in den Himmel wachsen.

Sogar die hohen Stände werden drangsaliert. Wollen der Pharao und sein Hofstaat den Tod überleben, dann, so lehren die sakralen Zeremonienmeister, müssen gewaltige Anstrengungen zu Lebzeiten unternommen werden, von denen die Pyramiden, die wir heute noch bewundern, nur der spektakulärste Ausdruck sind. Und auch nach dem Tode muss erst die schwierige Reise bestanden werden, welche die Seele in das Land der Unsterblichkeit führt, wo wieder geherrscht werden darf wie zu Lebzeiten. Dazu ist es notwendig, alles penibel vorzubereiten. Dass für diese Vorbereitungen Zehntausende von Handwerker n, Sklaven und Bauern aus dem ganzen Land zusammengetrieben werden, um sich beim Bau der Pyramiden zu Tode zu schuften – und zwar ohne jede Hoffnung auf ein jenseitiges besseres Leben –, gehört auch zu den Kosten, die auf das Konto der autonomen Götter gehen.

6.3 Monotheismus

Wieso Monotheismus? Dagegen ließe sich fragen: Welcher denn? Denn es gibt verschiedene Arten des Ein-Gott-Glaubens, die auf verschiedene Bedürfnisse antworten und darüber hinaus auf verschiedenen Stufen in der Evolution des religiösen Erlebens stehen.

Es gibt das Stadium des regionalen Monotheismus. Man denke an den jüdischen Gott des Alten Testaments. Wenn er seinem Volk befiehlt, es solle keine Götter neben ihm verehren, so muss das vom Standpunkt einer voll entwickelten polytheistischen Kultur wie der griechisch-römischen als eine lachhafte Überhebung erschienen sein. Wieso maßt sich dieser eine Gott an, die ganze Welt, Himmel und Erde, selber regieren zu wollen? Hier stimmte etwas nicht. Denn vom Gott aller Menschen war der Gott des Alten Testaments noch weit entfernt. Das, was nicht stimmte, war Folgendes: Einerseits war Jahwe der Schöpfer der Welt, andererseits war er ein ganz und gar regionaler Gott. Er kümmerte sich um sein Volk, das Volk der Juden, und falls er es nicht gerade eigenhändig vom Erdboden vertilgen wollte, hatte er damit zu tun, es aus den Händen seiner Feinde zu retten.

Dabei bediente er sich der brutalsten Methoden der Einschüchterung. Mord an unschuldigen Männern, Frauen, Kindern gehören zu seinem Repertoire, ja, auch das Vieh muss notfalls daran glauben. Unbesonnenheit, Heimtücke und Rache gehören zu seinen Persönlichkeitszügen. Diese erinnern an Fürsten, die kein Mittel scheuen dürfen, um ihren unsicheren Herrschaftsbereich zu sichern und dabei ihren Gefolgsleuten hinreichend zu imponieren, damit sie nicht davonlaufen angesichts der Schindereien, die sie im Herrendienst zu erdulden haben. Und *derselbe Wüterich* soll Himmel und Erde geschaffen haben und alle Pflanzen und Tiere und den Menschen dazu? Wieso kümmert er sich dann nicht um alle, um die Juden ebenso wie um die Ägypter, die Griechen ebenso wie die Römer, kurz: um alle Menschen?

Sollte ein gelehrter Polytheist sich derartige Fragen gestellt haben, dann hat er damit, was ihm nicht entgangen sein kann, die eigene religiöse Position gleich mitproblematisiert. Und zwar auf mindestens zwei, einander durchdringenden Ebenen.

Das eine ist das *Problem des religiösen Regionalismus,* das im Grunde alle Mehrgötterreligionen auch haben, sobald sie eine Weltentstehungsgeschichte einschließen. Denn wie immer die Welt entstanden und wie immer dabei die Gebärfolge der Himmlischen ausgesehen haben mag, sie kann nicht gleichzeitig so gedacht werden, dass dieselben Götter dann bloß für – sagen wir – das griechische oder römische Imperium zuständig sind. Das ist klarerweise auch dann der Fall, wenn die ersten Gottheiten im Kampf der Geschlechter verschwinden, etwa so, wie das Chaos bei Hesiod, das während des erderschütternden Krieges, den Zeus gegen die Titanen führt, im Feuer verbrennt. Götter, die die Welt erschaffen, sind im Wesen himmlische Weltherrscher. Deshalb, so ist zu vermuten – und nicht nur aus kalkulierter politischer Toleranz – begegneten die Griechen und Römer den Göttern anderer Völker durchaus tolerant. Waren diese nicht *Sinnbilder* wie die eigenen, und standen sie als Sinnbilder im Grunde nicht für *dasselbe?*

Solche Fragen setzen bereits ein hohes Niveau des religiösen Erlebens voraus. Deshalb mutet die Pflicht der unterworfenen Völker, den römischen Göttern zu huldigen, ohne deswegen die eigene religiöse Tradition aufgeben zu müssen, zivilisiert an im Gegensatz zu dem Exklusivitätsanspruch des alttestamentarischen Regionalgottes. Dieser anerkennt nur die Seinen und verabscheut alle anderen Völker als Götzenanbeter, die durch und durch verderbt und jeder an ihnen vollzogenen Gräueltat würdig sind.

Doch das Problem des Monotheismus ist nicht nur eines des religiösen Regionalismus. Es ist auch eines der *legitimen Weltherrschaft und des guten Anfangs.* Der Monotheismus hat eine theopolitische und eine metaphysische Dimension. Aus welcher Pluralität von Gemeinschaften die Großreiche der Antike herauswachsen mögen, am Schluss stehen immer auratisch aufgedonnerte Diktatoren, die sich nicht umsonst als Gottkaiser verehren lassen: Mit ihnen geht ein Monopolanspruch zur Herrschaft über die Welt einher, ohne den die Imperien zunächst nicht gedacht werden können. Wie auf Erden, so auch im Himmel, ließe sich dazu sagen. Am Schluss gibt es kein Aufbegehren mehr gegen Zeus oder Jupiter, ihr Image wandelt sich im

Sinne des Gottkaisers, der sich seinerseits wiederum auf das himmlische Regiment und die dort ausgeübte absolute Herrschaft des obersten Gottes beruft.[37]

Immerhin, die theopolitische Dimension des Ein-Gott-Glaubens bleibt vereinbar mit einem himmlischen Hofstaatsgedanken. Und solange es, neben der Welt der Menschen, einen himmlischen Hofstaat gibt, ist die polytheistische Welt noch intakt, nur eben an der Spitze „monotheisiert". Das unterliegende Gefühl des Herrschens und Beherrschtwerdens wandelt sich dennoch empfindlich und auf die Dauer gesehen fundamental. Denn der *monotheisierte Polytheismus* erhebt, wie jedes Weltimperium mit einem Gottkaiser an der Spitze, den Anspruch, sich über die ganze Welt auszubreiten und alle Menschen unter sich zu vereinen.

Der tolerante Gedanke der Sinnbildlichkeit der Götter, wie er dem hochantiken Polytheismus zueigen gewesen sein mag, wird von daher gesehen ausgehebelt. Denkt man Herrschaft theopolitisch, dann geht sie von einem realen Herrscher aus, der ebenso wenig bloßes Sinnbild ist wie die Macht, die über den Erdkreis auszuüben er sich berechtigt fühlt. Treffen zwei derartige religiöse Formationen aufeinander, beispielsweise das Christentum und der Islam, die im Übrigen derselben Wurzel entstammen (ihr beider Stammvater ist der jüdische Abraham), dann sind Ameisenkriege programmiert: entweder der eine Gott oder der andere! Zwei Götter auf demselben Herrschaftsgebiet sind undenkbar, und wenn dieses Gebiet dem Anspruch nach die ganze Welt umfasst, dann wird kein Frieden mehr sein auf Erden, bis nicht *der eine, wahre Gott* triumphiert hat.

Meines Erachtens hat der strenge Monotheismus im metaphysischen Sinne des Wortes theopolitisch kaum eine Bedeutung. Auch das Christentum als Religion mit universalem Machtanspruch ist monotheisierter Polytheismus. Seine Missionsexzesse werden zwar stets im Namen des einen, wahren Gottes geführt, ER ist eben der oberste Feldherr: sein Wort gilt überall, seine Wahrheit ist absolut, seine Gebote sind für alle Menschen verbindlich. *Aber sein Himmel ist nicht leer.* Gottvater, Gottsohn und der Heilige Geist sind ein Götter-Triumvirat, das – ohne substantielle Basis in den Evangelien – lehramtlich nur mühsam zur Lehre von der Trinität zusammengeschweißt wurde, unter Verwendung der Formel „ein Wesen, drei Personen" (*tres quidem personae, sed una essentia, substantia seu natura simplex omnino,* 4. Laterankonzil 1215). Daneben gibt es selbstverständlich den himmlischen Hoch- und Kleinadel, all die unsterblichen Erzengel und Engel, Maria, all die Heiligen und Seligen, usw. Es gibt auch Satan mit seinen Heerscharen der Teufel und Dämonen, von denen es in der Offenbarung des Johannes heißt, dass sie erst in einer letzten Schlacht vom wiedergekommenen Messias – hoch zu Ross und in glänzender Rüstung aus dem Himmel entsandt – besiegt und in einem Feuersee versenkt werden.

Die Befunde, die sagen, dass mit der Entstehung des imperialen Monotheismus ein bisher unbekanntes Gewaltpotential einhergeht – Stichwort: „Religion

---

37 Minutiös dargestellt wird dieser Mechanismus der Projektion irdischer Machtverhältnisse in den Himmel und deren Rückbezug zur Legitimation irdischer Macht in dem klassischen Werk von Ernst Topitsch: *Vom Ursprung und Ende der Metaphysik,* Erstausgabe Wien 1958.

ist Krieg" –, sind keineswegs von der Hand zu weisen. Jesus lässt sich dagegen
nicht ins Treffen führen, denn seine Friedensbotschaft gilt allem Augenschein
nach einem Reich, „das nicht von dieser Welt ist". Die theopolitische Anschluss-
frage lautet jedoch, mit welchen Mitteln ebendieses Reich verwirklicht werden
kann und soll. Der Evangelien-Jesus beantwortet die Frage, indem er ein Zeichen
absoluten Gewaltverzichts setzt. Er stirbt lieber am Kreuz, als dass er weltliche
Macht bemüht, um sein Anliegen gegen die Ungläubigen durchzusetzen. Das
ist eine große Geste, aber wie die Offenbarung des Johannes zeigt, konnte sie als
ein Vorspiel zu finalen Kriegshandlungen im Endkampf um das „Neue Jerusalem"
verstanden werden, deren kosmische Dimensionen alle vorstellbaren Schrecken
übersteigen.

Es lässt sich auch nicht leugnen, dass das Schwert, der Scheiterhaufen und die
Höllenangst über viele Jahrhunderte das religiöse Erleben des Christenmenschen
prägen werden. Man hat hier den Eindruck einer *progressiven Regression*. Während die mythologische Weltsicht im Begriffe ist, endgültig abzusterben, nährt
das Christentum ein Gewimmel archaischer Reaktionsformen (Ursündigkeit,
Dämonologie, Wunderglaube, Glaube an kosmische Vorzeichen und Visionen,
Heidenangst), die es in den aggressiven Machterhaltungs- und Expansionsbe-
trieb der sich formierenden, instabilen Territorialstaaten einbaut. Das ergibt
eine Mischung aus Barbarei und rationalem Kalkül, die in der Weltgeschichte
ihresgleichen sucht.

Trotzdem: der Monotheismus *ist* immer auch ein metaphysisches Ereignis. Und
als solches wird er in seiner Substanz bewegt und verändert durch eine Reihe von
Fragen, die im Kern jeder religiösen Formation zueigen sind, ohne sich auf allen
Ebenen des religiösen Erlebens in ausdrücklicher Form darstellen zu können. Was
bedeutet die *legitime* Macht Gottes, wenn ER es ist, der alles schafft und über
alles herrscht? Das ist der Frage-Sprengsatz, der dem Monotheismus jenseits seiner
Erscheinungsform als religiöser Regionalismus und monotheisierter Polytheismus zugrunde liegt. Wir haben gesehen, zu welchen Lösungen (und Untiefen)
das metaphysische Nachdenken über Gott und die Welt führt. In das Zentrum
der Überlegungen rückt die Idee des guten Gottes und des Seins als gutem Sein,
wobei diese Ideen gleichsam vor dem Hintergrund der ganzen Menschheit als
Solidargemeinschaft der vom Übel Betroffenen entfaltet werden müssen. So abs-
trakt derartige Ideen auf der begrifflichen Ebene anmuten, sie führen langfristig
dazu, dass sich das religiöse Erleben grundlegend zu wandeln beginnt, bis hin
zu dem Punkt, wo die Frage auftaucht, die auch unsere Überlegungen in Gang
setzte: Muss der religiöse Mensch Atheist sein?

Es ist ja tatsächlich so, dass in der nachmythologisch-monotheistischen Erlebniskultur die Frage der Macht Gottes keine entscheidende Rolle mehr spielt. Denn
die Macht ist kein objektiver Wert und hat daher auch für die religiöse Analogie
keine thematische Bedeutung. *An die Stelle der Macht ist die Liebe getreten.* Da
wir aber die Liebe Gottes nicht anders zu fassen vermögen als über die Liebe,
zu der wir Menschen begabt sind, bleibt die Liebe als religiöses Phänomen nur
lebendig, wenn sie über die Liebe, die Menschen einander und den Dingen der

Welt gewähren können, vermittelt wird. Das ändert nichts daran, dass es die Übel des Lebens und das Böse gibt, das wir selbst in die Welt setzen. Vor ihnen wird, wie wir gesehen haben, Gott dann zu einem Dunkel, das wir mit dem Begriff des transhumanen Gottes zwar bezeichnen, aber nicht erhellen können.

6.4 Eine Art religiöser Haltung

Wir verstehen im Grunde nicht, was doch zu den religiösen Grundannahmen des Monotheismus in seiner höchsten Entwicklungsform gehört: dass Gott der gute Anfang von allem ist (auch von all jenem, was nach menschlichem Ermessen schlecht und böse scheint) und dabei nichts außer sich hat – dass Gott also zugleich seine Schöpfung *ist*. Was uns davor bewahrt, Atheisten zu werden, ist keine äußere göttliche Macht, sondern die Macht der objektiven Werte, die unser Leben auf den Horizont des guten Lebens – religiös gesprochen: der Erlösung – ausrichten; und es ist die gewaltlose Macht der Schönheit, wie sie dem Wunder des Seins in seinen vielfältigen Gestalten und Gestaltungen innewohnt; und schließlich ist es dieses Wunder selbst: dass etwas ist und nicht vielmehr nichts.

Das alles führt, wie ich sagen möchte, zu einer *Art religiösen Haltung*. Ich wähle diesen Ausdruck, weil der entwicklungslogischen Tendenz nach *die Erlebniskultur des Gottes aller Menschen weder abergläubische noch ritualistische Züge aufweist*. Das desavouiert sie in den Augen der Traditionalisten und darüber hinaus vieler Gläubiger, die nach einer institutionell verbindlichen Form der Glaubenspraxis suchen. Undenkbar, dass der Wald, durch den sich unser Wanderer am Anfang dieses Kapitels bewegt, den Gottesdienst in einer Kirche ersetzen könnte! Ja, es ist wahr, einen Gottesdienst kann er nicht ersetzen. Denn in der Liturgie entfalten sich Erlebnisgehalte, die ohne mythische und magische Wirkmechanismen nicht zu haben sind.

Die Art der Kommunikation, wie sie im sakralen Umgang mit dem Heiligen – im Monotheismus: mit dem persönlichen Gott – stattfindet, setzt Überzeugungen voraus, die vom Standpunkt des *lumen naturale* keine Verbindlichkeit besitzen; und für die, die am Ritus teilnehmen, auch nur deshalb verbindlich sind, weil sie an einer kollektiven Regression teilhaben, an deren Tiefe und Schönheit freilich kein Zweifel besteht. Die Offenbarung hingegen, die allen zuteil wird, verkörpert sich in der Liebe, der Utopie des guten Lebens, der Schönheit und dem Wunder der Existenz. In diesem Sinne kann ein Liebesdienst ebenso Gottesdienst sein wie jenes Welteinverständnis, das den Wanderer erfasst, der den Spätsommertag genießt. Was in einer christlichen Messe geschieht, ist dagegen Zauberei und Magie: die Handlungen der Priester, ihre Gewänder und Instrumente, die Gefäße der Wandlung, der Leib und das Blut des Herrn …

Ich will hier kein Argument gegen das Feiern von Messen und andere kirchliche Zeremonien vorbringen. Das wäre nicht zuletzt deshalb dumm und besserwisserisch, weil der religiöse Gehalt dessen, was in der Durchführung der Zeremonie erlebt wird, ja gar nicht unabhängig von der Zeit und der Glaubensbefindlichkeit der Feiernden festgestellt werden kann. Eine der Fragen jedoch, die den Außenstehenden, der eine Art religiöser Haltung beansprucht, immer wieder beschäftigt, ist das Glaubenserleben der konfessionell Gebundenen. Woran glauben sie *wirklich?* Das entscheidet natürlich auch darüber, was ihnen an sinnhaftem Erleben beim Vollzug religiöser Zeremonien zuteil wird.

Dabei finde ich es wenig aufschlussreich, die Frage „Was glauben sie wirklich?" an Gruppen zu richten, die aufgrund ihrer Unbildung oder fanatischen Fixierung antworten: „Das, was in der Bibel steht." Mir ist es schon passiert, dass mich ein Pfarrer über die Falschheit des Darwinismus und die Richtigkeit der Schöpfung des Menschen belehren wollte, oder dass ich von einer „tiefgläubigen" Person auf das verstärkte Wirken des Teufels wegen der Verbreitung von immer mehr säkularer Ethik und Psychologie aufmerksam gemacht wurde. So etwas ist skurril, vielleicht beängstigend, aber nicht besonders interessant. Wo es um religiöse Dinge geht, dort trifft man religiöse Pathologien. Im Gegensatz dazu ist die Frage nach dem, was wirklich geglaubt wird, interessant mit Bezug auf Menschen, die weder neurotisch fixiert sind, noch in einem Zustand der Halbaufgeklärtheit verharren, sondern das Erbe der Aufklärung in sich aufgenommen haben und dennoch im traditionell kodierten Sinne mehr oder weniger gläubig sind.

Ich kenne solche Menschen und habe die Erfahrung gemacht, dass für sie das Glaubensgut aus Symbolen und Sinnbildern besteht. Das heißt, sie sehen sich nicht gezwungen, dass, was in der Bibel steht oder die Lehrtradition als Dogma festgeschrieben hat, wörtlich zu nehmen. Für sie ist es kein Problem, dass der Schöpfungsbericht des Buches Genesis ebenso wenig beim Buchstaben genommen werden darf wie beispielsweise die Lehre von der Jungfräulichkeit Marias vor, während und nach der Geburt. Das hindert sie nicht daran, an solchen Lehren zu hängen, ja, sie als für ihr Leben bestimmend zu erachten. Sie gehen davon aus, dass da eine Wahrheit ist, ob es sich um die Schöpfung des Menschen oder die jungfräuliche Empfängnis handelt. Doch fragt man sie nach dieser Wahrheit, die nicht einfach aus dem biblischen Text herausgelesen werden kann, dann werden viele die Frage als *indezent* empfinden, so, als ob man sie nach ihren Intimgewohnheiten gefragt hätte. Manche werden herumreden, manche hingegen werden barsch darauf verweisen, dass *das* keine Sache sei, über man reden könnte oder sollte wie über das Wetter und andere Dinge des profanen Lebens.

Auch mir ist es schon passiert, dass ich zum Zielobjekt einer solchen burschikosen oder provokativen Befragung wurde: „Sagen Sie, an was glauben Sie eigentlich? Glauben Sie an Gott oder erwecken Sie nur den Eindruck, es zu tun? Sie sind doch Agnostiker, oder Halbagnostiker, oder was?" Tatsächlich pflege ich darauf zu antworten, dass das meine Privatsache sei. Woraufhin der mich Examinierende sich in seiner Meinung bestätigt fühlt, was immer seine Meinung über mich sein mag – jedenfalls keine besonders hohe.

Der Grund für meine Weigerung ist strukturell dieselbe wie jene Verstimmung, die bei dem oben erwähnten Gläubigen auftritt, der sich auch praktisch (rituell) im Glaubenskontext seiner Religion bewegt, ohne deswegen voraufgeklärt zu agieren. Man hat den Eindruck, dass die Glaubensgehalte sich erst durch das, was man tut und wie man es tut, *eröffnen*. Ihr Gehalt ist nicht unabhängig vom Kontext des Lebens, und für den religiös Praktizierenden ist der Gehalt seiner religiösen Überzeugungen eben vor allem abhängig von der religiösen Praxis. Der religiöse Gehalt lässt sich außerhalb dieses Kontexts, dieser Praxis nicht so darstellen, wie es eine abstrakte Frage der Art, ob man an die Existenz Gottes glaube, voraussetzt.

Ein wunderbares Zeugnis für diese tief prägende Form der „Kontextgebundenheit" bei gleichzeitig aufgeklärtem Geist gibt Adolf Holls „Monolog", der unter dem Titel *Weihrauch und Schwefel* publiziert wurde. Nicht umsonst werden die Betrachtungen mit dem Geruch, wie er sich an und in sakralen Orten bildet, eröffnet. Denn unter allen unseren Sinnen ist der Geruch jenes Medium, das sich am stärksten der rationalen Analyse entzieht und uns gleichzeitig am Intensivsten in den Erinnerungshöhlen unserer Vergangenheit verweilen lässt, um von dorther Material zu beziehen, das die Gegenwart tief und reich werden lässt. So heißt es beispielsweise bei Holl über die Kirche San Marco in Venedig:

„Die Feuchtigkeit ist überhaupt nicht zu bemerken. Man riecht die vielen Öllämpchen, den offenbar reichlichst verwendeten Weihrauch, das Holz der alten Kirchenbänke. Auch der Duft der Kerzen steigt mir gut in die Nase. Selbst wenn sie gerade nicht brennen, weiß ich, dass sie aus gutem Bienenwachs gemacht wurden und immer wieder angezündet werden. Außerdem gibt es da noch den Aushauch der Bilder, dieser vielleicht jahrhundertealten Bilder. Die strömen nicht nur Lack aus, nicht nur Farben, sondern obendrein etwas schwer Definierbares, nämlich die Andacht der Menschen. Nun wird jeder einwenden, so etwas könne man unmöglich riechen. Doch, behaupte ich, diese jahrhundertlange Andächtigkeit der Menschen, diese Inbrunst, wenn ich so sagen darf, lässt sich sehr wohl riechen."[38]

Dennoch bleibt hier ein Problem, nämlich ein Glaubensproblem tiefer Art. Denn der Kontext des seinen Glauben Praktizierenden kann nicht von sich aus die Bedeutung jener religiösen Überzeugungen generieren, die das religiöse Ritual, sei es nun eine liturgische Feier oder ein schlichtes Gebet, überhaupt erst mit Sinn begaben. Das geht bis hinein in Empfindungen, die sich beim Benetzen mit Weihwasser oder beim Geruch von Weihrauch einstellen mögen. Ohne Überzeugungshintergrund wären das alles bloß sinnentleerte Verrichtungen.

Kein Zweifel, es gibt den Ritualismus, und es gibt ihn im religiösen Leben ganz und gar nicht selten. Aber er ist dennoch eine Defektform. Lebendige Religiosität hängt nicht bloß am Ritual, sondern belebt dieses durch einen Sinn, der ohne religiöse Gehalte in Form von Überzeugungen nicht zu haben ist. Doch was passiert, wenn dem aufgeklärt Gläubigen, der seinen Glauben praktiziert, der dabei mitlaufende Überzeugungshintergrund zu sehr in Sinnbildhafte und Symbolische abgleitet, so dass schließlich nur noch das Vertrauen bleibt, da sei

---

38 Adolf Holl: *Weihrauch und Schwefel. Ein Monolog,* „Bibliothek der Unruhe und des Bewahrens", Bd. 4, Graz/Wien 2003, 17 f.

ein Gehalt, eine Wahrheit, worauf die Glaubenssymbole und religiösen Metaphern verweisen? Was, wenn das *Vertrauen* auf die Wahrheit der Symbole *an die
Stelle* der Wahrheit tritt?

Die Frage ist rhetorisch. Denn ich denke, dass genau dies die Situation des
aufgeklärt Gläubigen ist, der sich nach wie vor, aus Gründen der Erziehung, der
lieben Gewohnheit und der Tradition, im traditionell kirchlichen Kontext bewegt,
weder abergläubisch noch fetischdienstlich fixiert und doch einer Handlungsform
verbunden, deren Sinn am Dogma wie am Ritual hängt. Das ist, im Rahmen der
Evolution des religiösen Erlebens, natürlich eine instabile Lage. Sie tendiert dazu,
entweder in religiöse Indifferenz auszulaufen, oder sich in ihren metaphysischen,
ethischen und ästhetischen Nachfolgezuständen, die weder dogmatisch noch
rituell definiert sind, neu zu beleben.

Gelingt Letzteres, dann ergibt das „eine Art religiöser Haltung". Gegen sie
anzumerken, dass das noch lange keine Kirche ergibt, ist richtig, aber witzlos.
Denn so, wie das religiöse Erleben ohne Kirche und ihre Sakraldiener beginnt,
so endet es auch, nur eben auf einem anderen Niveau: Es endet damit, dass
Metaphysik, Moral und Kunst sich zu einer Kultur des guten Lebens – der radikalen Utopie, genannt „Erlösung", *und* des Welteinverständnisses – zusammen-
schließen. Deren Erlebnisformen sind ebenso universal wie individuell. Sie sind
für jeden zugänglich; zugleich jedoch sind sie, bei aller historisch form- und
gehaltgebenden Vermittlung, abhängig von den Inspirationen derer, die heute
angesichts der Übel auszudrücken versuchen, was es heißt, dass alles ist, wie es
ist – und dabei aber gut.

7. Kapitel
Die Frage der Unsterblichkeit

„Was darf ich hoffen?"
Immanuel Kant, *Kritik der reinen Vernunft*, B 833

"And the best you can hope for is to die in your sleep."
Kenny Rogers, *The Gambler* (written by Don Schlitz), 1978

Angenommen, wir wären unsterblich: würde ich dann eine Einführung in die Religionsphilosophie zu schreiben versuchen? Wen würde dann ein solcher Versuch interessieren? Hätten wir, wenn wir unsterblich wären, nicht eine ganz andere Obsession? Wären wir nicht von dem Gedanken besessen, wie es wohl wäre, sterben zu können, zu dürfen – wie es wäre, der Gnade des Todes teilhaftig zu werden? Oder wenn es uns gar nicht um die Gnade des Todes ginge, so ginge es uns mit Sicherheit doch darum, irgendwie in Erfahrung zu bringen, wie wir uns fühlen würden, wenn wir wüssten, dass wir sterblich sind. Wir wären mit Sicherheit vom Tod behext.

Wie immer also eine Religionsphilosophie der Unsterblichen ausschauen könnte, sie würde wohl nicht aus *dem* Grund geschrieben, der vielleicht die eigentliche, bisher seltsam unterbelichtete Triebkraft meines Versuchs darstellt: *Ich muss sterben, und ich weiß, dass ich sterben muss.* Ist es nicht typisch, dass ich diesem Thema bisher so wenig Raum gewidmet habe? Ist das nicht das beste Zeichen dafür, wie tief die Todesverdrängung in unserer Geisteskultur reicht?

7.1 Das Wohlfühlsyndrom

Wohlfühlreligionen, wie sie für moderne Wohlstandsgesellschaften typisch sind, müssen peinlich darauf achten, irgendeine Art Leben nach dem Leben (den Ausdruck „Tod" vermeidet man gerne) in Aussicht zu stellen. Dabei genießen Begriffe, die das grob Körperliche ebenso verneinen wie das primitiv Spiritistische, besondere Wertschätzung. „Leiblichkeit" und „Spiritualität" sind zweifellos Schlüsselwörter. Beide machen Hoffnung, dass das Ende des Fleisches nicht das Ende des Lebens ist.

Ich möchte zunächst den Begriff „Wohlfühlreligion" erläutern. Bekanntlich haben Religionen in ihrer traditionellen Ausformung wenig Wert darauf gelegt, dass sich ihre Anhänger wohlfühlen. Man denke nur an die im klassischen Judentum geläufige Wendung vom „Joch des Gesetzes" – ein Joch, das in der Befolgung all der Gesetze lag, die Gott seinem Volk auferlegt hatte. Im Christentum wiederum war es die längste Zeit üblich, wenigstens im Lippenbekenntnis darauf zu vertrauen, dass ein beschwerliches, freudloses, ja elendes Leben auf Erden der beste Garant dafür sei, die ewige Seeligkeit zu erlangen. Der christliche Mensch lebte in der ständigen Ängstigung, bei einer Lebensführung, die nicht auf Gottes Zustimmung hoffen durfte, der Hölle und ihren Qualen überantwortet zu werden.

Die Menschen in den modernen Gesellschaften des Westens hingegen glauben, selbst wenn sie noch gläubig sind, weder daran, dass man elend leben muss, um Gottes Gnade zu erringen, noch, dass man nach dem Tod im Höllenfeuer brennen wird. Die Gründe für diesen Wandel der Einstellung sind einerseits, wie bei allen historischen Neuformierungen, vielfältig, andererseits relativ monoton. Die Hölle gehört, wie der Teufel auch, nach der Aufklärung zum Inventar der Mythen, an die wir im buchstäblichen Sinne nicht mehr glauben. Und was die Verpflichtung zu einem Leben betrifft, das, wenn es christlich ist, mühsam und uneigennützig bis zur Selbstaufopferung sein soll, so steht dem das Recht auf Selbstverwirklichung – ein Recht, das zur Moderne gehört wie das Amen zum Gebet – diametral entgegen.

Vergleicht man damit die Stimmung, wie wir sie noch in Rudolf Ottos Buch *Das Heilige* finden, dann wird uns die Distanz zur Wohlfühlreligion schlagartig klar. Ottos Gott ist eine Macht, die uns dadurch gewaltig in ihren Bann zieht, dass sie uns zutiefst erschreckt, indem sie uns unsere Nichtigkeit und Nichtswürdigkeit erkennen lässt. Demgegenüber fühlt sich der heutige Mensch, der religiös fühlt, weder nichtig noch nichtswürdig. In Entsprechung dazu ist auch sein Gott – oder das, was er als göttlich verehrt – nichts, was ihn zittern machen könnte. Ja, ein Gott, der machen würde, dass die Menschen mit den Zähnen klappern und sich die Haare raufen, erschiene als abstoßend. Gott oder das Göttliche ist wohlgelitten als die Liebe und immer nur als die Liebe. Dabei reicht die religiöse Wohlfühlskala von temperierten Stimmungen der Zuversicht über Geborgenheitserlebnisse bis zu jenen Bekundungen der Freude, die sich da und dort, besonders aber in amerikanischen Gotteshäusern, als Gesang und Tanz äußert.

Wollte man soziologisch ein bisschen tiefer graben, dann würde man unweigerlich auf Norbert Elias' Werk *Über den Prozess der Zivilisation* (1939) stoßen. Die zunehmende Verdichtung, Rationalisierung und Langfristigkeit der menschlichen Beziehungen unter territorialstaatlichen Bedingungen mit rasch wachsenden Märkten und fortschrittlichen Technologien erzwingt – so die These von Elias – eine Reorganisation des Gefühlslebens. Affekte müssen gedämpft und ihre sozialen Voraussetzungen derart gestaltet werden, dass die Menschen imstande sind, langfristig triebaufschiebend und feinabgestimmt auf komplexe Ziele zu handeln. Zivilisation hat mit der Perfektionierung dessen zu tun, was Elias die „Selbstzwangapparatur" des Menschen nannte. Das verändert die psychische Situation, und mit ihr verändern sich die Erwartungen, die an die Religion gestellt werden.

So gesehen sind die glaubensirrationalen, affektbetonten Konzepte von Kierkegaard und Otto eindeutig archaisierend und reaktionär. Zivilisiert hingegen wirken religiöse Haltungen, welche dreierlei Annahmen treffen: Erstens, die Gott-Mensch-Beziehung ist grundsätzlich optimistisch aufzufassen, denn ihr Zentrum ist die Liebe. Zweitens, in Übereinstimmung mit dem modernen Individualismus geht es bei der Religion weniger um den Glauben an Dogmen und die Befolgung von Ritualen, sondern um die richtige Einstellung, die jeder Mensch für sich selbst zu Gott oder dem Göttlichen finden muss. Eben das ist Spiritualität. Drittens, ob ein Mensch die für ihn richtige Einstellung zu Gott oder dem Göttlichen gefunden hat, zeigt sich in einer Erhöhung seines gesamtexistentiellen, psychophysischen Wohlbefindens. Wohlfühlreligionen sind leiblichkeitszentriert. Deshalb verbinden sie sich leicht mit sportlichen Tätigkeiten, Ausdruckskünsten, Naturheilkunde und Diät.

Was den Tod betrifft, so scheint er als Teil des Wohlfühlsyndroms nur zu existieren, um unser Leben bewusster und glücklicher zu machen. Die Wellness-Perspektive des Todes findet sich überall, wo es um „Positives Denken" geht, zum Beispiel im Internetratgeber *Zeit zum Leben* bei Tania Konnerth und Ralf Senftleben, sie Dipl.-Kommunikationswirtin, er Dipl.-Informatiker, beide Trainer und Berater. „Beim Tod", heißt es auf ihrer Homepage, „geht es vor allem um das Leben", denn wer sich bewusst darauf einstelle, dass sein Leben irgendwann zu Ende sei, „kann daraus die Motivation und auch die Lust schöpfen, heute etwas aus der Zeit zu machen, die man hier hat."

7.2 Spiritualisierung des Todes

Liest man derlei Aussagen, dann bekommt man eine Vorstellung davon, worin die Art der Todesverdrängung am freien Markt der Wohlfühlgüter besteht, nämlich darin, dass man sich auf den Tod konzentriert, als ob man nur durch ihn lernen könnte, wie man sich richtig wohlfühlt. Viele derer, die so mit dem Tod umgehen, können in ihm nichts sehen außer das Ende einer Lebensgeschichte, deren Ressourcen nicht vermehrbar und knapp sind. Deshalb wird der Tod, in Umpolung seiner Tragik, psychologisch genützt und in die Position eines existentiellen Wohlfühl-Katalysators manövriert. Er ist es, der uns an den Lebensgütern erst erkennbar macht, welchen Wert sie für uns haben, indem er uns ihre Knappheit bewusst werden lässt.

Blicken wir von hier aus auf das Christentum, so wie es sich uns traditionell darstellt, dann finden wir eine geradezu brutale Ungeschminktheit im Umgang mit dem Tod. Er ist der große Gleichmacher, der alle irdischen Geschäfte und Geschäftigkeiten dem Jahrmarkt der Eitelkeiten überantwortet. Er definiert ein Ende, das in der Verwesung des Fleisches seine Vollendung findet. Der Tod des Jesus am Kreuz ist eine gewalttätige, blutige Inszenierung mit schrecklichen Wunden, zerbrochenen Gliedmaßen, einem langsamen, qualvollen Ersticken. *Eli, Eli, lema sabachtani?*, „Mein Gott, mein Gott, warum hast du mich verlassen?" – so ruft der Jesus des Matthäusevangeliums, ungehört, wie es scheint. Das ist die eine Seite, zu der freilich die andere dazugehört: der Tod ist ein Übergang. Die individuelle Seele stirbt nicht, sie lebt fort. Am Ende der Zeiten wird sogar der Körper und damit der ganze Mensch wieder in sein Recht eingesetzt. Es kommt zur Auferstehung der Toten, die zugleich ein Gerichtsdrama von fürchterlicher Endgültigkeit ist. Während die einen erlöst werden, werden die anderen für immer vertilgt.

Die Direktheit, mit der das Christentum den Tod behandelt, hängt mit der Vorstellung vom persönlichen Überleben zusammen. Der Gewalt des körperlichen Endes entspricht in der Dynamik des Weltendramas die Errettung aus dem Grab. Der einzelne Mensch wird für immer von der Not seines Fleisches befreit, sein Körper wird verklärt. Und *so* wird er für immer leben: als der, der er war und ist, eine Einheit aus Seele und Leib. Gegen alles, was heute vom Christentum gerne gesagt wird (und was die Christen gerne von sich selbst sagen), scheint es mir aus historischer und systematischer Perspektive wichtig zu betonen, dass das Christentum im Kern keine spirituelle Religion im engeren Sinne des Wortes ist. Für den Christen liegt die Wahrheit der Erlösung nicht exklusiv im Geist, ja nicht einmal in der Seele allein.

Der Körper, der die Individualität des Weiterlebens sichert, gehört zur Erlösung mit dazu. Auf eine geheimnisvolle Weise wird er schließlich verklärt, aber verklärt *als* Körper. Statt das Christentum ohne Umstände der Körperfeindlichkeit zu zeihen, scheint es mir eher angemessen, in ihm einen pneumatischen Materialismus am Werke zu sehen. Das Pneuma, die Seele, ist ein Hauch – im Hebräischen *ruach* –; sie ist also gewiss nicht grobstofflich, aber feinstofflich ist sie schon, vergleichbar dem Atem Gottes. Das heißt, dass man sich die Beseelung des Körpers nicht so vorstellen darf, wie das in der Antike Platon und die Gnostiker taten und später dann, in der Neuzeit, die Rationalisten, im 17. Jahrhundert besonders René Descartes. Es gibt nicht zwei Substanzen, den toten Stoff und den Geist, die *res extensa* und die *res cogitans,* die miteinander im Grunde nichts zu schaffen haben. Vielmehr gibt es, sobald der Stoff erst beseelt ist, beseelten Stoff.

Es ist der *pneumatische Materialismus,* der ein Leben nach dem Tod ermöglicht. Die Bilder von der Auferstehung der Toten mögen krude und wenig plausibel wirken. Grabdeckel öffnen sich und vermoderten Skeletten wächst wieder ihr Fleisch zu. Alle möglichen Teile von allen möglichen Körpern, die in alle Winde zerstreut, aufgefressen und wieder ausgeschieden wurden, eilen aus allen möglichen Aggregatzuständen zu ihrer ursprünglichen Einheit zusammen. Doch das Schauermärchenhafte derartiger Schilderungen darf über den wesentlichen Punkt nicht hinwegtäuschen. Worum es bei der Wiederauferstehung der Toten geht, ist die Rettung des Individuums.

Angenommen ich sterbe und das, was nach Absterben meines Körpers übrigbleibt, ist die *res cogitans,* meine Seele, gedacht als cartesischer Geist, der denkt und sich, indem er denkt, selbst denkt. Nicht nur, dass ich als reines Denkwesen ohne die Fülle der sinnlichen Qualitäten, die nur das Wohnen in einem Körper beschert, eine blasse Wesenheit bin, deren Lebendigkeit sich zu Recht bezweifeln ließe. Als cartesischer Geist bin ich, weil immateriell, auch ohne Ort. Wie könnte ich mich unter dieser Voraussetzung jemals als der begreifen, der ich war und bin? Da ich keinen Ort mehr habe, ist es mir unmöglich, mich von all den anderen Geistwesen, die ebenso ortlos existieren wie ich, abzuheben.

Auch wenn ich, im Zustande reinen Geistseins, noch Erinnerungen an das, was mein früheres Leben war, mit mir führen sollte, so wäre ich doch außerstande zu wissen, ob zwischen mir und jenen Erinnerungen ein biographischer Zusammenhang besteht. Denn dazu müsste ich wissen, ob mein Sein als Geist mit dem Sein des Körpers jener Person zusammenhängt, die ich vor meiner Totalvergeistigung war. Wie aber sollte ich das wissen können, ohne dass ich einen Ort in der Zeit belege, von dem aus die lebensgeschichtliche Linie von meiner Existenz vor dem Tod zu meiner Existenz nach dem Tod führt? Diese Linie wurde im Moment meiner Entkörperlichung unwiderruflich zerbrochen. Versuche ich jedoch, meine Identität dadurch zu sichern, dass ich als Geist auf mich selbst reflektiere, bleibe ich vor mir selbst jene personale Leerstelle, die durch die Tautologie „Ich bin, der ich bin" charakterisiert wird. Ich bin, der ich bin: Das kann jeder sagen, ohne zu wissen, wer er ist.

Hinter unseren Zweifeln an der Möglichkeit eines Lebens nach dem Tod steht natürlich an erster Stelle die Frage, wie es möglich wäre, den Tod ohne Körper zu überleben. Darauf antworten die Wohlfühlreligionen, dass wir überleben, indem wir vergeistigt werden – spiritualisiert –, wobei gerade die christliche Lösung als nicht besonders attraktiv erscheint. Denn wie immer man diese in den Wohlfühlbereich einzubinden sucht, zur Gänze lässt sich das Jenseits des Christentums weder von Himmel und Hölle, noch vom göttlichen Richtspruch über die Guten und Bösen abkoppeln. Zum Leben nach dem Tod gehört die Gerechtigkeit dazu. Außerdem steht die personale und ethische Sicht des christlichen Jenseits in einem schwer auflösbaren Gegensatz zur modernen Metaphysik, die gerne auf popularisierte Versatzstücke der Mikrophysik und spekulativen Kosmologie zurückgreift.

Im christlich gedachten Jenseits existieren Individuen; auch Gott ist, bei aller Absolutheit, eine Person. Er ist ansprechbar wie die Engel und Menschen, die alle unter dem extremen Bogen von Unschuld und Erlösung, von Sünde und Verdammnis leben. Demgegenüber setzt die moderne Spiritualität mehr auf die Entindividualisierung des Geistes im Zustand seiner postmortalen Existenz. Es ist von Energiefeldern die Rede, von Strahlungen und davon, dass sich Materie in Energie verwandelt. Das schaut so aus, als ob die spirituell gedachte Unsterblichkeit zu den wissenschaftlichen Begriffen unserer Zeit passen, ja sie sogar bereichern und vertiefen würde. Darüber hinaus wird das Problem der Fortdauer unseres geistigen Wesens aus dem im engeren Sinne ethischen Kontext isoliert. Mit dem Tod findet eine Reinigung statt, und zwar durch den Akt der Entkörperlichung selbst: das Böse, das sich in Strahlung auflöst, löst sich damit gleichsam in kosmisches Wohlgefallen auf.

7.3 Meeresstille des Gemüts: so gut wie tot sein

Nehmen wir den Standpunkt der Wohlfühlreligionen ein, dann ist die Tendenz, dem Leiden durch Auslöschung der Individualität zu entgehen, ebenso begrüßenswert wie die damit verbundene Auslöschung all der Schuldprobleme, die mit der Verantwortlichkeit des Individuums als eines moralischen Subjekts einhergehen. Man versteht von da aus auch gut, warum plötzlich gegenüber dem eigenen

kulturellen Empfinden sehr fremde Religionen an Attraktivität und Marktwert
gewinnen, immer vorausgesetzt, sie werden als spirituelle Lehren dargestellt. Es
gibt in unserer Kultur ein fernöstliches Wohlfühlsyndrom.

Was wir beispielsweise dem Buddhismus entnehmen, sind das Lächeln und die
Geborgenheit in der Leere. Das Lächeln ist Ausdruck der Unwesentlichkeit, ja
Unwirklichkeit all jener Dinge, die uns im Alltag beschweren, aus unserer Mitte
herausdrehen, auffressen. Um die Unwesentlichkeit der Dinge zu erkennen, muss
man die Leere erfahren lernen. Man muss meditieren. Gewöhnlich ist mein Ich
hart und zentrifugal. Die Zentrifugalkräfte meines Ich machen, dass ich ständig
außer mir bin. In der Meditation hingegen rücke ich auf mein Zentrum vor. Dort
herrscht Stille wie im Zentrum des Zyklons – die berühmte „Meeresstille des
Gemüts“, die jenseits von Gut und Böse liegt. Dort wird mein Ich unpersönlich.
Indem ich zum Sein vordringe, höre ich auf, ich zu sein. „Ich nahm eine Lampe“,
sagt die buddhistische Nonne Patacara, „ging ins Kloster, sah mein Lager und
legte mich aufs Bett. Ich nahm eine Nadel und zog damit den Docht heraus. Da
kam mir die Befreiung des Geistes wie das Erlöschen der Lampe.“[39]

Das Sein ist, als Hoffungshorizont des Meditierenden, die Leere, die er anstrebt,
um der Illusion des Ich und den daraus resultierenden Leiden zu entgehen. In
der Leere verschwindet das Ich mit seinen Sorgen und Nöten. Es löst sich auf
in das All-Eine, das dadurch charakterisiert ist, dass es nicht dies und nicht das
und eigentlich nichts ist. Wer im Nichts ichlos ruht wie in der Nussschale des
Seins, der ist geborgen. In den Wohlfühlreligionen konvergieren die gut sor-
tierten Versatzstücke fernöstlicher Mystiken mit einer spiritualisierten Sicht der
modernen physikalischen Theorie über Felder, Energien und Transformationen.
So wird das Bedürfnis befriedigt, als Anhänger eines religiösen Wohlfühl-Sze-
narios im Einklang zu stehen mit dem, was die zeitgenössische Rationalität an
Welterklärung anzubieten hat. Spirituell zu sein, heißt für gewöhnlich, sich
nicht als wissenschaftsignorant im Sinne fundamentalistischer Sekten aufführ-
ren zu wollen.

Es kann meines Erachtens kein Zweifel bestehen, dass die Wellness-Mentalität
im Religiösen sich Sorgen um ein Leben nach dem Tod nur insofern macht, als
es darum geht, die Lebensqualität hier und jetzt zu verbessern. Insofern ist es
belanglos, ob das individuelle Selbst den Tod überlebt. Oder stärker noch: Dass
das individuelle Selbst im Zuge seiner Transformation durch den Tod wieder
Teil des All-Einen wird – oder welchen Namen man dem absoluten Sein auch
zuspricht –, bietet dem Gestressten eine Entlastung gerade solange, als er gestresst
ist, also noch unter den Lebenden weilt. Denn er kann davon ausgehen, dass die
Leiden seiner individuellen Existenz in der modernen Leistungsgesellschaft an die
Illusion der Existenz eines Ich gebunden und damit nichts Letztes sind. Er kann
sich in die Hände eines Lehrers begeben und lernen, wie man durch Meditation
die Ich-Illusion erfahrbar macht und so überwindet – wie man, um mit Patacara
zu sprechen, den Docht aus der Lampe herauszieht.

---

39 Zitiert nach dem *Wörterbuch der Religionen,* Stuttgart 1985, 427 (Stichwort „Nirvana“).

Die Schattenseite der Wellness-Mentalität ist offenkundig. Sie kann den Tod überhaupt nur in seinem Beitrag zu einem entspannten Leben würdigen. Irgendwie muss er in den Kontext all der Wohlfühl-Packages eingepasst werden, die heute jedes Wellness-Hotel, das etwas auf sich hält, anbietet. Angenommen – ich zitiere aus einer einschlägigen Werbebroschüre – man hat mit seinem Partner/seiner Partnerin zwei Kuscheltage zum Kuschelpreis von 163 Euro pro Person gebucht. Dann darf man sich auf folgende Wohlfühlmaßnahmen freuen: tiefreinigendes Körperpeeling, rückfettendes Molkebad, Trockenbürstenmassage, samtseidiges Nachtkerzencremebad im Wasserschwebebett und dazwischen, selbstverständlich, Entspannungsmassagen.

Durch entsprechende Aufzahlungen wird es möglich, sich auch fernöstlich zu vertiefen, etwa durch die japanische Energieanwendung Reiki (50 Minuten 43 Euro) oder durch Power-Joga und Stretching mit den 5 Tibetern als Teil eines Personal-Trainings *Fit for Future* (5 × 45 Minuten 199 Euro). Mit dem, was Heidegger das „Vorlaufen zum Tod" genannt hat, haben die Wellness-Maßnahmen, auch wenn sie vielerlei Techniken der spirituellen Fortbewegung kultivieren, ganz und gar nichts zu tun. Man könnte also sagen, dass Wohlfühlreligionen als Ausdruck der Wellness-Mentalität ein in ihrem Rahmen unlösbares Problem haben: Der Mensch stirbt, und was dann?

„Es gibt, ihr Jünger", heißt es im alten Buddhismus, „eine Stätte, wo nicht Erde noch Wasser ist, nicht Licht noch Luft, nicht Raum-Unendlichkeit noch Vernunft-Unendlichkeit noch Nicht-irgend-Etwasheit noch die Aufhebung zugleich von Vorstellen und Nichtvorstellen, nicht diese noch jene Welt ... weder Kommen noch Gehen noch Stehen, weder Sterben noch Geburt. Ohne Grundlage, ohne Fortgang, ohne Halt ist es: das ist des Leidens Ende."[40] Dies ist natürlich eine schlüssige Pointe für den modernen Menschen, der sein wahres Ich erst hinter allen sozialen Zwängen, die aus Schichtzugehörigkeit und damit einhergehender Rollenfixierung erwachsen, zu finden hofft.

Für den Menschen der traditionellen Gesellschaft hingegen ist die Pointe vermutlich weniger schlüssig. Denn für ihn sind, wie im Falle der Seelenwanderung, Stand und Rolle ausschlaggebend, wenn es darum geht zu fragen, wie ein Leben nach dem aktuellen Leben vorzustellen und zu bewerten sei. Dem Rad der Wiedergeburten will man stets als Angehöriger einer Tradition entkommen, die das Selbst, das man hat, an den Status der Geburt bindet. Insofern ist der klassische Buddhismus, der darauf setzt, dass ein makelloses Leben das Rad der Reinkarnationen zum Stillstand bringen kann, eine typische Antwort auf das Lebensproblem in traditionellen Gesellschaften. Man leidet als sozialer Typus, und wenn man stirbt, so hofft man, den typusadäquaten Leiden zu entkommen. Jenseits des sozialen Typus wartet indessen nicht das wahre Selbst, sondern eine schöne Leere, ein wohlbefindliches Absinken in die Anonymität einer transsozialen Geistigkeit.

Aber zweifellos ist das nicht mehr unsere Vorstellung von einem Leben nach dem Tod, denn wir denken dieses Leben – sofern wir den Gedanken daran überhaupt

---

40 *Wörterbuch der Religionen*, a.a.O., 427 f.

für vertretbar halten – als eines, das einem Individuum zugehört. Erlösung vom Übel heißt für den christlich geprägten Menschen zugleich Ich-zentrierte Einlösung aller Versprechen unseres wahren Selbst.[41] Ausflüchte wirken hier ärgerlich, besonders dann, wenn sie auf hohem Niveau, unter Zitierung weitgespanntester ideengeschichtlicher Horizonte vorgetragen werden. Peter Sloterdijk beschließt den ersten Band seiner Sphären-Trilogie mit einer Reflexion über das, was er die Verschränkungs-Theologie nennt. Unter Bezugnahme auf christliche Mystik und Trinitätslehre behauptet er, dass im Falle der göttlichen Intimität mit sich selbst – drei Personen, ein Wesen – und der menschlichen Intimität mit Gott „alles auf Ineinanderwirkung angelegt" sei. Was das mit Bezug auf den Tod heißt, wird uns folgendermaßen dargestellt:

„Das Proprium der Verschränkungs-Theologie also besteht nicht darin, den sterblichen Einzelnen ein ewiges Leben […] in Aussicht zu stellen […]. Die Ineinander-Einwohnung der göttlichen Liebenden hat vielmehr den Sinn, die starke Beziehung gegen ihre Aufhebung durch den Tod abzuschirmen. So sterben die Liebenden, auch wenn sie nacheinander sterben, ineinander hinein, und folglich sterben sie, ohne den harten Boden irgendeines Außen zu berühren. Wenn der Vorrang des Innen solide etabliert ist, so weist die absolute Intimsphäre auch die größte Gewalt der Äußerlichwerdung, den Tod, in die Schranken."[42]

Sloterdijk charakterisiert diese Art des Überlebens im Liebestod als „ekstatische Immanenz"[43], worin man unschwer eine – wenn auch sehr außergewöhnliche – Erscheinungsform des Wohlfühlreligiösen erkennt. Solange ich mich bei der Vorstellung des Liebestods auf das Moment des Ineinanderversunkenseins konzentriere, lebe ich im anderen und der andere lebt in mir. Das entspannt. Aber irgendwann ist Schluss, und zwar dann, wenn ich mich bis zur Selbstauflösung meiner Identität im anderen verloren habe. Es ist wahr, dass für mich dann auch der Tod seinen Stachel verloren hat, doch nur deshalb, weil es mich als die Person, die ich war und weiterhin sein möchte, gar nicht mehr gibt.

Meine Identität verloren zu haben, und sei es in den Armen der Geliebten, ist für mich so gut oder so schlecht, wie tot zu sein. Das ist der Befund, der sich ergibt, solange man noch bei Sinnen ist. Sloterdijks „ekstatische Immanenz" ist in Wahrheit eine outrierte Wellness-Form der Immanenzverdichtung. Sie führt, wie jede Totalisierung der Innerweltlichkeit, die kein Außen, keine echte Trans-

---

41 Zur Klarstellung: Ich bin *nicht* der Meinung, dass das Konzept des wahren Selbst nichts weiter wäre als ein vergängliches „kulturelles Konstrukt", das vom Humanismus „erfunden" und jenseits der klassischen Moderne schon wieder „dekonstruiert" wird. Realistischer scheint mir ein Ansatz, der davon ausgeht, dass sich das Konzept mit der Evolution der Kulturen mitentwickelt – was natürlich nur einen Sinn macht, wenn man zugibt, dass es so etwas wie eine Evolution der Kulturen überhaupt gibt. Gerade indem sich der Blick für die kulturspezifischen Aspekte dessen, was Selbstsein in verschiedenen historischen Epochen bedeutet, zunehmend schärft, wird auch der transkulturelle Gehalt, der im Konzept des wahren Selbst enthalten ist, zunehmend freigestellt. Vgl. dazu mein Buch *Gut in allen möglichen Welten*, Paderborn 2004, besonders Kap. XVIII, „Das gute Ich", 215 ff.

42 Peter Sloterdijk: *Blasen,* Frankfurt a. M. 1998, 636 f.

43 Sloterdijk: *Blasen,* a.a.O., 639.

zendenz zulässt, unausweichlich dazu, dass der Gedanke an ein Leben nach dem Tod sinnlos anmutet.

7.4 Den Tod überleben: die *ruach*-Existenz

Aber wir sterben. Und damit bleibt der Stachel im Fleisch des Lebens, um das die Wohlfühlreligionen mehr besorgt sind als um den Tod. Fragen wir also einmal so direkt wie möglich: Was sind denn die Bedingungen der Möglichkeit eines Überlebens nach dem Tod?

Seien wir im Spekulativen für einen Moment lang unternehmungslustig und sagen wir, wir würden nach dem Tod in unsere *ruach*-Existenz übergehen. Ich habe auf das weibliche Wort aus dem Hebräischen schon hingewiesen. Es bedeutet Hauch, Luft, Wind, Atem, Geist. Göttlicher Geist und menschlicher Atem werden in den biblischen Psalmen jeweils durch dasselbe Wort – *panim* bzw. *ruach* – ausgedrückt; es steht auch für das Angesicht Gottes. Die griechische Übersetzung des Alten Testaments verwendet für „Angesicht" ein Wort – *prosopon* –, das später in der lateinischen Theologie mit *persona* wiedergegeben wird. Das bringt uns schließlich zur Person.

Nehmen wir an, dank meiner *ruach*-Existenz sei mir ein Leben nach dem Tode möglich, weil ich pneumatisch-materiell als der überdauere, der ich bin. Doch jetzt stehen wir vor einer radikal neuen Frage. Sich als der, der man ist, zu identifizieren, heißt im Leben vor dem Tod in aller Regel, auf Eigenschaften Bezug zu nehmen, die nicht Wesenseigenschaften sind, sondern solche, die es unter den vorliegenden Bedingungen bloß gestatten, mich von allen anderen Personen eindeutig abzugrenzen. Genauer besehen funktionieren die Eigenschaften, die es mir und meiner Umwelt möglich machen, mich als die Person, die ich bin – als P.S. –, zu identifizieren, jedoch nur unter der Voraussetzung, dass ich außerdem noch über Eigenschaften verfüge, die mir wesentlich sind. Es ist nun aber eine Tatsache, dass, solange wir leben, wir nicht mit Sicherheit wissen, was unsere wesentlichen Eigenschaften sind.[44]

Obwohl es, solange wir leben, unser Wesen zu sein scheint, keines zu haben, gehört es doch ebenso gut zu unserem Wesen, danach zu streben, uns eine Bildungsgeschichte anzueignen – kurz gesagt: *die zu werden, die wir sind.* Der Wesenlosigkeit unseres Lebens entspricht gegenläufig ein transzendenter Horizont, von dem aus all das, was wir tun und lassen, unter eine Erfüllungs-Perspektive tritt. In dem Maße, in dem wir uns danach sehnen, authentisch zu leben, leben wir in der Hoffnung, dass sich unsere Lebensgeschichte schließlich als jene Geschichte offenbaren wird, die uns als die Person, die wir sind, *zukam:* Wenn es soweit sein wird,

---

44 Ich sagte das im vorliegenden Zusammenhang Allernötigste bereits weiter oben, im Abschnitt 2.3, dem „Exkurs: Selbstsein und Selbstsuche". Ausführlich erörtere ich das angesprochene Thema, die Frage nach dem wahren Selbst, in meinem Buch *Gibt es ein Leben nach dem Tod?*, München 2005, und zwar sowohl im Teil B („Ichwerdung"), 43 ff, als auch unter C.2 („Bedingungen der Möglichkeit eines Lebens nach dem Tod"), 97 ff.

dann wird alles, was an uns nebensächlich, missglückt und sinnfern zu sein schien, unter einem neuen Licht erscheinen – als Teil unserer Wesensgeschichte.

Das ist die Hoffnung, die unser Leben bewegt. Sie ist im Leben nicht einlösbar, denn sie trägt einen deutlich religiösen Zug: sie weist in die Richtung unserer Erlösung. Die Hoffnung deutet also, personal gesehen, auf das hin, was wir (als Christen) das „Leben nach dem Tod" nennen. Unsere *ruach*-Existenz wäre jene, in der unsere Existenz mit unserem Wesen zusammenfiele. Die quälende Kluft zwischen Freiheit und Notwendigkeit, Willkür und Schicksal, die uns unser ganzes Leben hindurch in eine katastrophische Struktur einbindet, wäre endlich zwanglos geschlossen.

So stellt sich heraus, dass in unserer Kultur die Frage nach dem Jenseits auf das Engste mit der Frage nach unserer Identität verknüpft ist. Es ließe sich sogar behaupten, erst dadurch, dass wir die Frage nach dem Jenseits ernstnehmen, werde uns bemerkbar, dass unserem Dasein als Person von Anfang an eine Tendenz zur Transformation innewohnt. Denn was die wahre Bedeutung meiner Identität ist – die Bedeutung davon, dass ich bin, der ich bin –, weiß ich erst vom Standpunkt jener Existenz aus, die wir, spekulativ schwungvoll, als unsere *ruach*-Existenz bezeichnet haben. Zwar ist das kein Wissen, das sich hierorts, am Ort des Gehirns, gewinnen ließe; nichtsdestotrotz sind wir als Ich-Sucher metaphysisch bewegt. Wir sind an einem Endzustand als Erfüllungsort unserer Existenz orientiert, an unserer, wie man sagen könnte, individuellen Eschatologie. Das ist ein Jenseitszustand. Freilich, indem wir *als* Individuen eschatologisch bewegt sind, betrachten wir unser Leben im Sinne von Wesen, die nach Wesentlichkeit und somit nach Transformation streben. Darin liegt die zentrale Tugend unseres Selbstseinwollens in der Welt.

Kehren wir von hier aus zu den Wohlfühlreligionen unserer Tage zurück. Sie passen gut in eine Zeit, in der Selbstseinwollen immer weniger als eine eschatologische Anstrengung verstanden wird, deren Apriori lautet: „Ich werde sein, der ich bin." Für den zunehmenden Verlust dieses Horizonts gibt es mehrere Gründe, die innerlich zusammenhängen. Erstens, das Ideal der Bildungsgeschichte verflacht immer mehr zu einer rhetorischen Geste, je stärker die gesellschaftlichen Kräfte werden, die das Individuum in Rollen und Funktionen einbinden, die ihrerseits kein übergeordnetes Ziel mehr kennen, es sei denn ein rein formales: Erfolg. Zweitens, die Losung, die Goethes Faust aus den höheren Sphären entgegenschallt – „Wer immer strebend sich bemüht, den können wir erlösen" – wirkt heute anachronistisch, weil dem modernen Leben der Werthorizont zu fehlen scheint, der es befähigen würde, in den Transformationsstrom der Erlösung einzutreten. Die Basiswerte unserer Gesellschaft, an denen sich entscheidet, ob jemand ein Gewinner oder Verlierer ist, werden zunehmend ökonomisch kodiert, als Einkommen, Vermögen oder Profitrate. Drittens: In einer Gesellschaft sich rasch wandelnder Chancen und Risiken, die gerade den Erfolgreichen zu ständiger Mobilität und Neuanpassungsbereitschaft zwingen, kann der Einzelne sein Leben kaum noch als ein Langzeitprojekt begreifen, und falls doch, dann höchstens im Sinne gelingender Altersvorsorge.

Mein These lautet nun: Unter solchen Bedingungen werden auch die Fragen rund um die Letzten Dinge gegenüber der Transformationsstrebigkeit des sterblichen Einzelnen zunehmend neutralisiert. Die Vorstellung eines Lebens nach dem Tod steht, von den üblichen Einwänden des wissenschaftlich Gebildeten abgesehen, quer zur Struktur einer Gesellschaft, die Intensitäten steigert, ohne sie in einen Richtungssinn des Lebens und der Welt – in eine eschatologische Perspektive – einzubinden. Um von hier aus mit dem Stachel des Todes im Leben fertig zu werden, drängen sich die spirituellen Angebote der Wohlfühlreligiosität geradezu auf. Denn in ihnen tritt an die Stelle der Eschatologie des Individuums, die im modernen Lebensbetrieb keinen Anhalt mehr hat, eine Mystik der – ich nehme jetzt Sloterdijk beim Wort – ekstatischen Immanenz. Ihr Ideal ist das Wellness-Optimum: Man tritt aus sich heraus und ein in ein Wohlgefühl, das möglichst ungerichtet und möglichst „schwebend", also im Grunde ohne Subjekt bleibt. Wäre das Wellness-Optimum zu realisieren, so wäre es ununterscheidbar vom Tod des Individuums im Leben.

Es wird nicht verborgen geblieben sein, dass ich das religiöse Wohlfühlsyndrom zugleich als Symptom einer spezifischen Krise des modernen Lebens betrachte und nicht als deren Lösung. Dahinter steht meinerseits weniger die Parteinahme für eine bestimmte Religion, etwa das Christentum; wohl aber die Beobachtung, dass ein bestimmter *Typ* von Religion, dem das Christentum zugehört, das Leben des Einzelnen auf einen Horizont bezieht, von dem aus es sich erst, als das einmalige Leben, das es ist, mit Sinn begaben kann. Insofern schärft dieser Typ von Religion unser Gefühl für eine Metaphysik der nicht entfremdeten Existenz unter der Bedingung des modernen Selbst, das sich keinesfalls über die Zugehörigkeit zu einer sozialen Klasse und deren Rollenanforderungen definiert. Es scheint unzweifelhaft, dass das Konzept der nicht entfremdeten Existenz im modernen Sinne des Wortes einer Transzendenz bedarf, um Platz zu gewinnen für jenen Absoluthorizont, auf den jedes individuelle Selbsteinwollen jenseits traditioneller Bindungen ausgerichtet ist.

7.5 Belehrter Trost

Trotz der gebetsmühlenartigen Wiederholung der immer gleichen Behauptung, nämlich jener vom verdrängten Tod, muss ich gestehen, dass mir ihr Sinn bisher nur teilweise klar geworden ist, zum Beispiel beim Nachdenken über die Wohlfühlreligionen. Ich erlebe unsere Gesellschaft im Gegenteil als eine, die sich seit dem Aufkommen der modernen Medizin mehr und mehr, über alle Kriege und Weltkriege hinweg, einem einzigen Krieg gewidmet hat: dem Krieg gegen die Natur außerhalb und innerhalb von uns, die Natur, die uns tausend- und abertausendfach mit Krankheit, Siechtum und Tod bedroht. Es ist nicht unmittelbar naheliegend, in diesem Krieg oder Kampf gegen den Tod eine Todesverdrängung zu sehen.

Jemand wie Martin Heidegger, der die Moderne ausdrücklich wegen ihrer „Seinsvergessenheit" gegeißelt hat, erblickte in der technologisierten Medizin vermutlich eine einzige Verblendungsmaßnahme, die uns, die Sterblichen, daran hindert, das „Vorlaufen zum Tod" zu praktizieren. Aber das Problem des Heideggerschen Standpunkts liegt einfach darin, dass er uns, obwohl er im 2. Abschnitt von *Sein und Zeit* (1927) unter der Überschrift „Dasein und Zeitlichkeit" viel Aufhebens vom Tod macht, dann doch nicht erklärt, worin das „Vorlaufen" zu ihm hin bestehen könnte. Kein Zweifel, wir Menschen fürchten uns vorm Sterben, aber wir würden uns wesentlich weniger – und in der vorlaufenden Phantasie grundlegend anders – fürchten, stünde am Ende des Sterbensprozesses nicht das *Erlöschen unseres Bewusstseins*. Davor graut uns (außer jenen, die ihr bewusstes Leben als grauenvoll empfinden). Dieses Grauen hat zwei Aspekte, die miteinander zusammenhängen:

Ein Aspekt des Todesgrauens besteht darin, dass wir uns als Gefangene unseres Körpers zu erleben beginnen. Alles, was ich *bin,* ist an die Aktivität meines Herzens, meines Gehirns und all der anderen Organe gebunden. Tritt im Selbsterleben des Menschen der Aspekt der Körperlichkeit zu stark hervor, entsteht Panik. Es macht einen Unterschied, ob man philosophisch postuliert, man sei sein Gehirn, oder ob man aus dem Schlaf auffahrend das Gefühl hat, in seinem Gehirn festzusitzen wie der Flusskrebs in seiner Schale.

Ein zweiter Aspekt des Todesgrauens besteht darin, dass die Vorstellung des endgültigen Bewusstseinsverlusts zwanghaft wird. Denn kein Mensch kann sich vorstellen, *wie das ist.* Zwar weiß man, wie es ist, einzuschlafen, aber in diesem Wissen gibt es einen systematisch leeren Fleck: das ist jener Moment, in dem beim Einschlafen das Bewusstsein ausgeknipst wird. Man hat kein Erleben von dem Moment, an dem die Nichterlebenszone des Schlafes beginnt. Plötzlich ist man dem Dunkel – dem Nichts – anheim gegeben, das man nicht erhellen, nicht in den Lichtkegel des Lichts, hinauf zum hellen Sein, bringen kann. Das Grauen vor diesem Moment hängt daran, dass in seiner Unvorstellbarkeit die Vernichtung des Bewusstseins, das einen erst zur Welt bringt, enthalten ist. Im Schlaf ist die Vernichtung temporär, aber im Tod wird sie endgültig sein. Wer sich das bereits vor dem Schlaf allzu intensiv vor Augen führt, der kann die Nachttischlampe nicht mehr ausschalten.

Aber einmal abgesehen von derlei Ängsten, gibt es auch die Trauer darüber, dass wir von der Welt, in der wir wunderbarerweise eine Zeitlang wandeln durften, schließlich wieder ausgeschlossen sein werden. Wir werden alles zurücklassen müssen, und wenn wir an den Abschied denken, den wir von unseren Liebsten unweigerlich werden nehmen müssen, so wird uns das Herz schwer. Die Endgültigkeit des Verlusts ist ein schweres Diktum, das uns bis auf den Grund unserer Existenz aufwühlt und gerade über unsere schönen Lebensaugenblicke einen Schatten tiefer Vergeblichkeit fallen lässt.

Kein Wunder also, dass die Frage des Lebens nach dem Tod in allen Menschheitskulturen zur Diskussion steht. Doch vom aufgeklärten Standpunkt aus ist hier alles wilde Spekulation. Wer die Schwelle zum Tod überschritten hat, ob bildhaft gesprochen oder buchstäblich (was immer das heißt), der steht uns nicht mehr zur Verfügung. Alle Versuche, mit dem Reich der Toten in Kontakt zu treten, leiden darunter, dass sie diesseits der Grenze, also im Rahmen der möglichen Erfahrungen innerhalb unserer Welt, vonstatten gehen. *Und das bedeutet, dass sie nichts wert sind:* Alle Geisterstimmen, aus welchen spirituellen Sphären sie auch zu sprechen vorgeben, haben ihren Ort im Gehirn; und ob sie noch etwas darüber hinaus bedeuten – sozusagen vom Jenseits her unser Gehirn affizieren –, bleibt eine müßige Frage. Sie muss unbeantwortet bleiben.

Man mag immerhin einräumen, dass die bei Naturwissenschaftlern beliebte Redeweise, das Gehirn „bringe" das Bewusstsein „hervor" oder „produziere" es, eine höchst missverständliche Metapher ist. Wie können als rein materiell konzipierte Vorgänge, zum Beispiel die Aktivitäten hochverdrahteter Neuronen, irreduzierbar Nichtmaterielles wie Sinneseindrücke, Empfindungen, Gedanken usw. „erzeugen"? In dieser Annahme steckt etwas tief Unverständliches. Es ist im Prinzip möglich, sie durch zwei Gegenannahmen zu ersetzen, die freilich beide nicht empirisch sind (doch das ist die Erzeugungshypothese auch nicht).

Die erste Annahme geht davon aus, dass schon in den kleinsten Einheiten der Welt bewusstseinsartige Merkmale mit enthalten sind, natürlich noch keinesfalls in der Form von Bewusstsein, das sich seiner selbst bewusst sein könnte. Auf die Frage, wieso die physikalische Forschung, wenn sie die Feinstruktur der Atome, die subatomaren Teilchen und ihren möglichen Ursprung untersucht, davon nichts bemerkt, würde die Antwort lauten: Weil sich das Vorliegen dieser Merkmale immer erst dort feststellen lässt, wo sie sich als solche äußern, primär also im sich seiner selbst bewussten Erlebnisstrom des Menschen und dann, sekundär, auf der Ebene von Lebewesen, die in gewissen physiologischen Merkmalen und Verhaltensweisen dem Menschen hinreichend ähnlich sind, um auf eine zumindest nicht-selbstbewusste Art des Erlebens schließen zu lassen. Unterhalb der genannten Stufen wäre Bewusstsein demnach bloß in virtueller Form innerhalb der „äußeren", physischen Welt präsent.

Doch bleibt das eben skizzierte Modell defekt, solange man nicht davon ausgeht, dass die virtuellen „Bewusstseinsteilchen" (die den physischen Teilchen als ihr „Inneres" zugeordnet sind) zugleich Funktionen eines unterliegenden „Feldes" repräsentieren. Aus ihm müssen sowohl die Merkmale der Materie als auch jene Merkmale generiert werden, die schließlich zu der uns bekannten Art von Selbstbewusstsein führen, das in der Lage ist, die Merkmale der Materie zu erforschen.

Diese zweite Annahme nimmt also die Existenz eines objektiven Bewusstseins an, das unserem individuellen Bewusstsein, welches die Naturwissenschaften als „subjektiv" qualifizieren, zugrunde liegt. Gewiss ist diese Annahme schwindelerregend spekulativ, aber sie ist nicht unmotiviert. Denn schließlich sind alle Primärdaten, über die wir verfügen, um die Welt und schließlich uns selbst (inklusive unseres Gehirns) zu erforschen, Daten des Bewusstseins. Aus ihnen folgt alles, was wir über die Welt überhaupt wissen können, bis hin zu jener neurologischen Theorie, die uns dann weismachen will, dass das Bewusstsein ein

„Produkt" unseres Gehirns sei. Obwohl die Theorie aus erklärungsökonomischen
Gründen ihre Berechtigung haben mag, stellt sie die ontologische Rangordnung
der Dinge auf den Kopf. Denn das Gehirn ist in Wahrheit ein „Konstrukt" aus
den Myriaden von Bewusstseinsdaten, die uns dazu führen, eine neurologische
Theorie der Arbeitsweise unseres Gehirns zu entwerfen, welche die ontologische
Rangordnung der Dinge auf den Kopf stellt. Was wir demnach erforschen würden, wenn wir unser Universum bis hin zu unserem Gehirn erforschen, wäre eine
der (vielleicht unendlichen) Weisen, in denen das die Welt bildende Bewusstsein
sich selbst vergegenständlicht – nämlich als *die* Welt, die wir erforschen. Und
natürlich liegt es nahe, dieses objektive, weltbildende Bewusstsein „Gott" oder
„das Göttliche" zu nennen.

Doch beide Annahmen können nicht sicherstellen, weswegen in der abendländischen Glaubenstradition viele Menschen auf ein Leben nach dem Tod hoffen:
das persönliche Überleben, das heißt das Überleben des Todes als die Person, die
man schon zu Lebzeiten war, nur eben irgendwie „gereinigt", befreit von den
Schlacken, die wir auf unseren irdischen Wegen mit uns schleppen, seien sie nun
körperlicher oder geistiger Art. Beide Annahmen können für ein Leben nach
dem Tod nur so nutzbar gemacht werden, dass man (gemäß der ersten Annahme)
mit dem Verfall des Körpers entweder wieder in den Zustand des „virtuellen
Bewusstseins" zurückkehrt, oder (gemäß der zweiten Annahme) in das Göttliche
zurücksinkt, was ebenfalls bedeutet, einen Prozess der Entgegenständlichung und
damit Entpersonalisierung zu durchlaufen.

Das ist vor dem Hintergrund unseres Bedürfnisses, als die, die wir sind, wei-
terzuleben, natürlich kein Trost. Indessen ließe sich wohl fragen, ob nicht auch
der Trost – oder die Trostlosigkeit – *in religiösen Belangen belehrbar ist.* Wir
sollten das Tröstliche als aufgeklärte Menschen nicht mit dem Kindlichen ver-
wechseln, auch wenn das Kindliche uns vielleicht die einzig glaubhaften *Bilder*
des Himmels, des Paradieses und der Erlösung bereitstellt. Nachmythologisch
gesehen und eingedenk des Kriteriums der Transzendenz müssen wir die Bilder
als Bilder würdigen, und nicht als Realitäten eines Jenseits. Hinzu kommt, dass
es in der religiösen Geschichte der Menschheit schon immer die Vorstellung gab,
die *tröstliche* Vorstellung, dass nur das Ende des individuellen Selbst der Anfang
eines guten Lebens nach dem Tod zu sein vermöchte. Wer an die Seelenwanderung glaubt, der will auch, dass die damit verbundenen Leiden aufhören mögen;
und das können sie nur, wenn die geplagte, vielgereiste Seele endlich in den
göttlichen All-Zustand jener „unbewussten Glückseligkeit" zurückfindet, von
dem sie ihren Ausgang nahm. Der Name dieses Zustands ist *Nirwana* – und ich
meine jetzt das, was an ihm einleuchtet jenseits wohlfühlreligiöser Entlastungs-
strategien fürs gestresste Leben. Ähnlich gilt auch die Inbrunst des Mystikers
einer Verschmelzung mit Gott, die eine Entpersönlichung (Ichloswerdung) des
ichgeplagten Individuums zur Folge hat.

Der Tod ist eine absolute Schwelle. Wir können sie nicht überschreiten, solange
wir leben. Das ist trivial. Aber schon zu Lebzeiten wissen wir Folgendes: Mit dem
Zerfall unseres Körpers zerfällt auch jene Art von personaler Identität, auf die wir

uns beziehen, wenn wir uns als Lebende auf uns selbst beziehen. Das erledigt *in einer bestimmten Hinsicht* die Frage des Lebens nach dem Tod. Von einem solchen Leben haben wir keinen Begriff. Doch heißt das, dass wir der Trostlosigkeit überantwortet sind? Nein, denn die Trostlosigkeit ist die Folge davon, dass wir uns auf den Tod konzentrieren wie auf ein schwarzes Loch, in dem alles, was uns lieb und teuer ist, verschluckt wird. Wir verlieren in diesen Momenten der Konzentration, also der Überbewusstheit des Todes (die uns mehr bedroht als jede Form der Todesverdrängung), unser Gefühl für all das, was uns trotz der Übel sagen ließ: „Es ist, wie es ist, und es ist gut."

Die richtige Art, den Tod nicht zu verdrängen, ist meines Erachtens, sich auf die objektive Werthaftigkeit des Lebens zu konzentrieren, auf die Schönheit und das Wunder der Existenz. Das stärkt zugleich unser Gefühl dafür, dass die Vernichtung des Körpers nicht innerhalb einer Welt stattfindet, in der mit dem Tod auch der Absoluthorizont der Erlösung, wie er sich im Bewusstsein und in der Natur als dem „Anderen des Bewusstseins" ausdrückt, mitvernichtet würde. So eine Welt wäre wahrhaft trostlos.

Deshalb ist es – ein wenig paradox gesprochen – wohl angemessen, über das „Leben nach dem Tode" so zu denken, als ob es sich darum handelte, alles behalten zu dürfen, was hierorts zu den guten Dingen unseres Lebens gehört. Ich will die Menschen, die ich liebe, nicht für immer verlieren. Das kann, solange ich lebe, nur heißen, dass ich mich bemühe, meine Liebe zu vervollkommnen. Im Kontext des guten Lebens begreife ich meine Liebe als ein Modell – eine religiöse Analogie – dafür, wie ich möchte (und tatsächlich wollen kann), dass sie für immer besteht. *Denn etwas an meiner Liebe ist allgemein.* Das objektiv Werthafte an ihr ist nicht an meine individuelle Existenz gebunden, obwohl eben dieses Werthafte hier und jetzt einen Wert nur hat, insofern es Ausdruck des konkreten aufeinander Bezogenseins zweier einander Liebender ist. Was dieses Modell jenseits der Schwelle meines Todes bedeutet, weiß ich freilich nicht; hier versagen alle Begriffe. *And that is that, as the saying goes.*

Epilog
Muss der religiöse Mensch intolerant sein?

Von den Verächtern der Religion wurde oft – und aus verständlichen Gründen – gemutmaßt, dass sich unter den Übeln der Welt als eines seiner markantesten die Religion selbst findet. Wie viel Leid hat sie im Laufe der Jahrtausende all den Leiden hinzugefügt, zu deren Erhellung und Linderung sie doch angeblich beitragen sollte! Fragt man nach dem Motor, der die religiöse Leiderzeugung antreibt, dann stößt man auf einige historisch derart massive Phänomene, dass man nicht umhin kann, sich zu fragen, ob sie zum Wesen der Religion gehören. Fassen wir jetzt, zum Schluss unserer Betrachtungen, diese Phänomene – Glaubenseifer, Missionshaltung, Absolutheitsanspruch – mit einem Wort zusammen: Intoleranz. Ist sie dem religiösen Menschen eingebrannt?

Ich denke, ich habe hier, in dieser fragmentarischen Einführung in die Religionsphilosophie, eine Antwort zu formulieren versucht. Sie lautet: Es gibt nicht nur die religiöse Gewalt als geschichtsträchtige Macht, es gibt auch eine religiöse Evolution hin zum religiösen Frieden. Dessen ungeachtet möchte ich noch einen Blick auf den Islam werfen, und dabei vor allem auf *unsere* Wahrnehmung seiner anhaltenden Neigung, intolerant zu sein. Denn es besteht für mich kaum ein Zweifel, dass der religiöse Friede der Zukunft einer mit dem Islam sein wird – oder gar keiner.

Schleiertänze

Nachdem mein Buch *Der Gott aller Menschen* im Frühjahr 2002 erschienen war, bat mich eine Kulturinitiative zu einem „Dialog" mit einem katholischen Abt und einem Repräsentanten der islamischen Glaubensgemeinschaft. Der „Dialog" mit dem katholischen Abt lief ab, wie solche Dialoge ablaufen: freundlich distanziert. Der Mann der Kirche sprach mit dem Philosophen eine knappe halbe Stunde über Gott und die Welt, im Bewusstsein, dass er bald wieder bei seinen eigenen Sachen sein würde, dem Tagewerk, den Ritualen, den Gebeten.

Mir ist diese Art des Gesprächs angenehm. Es wird durch einen Schleier hindurch geführt, der uns davor bewahrt, einander scharf in die Augen schauen zu müssen. Wir begegnen einander wie weichgezeichnet, und was ein Wahrheitsapostel Halblügen nennen würde, dient uns, die wir einen Dialog zu führen haben, vielmehr dazu, uns wechselseitig nicht jene volle Wahrheit sagen zu müssen, die man kaum ohne Ärger, ja Verletztheit zur Kenntnis nimmt. Die Wahrheit ist: Wir bleiben einander fremd, unsere Welten berühren sich nicht dort, wo der Dialog „vermitteln" soll. Aber *das* – diese Fremdheit – wollen wir einander immerhin so mitteilen, *als ob* wir aus einer inneren Vertrautheit mit der Situation des jeweils anderen heraus sprechen würden. Und so entsteht dann etwas, was in meinen Kreisen, den Kreisen der „kritischen Intelligenz" (ein lächerliches, anmaßendes

Wort), oft maßlos unterschätzt wird: eine „Als-ob-Vertrautheit", welcher sich
nicht selten eine tatsächlich empfundene menschliche Nähe beigesellt.

Der Repräsentant der islamischen Glaubensgemeinschaft (übrigens entsandt
von einer lokalen österreichischen Sektion), kam nicht allein. Er hatte einen zweiten Repräsentanten bei sich, der die ganze Zeit über, außer bei der Begrüßung,
kaum ein Wort sagte. Seine Funktion war es offensichtlich, den ersten Repräsentanten zu flankieren und zu beobachten. Beide Repräsentanten wirkten für den
Distanzierten (mich) wie uniformiert. Es ist grotesk genug und fällt auf mich
zurück, aber der Eindruck des Uniformiertseins stellte sich bei mir ein angesichts
der gleichen weißen Hemden, die beide blank trugen – die Hemden wirkten wie
gestärkt –, und der gleichen Art, spiegelglatt rasiert zu sein. Nachdem sich die
beiden Repräsentanten gesetzt und geschwiegen hatten, bis dem, der das Wort
führte, das Wort erteilt wurde, zog dieser aus einer Plastikhülle ein Blatt Papier
hervor, um davon ohne Augenheben, ohne Intonation und ohne ein einziges
erklärendes Wort Verse aus dem Koran abzulesen, die vermutlich etwas mit dem
„Gott aller Menschen" zu tun hatten.

Jene Inszenierung strahlte die Symbolik der Berührungsfurcht derart intensiv
aus, dass sie sich auf mich übertrug, als ob ich mich in der schwarzen Wolke eines
Tintenfischs befände. Ich wollte weg. Da ich jedoch nach den Regeln des guten
Anstands sitzen zu bleiben hatte, begann ich zwanghaft, die Situation durch eine
übersteigerte Beobachtung des Koranvorlesers, seines gestärkt wirkenden Hemds
und seines spiegelglatt rasierten Kinns, zu neutralisieren. Es gibt Verschleierungen,
die sich der Worte bedienen, um jede Kommunikation möglichst wirksam unmöglich zu machen: Gepriesen sei Allah und sein Prophet! Wie wäre es möglich,
nicht zu kommunizieren, wo doch die Worte für sich selber sprechen...? Der
anschließende Dialog, an dem ich so gut wie gar nicht, das Publikum aber umso
heftiger teilnahm, begann gleich um die üblichen Reizthemen zu kreisen. Dürfen
islamische Männer ihre Frauen schlagen, etc. Ich wusste nicht, was peinlicher war:
die Fragen, die auf eine fast kalkulierte Weise die kommunikative Kompetenz
der beiden Muslime überforderten, oder die maskenhafte Art Letzterer, über die
Tatsachen den Schleier eingelernter Worte zu breiten.

Einige Zeit später hatte ich dann auf einem interkonfessionell ausgerichte-
ten Dialog-Forum in St. Petersburg Gelegenheit, meine fragmentarischen Beo-
bachtungen zum Thema „Verschleierung" zu bereichern. Die Opening Session
mit ihren Keynote Remarks war, so schien mir, ein einziger Schleiertanz, mit einer
einzigen Ausnahme. Die Ausnahme bildete ein am Podium sitzendes Professo-
renfossil, das, weil wohl noch immer eine wichtige Figur an der Universität, hier
eingeladen war, seine Dialogbereitschaft zu bekunden. Das Fossil tat dies derart
schreiend, dass der Simultanübersetzer ebenfalls ins Schreien kam, so dass ich
kaum verstehen konnte, was mir aus meinen Kopfhörern in die Ohren donnerte.
Kurz, das Fossil bestand ziemlich unverhohlen darauf, Atheist bleiben zu wollen:
Es lebe die Naturwissenschaft!

Dann meldeten sich Vertreter des Christentums und des Islam zu Wort, die es
peinlich vermieden, in einen Dialog mit den jeweils anderen einzutreten, indem sie,

statt miteinander zu reden, sich wortreich über die Notwendigkeit, miteinander zu reden, ausließen. Das waren die Metaschleiertänzer. Dem allen hörte unbewegt ein hoher Würdenträger der russisch-orthodoxen Kirche zu, der mit am Podium saß, und zwar mit einer Miene, die man ohne metaphorischen Beiklang als versteinert beschreiben konnte. Er war es, der zum Schluss sprach. Er stand auf, trat ans Rednerpult und gab eine Kurzfassung seines Glaubensbekenntnisses. Dann setzte er sich wieder nieder, ohne irgendeinen der Andersgläubigen, die ihn ohnedies nicht anschauten, auch nur eines Blicks zu würdigen. Der Dialog war eröffnet.

Rückblickend darf ich sagen: Die Schleier wurden kaum jemals gelüftet, und das war nicht nur beklagenswert. Denn unter ihrem Schutz wuchs da und dort etwas heran, was man unter Menschen, die nicht gerade einem professionellen Dialogzwang unterliegen, auch sonst überall auf der Welt gut kennt: Freundlichkeit und Vertrauen, ohne Rechtfertigungsdruck der eigenen, ohnehin unaufgebbaren Position. – Es mochte an den erwähnten Erfahrungen liegen, dass ich am 4. Adventsonntag 2003 in einer österreichischen Zeitung eine kleine Geschichte veröffentlichte, die mir damals zum Anlass tauglich schien. Hier ist sie.

Eine Weihnachtsgeschichte

In der Straßenbahn: Einkaufssäcke, aus denen allerlei Buntes hervorlugt, Flitter- und Flatterhaftes, ich lasse mich gerne einklemmen, an Terror denke ich nicht. Nein, wir sind nicht regelrecht gut, aber durch und durch schlecht sind wir auch nicht. Mitten im Wohlstandsgedränge und in der Wohlstandsnervosität erlebe ich sie immer wieder, die Geborgenheit im Schlechten.

Eine Haltestelle, herein stürmt eine Gruppe von Halbwüchsigen, Schülerhorde nach der Schule, man fühlt sich bereits angerempelt, bevor man noch angerempelt wurde. Und dann passiert Folgendes: Obwohl die Straßenbahn zum Treten voll ist, sitzt eine schwarzverschleierte Frau mit ihrem Baby im Arm allein in einer dieser unbequemen Vierer-Nischen. Sie sitzt allein mitten im Gewoge und Geschiebe und – zack! – da sitzen auf einmal drei aus der Horde, ein Mädchen, zwei Buben, neben ihr und starren sie an.

Das Mädchen, hübsch angezogen, ein Lockenkopf mit rundem Gesicht und runden Augen über der Stupsnase, eine Art wohlbehüteter Curly Sue, macht den Mund auf und fragt die Schwarzverschleierte, fragt direkt in den Schleier hinein: „Warum tötet ihr unschuldige Kinder?" Ich glaube, mich trifft der Schlag. Mein Gehirn versucht, sich auf das Gehörte einen Reim zu machen: vorvorgestern Terror im Irak, vorgestern Terror in Israel, gestern Terror in der Türkei. Sprengstoff am Körper, Bomben in Autos, Heckenschützen. Heute politische Bildung in der Schule gleich ums Eck. Thema: Kopftuch, Schleier, Islam und Terror. Curly Sue wurde aufgefordert, sich politisch eine Meinung zu bilden. Sie hat sich eine gebildet. Man lebt bei uns in einem freien Land, zu Weihnachten bekommt man hübsche Geschenke, und wenn bei uns die Menschenrechte verletzt werden, dann werden sie auch wieder hergestellt.

Die beiden Buben grinsen verlegen. Ich auch. Plötzlich – ich traue meinen Ohren nicht – beginnt die Schwarzverschleierte zu sprechen. Meine Familie, sagt sie, habe ich seit vielen Jahren nicht mehr gesehen. Wir waren eine große Familie, nun sind die meisten tot, getötet durch Raketen, Bomben, Granaten, die alle aus dem Westen kamen. Sie kamen, um uns zu befreien. Ich hatte jüngere Brüder und Schwestern, sie wuchsen unter Trümmern auf, lebten in Kellerlöchern. Oft gab es keinen Strom, kein Trinkwasser. Dafür gab es Hunger.

Das Schlimmste für die jungen Männer, sagt die Schwarzverschleierte, war das Nichtstunkönnen. Aber schlimmer noch als das Schlimmste war die Würdelosigkeit. Wenn man euch eure Selbstachtung nimmt, während Politiker ihre Weltmachtpläne umsetzen; wenn man euch zwingt, ein Leben in Schmach zu führen, und dabei die Ruinen, in denen ihr lebt, im Namen der Freiheit noch einmal ruiniert – wenn, sagt die Schwarzverschleierte zu den Dreien, euch das alles geschieht, was tut ihr dann? Was tut ihr, falls einer kommt, euch ein Gebetbuch unter die Nase hält, euch eine Waffe in die Hand drückt und sagt, ihr könnt eure Würde wiedergewinnen, ihr müsst bloß für Gott in den heiligen Krieg ziehen?

Die beiden Buben sind ganz rot im Gesicht vor Scham. Curly Sue ist rot, teils vor lauter Courage, teils aus Angst, sich lächerlich zu machen vor lauter Courage. Also legt sie los: „Ihr vermummt euch, um Unschuldige zu töten!" Wer sagt das, fragt die Schwarzverschleierte, und Curly Sue antwortet: „Ich sage das und mein Lehrer sagt das." Es tut mir leid, sagt die Schwarzverschleierte, dass dein Lehrer das sagt. Denn ich bin Österreicherin wie du. Mein Kopftuch und mein Schleier gehören zu mir, so wie zu vielen von euch das Kreuz gehört. Verstehst du, ich trage den Schleier vor Fremden, weil ich mich sonst unwohl fühle. Aber, sagt sie – und jetzt passiert etwas Überraschendes –, ich kann ihn ja abnehmen.

Und während die Schwarzverschleierte ihr Baby an sich drückt, das langsam unruhig zu werden beginnt, entfernt sie mit einer leichten Bewegung ihrer freien Hand den Schleier. Sie schaut Curly Sue an. Terror, sagt sie, ist schrecklich. Es ist schrecklich, dass Unschuldige sterben. Aber weißt du, was das Allerschrecklichste ist? Dass man unschuldige Menschen, die so alt sind wie du, ohne das geringste Mitleid dazu bringt, aus Gründen der Selbstachtung zu hassen und andere Unschuldige zu töten. Die Christen sollten die Ersten sein, die das verstehen. Stattdessen rufen viele nach dem Krieg gegen den Terror, nach Bomben und nach noch mehr Bomben auf ohnedies schon zerbombte Länder.

Die Buben scharren, ich bin erstarrt. Curly Sue schaut der jetzt Nichtmehrverschleierten ins Gesicht. Dann sagt sie etwas, was keiner von uns vergessen wird. Sie sagt: „Verzeihung." Und dann sagt sie es noch einmal: „Verzeihung." Endstation, die Buben sind bereits auf und davon. Das Baby hat zu jammern begonnen, der Schleier ist wieder an Ort und Stelle. Wir steigen aus, zerstreuen uns rasch. In diesem Augenblick sterben einige tausend Kilometer entfernt Hunderte Unschuldige, darunter viele Kinder, an der Detonation eines mit Sprengstoff vollgepackten Autos, mit dem ein Selbstmordattentäter in einen Weihnachtsbazar rast.

Davon erfahre ich erst später, in den Nachrichten. Nachts, im Halbschlaf, versuche ich mir das Gesicht des Attentäters vorzustellen. Es gelingt mir nicht.

Ständig sehe ich die Pappmaschee-Maske von „Tricky Dick" Nixon, wie sie die Gangster in den US-Filmen tragen, wenn sie rauben und morden gehen. Ich versuche mir vorzustellen, welche Gedanken der Attentäter hatte, als er in den Tod raste. Dachte er an den Himmel, den Propheten, den Duft der Jungfrauen über einem Meer von Blut? Wahrscheinlich dachte er an gar nichts, stand unter schweren Drogen, war eine Maschine. So endete sein Leben: als Märtyrer im Buch der getilgten Namen. Dann sehe ich wieder die Nichtmehrverschleierte mit dem Baby im Arm und höre wieder Curly Sues Stimme. Bevor ich einschlafe, denke ich noch: Das ist der Friede, und mehr ist da nicht.

Was ich vom Islam alles nicht weiß

Kaum war die Geschichte publiziert, sah ich mich, mehr oder weniger ausdrücklich, mit schwerwiegenden Einwänden konfrontiert.

Einwand Nr. 1: Nie und nimmer könne diese Geschichte wahr sein, denn nie und nimmer würde eine „Schwarzverschleierte" (politisch korrekt: Muslima) öffentlich ihren Schleier abnehmen. Der Autor – ich – zeige mit dieser Geschichte bloß, dass er vom Islam ganz und gar nichts verstehe, und noch nicht einmal wisse, wie man sich auszudrücken habe, ohne am Rassismus anzuecken.

Einwand Nr. 2: Das objektiv Verabscheuenswerte an dieser Geschichte sei, dass sie den Leser mit Ethno-Kitsch zu rühren suche. Kann man sich einen solchen Dialog zwischen einem Schulkind und einer verschleierten islamischen Frau, die ein Baby im Arm hält (als ob das Im-Arm-Halten eines Babys als Teil der üblichen Kinderaufzucht irgendwie rührend wäre), in einer Straßenbahn überhaupt vorstellen? Der Autor – ich – zeige mit dieser Geschichte nicht bloß, dass er vom Islam ganz und gar nichts verstehe, sondern darüber hinaus auch in ästhetischer Hinsicht vorgehe wie ein rührseliger Hobbymaler, der sich bemühe, eine ihm ohnedies fremde Landschaft „realistisch" dadurch ins Bild zu setzen, dass er schön male.

Einwand Nr. 3: Das nachgerade Gefährliche an dieser Geschichte bestehe in der Art und Weise, wie die Terroristen geschildert würden. Als ob der schwerreiche Osama bin Laden und all die anderen, von den Öl-Multis und Geheimdiensten ausgehaltenen Warlords, die den Kampf gegen den Westen führen, bemitleidenswerte Opfer der Amerikaner, der Israelis und ihrer Verbündeten seien. Der Autor – ich – zeige bloß, dass er nichts von der Realität des Terrors im Allgemeinen und ganz und gar nichts vom islamischen Terror im Speziellen verstehe.

Alle Vorwürfe fielen bei mir auf fruchtbaren Boden. Schon beim Schreiben der Geschichte hatte ich sie – Nr. 1, 2 und 3 – kommen sehen. Immerfort habe ich ja das Gefühl, vom Islam nichts zu verstehen. Nicht, dass ich nicht bestrebt wäre, mich zu informieren. Aber wenn ich den anderen zuhöre, was sie über den Islam, seine Vielfalt, seine Einfalt, seine Gastfreundschaft, seine Hassbereitschaft, seine Zartheit, seine Brutalität, seine Dichter, seine Mörder zu sagen haben (und nicht wenige meiner Freunde und Bekannten haben unglaublich viel zu sagen), dann kommt mir jedes Mal vor, dass vom Islam immer nur die anderen etwas verstehen.

Ich schaue den Mullahs im Fernsehen zu, diesen düsteren Dienern Allahs mit den düsteren Blicken und den düsteren Bärten, und bin geneigt zu glauben, dass ich nie erfahren werde, was die sich wirklich denken, wie die sich wirklich fühlen. Aber dann besinne ich mich eines Besseren. Wahrscheinlich ist da gar nichts, was sich tief im Inneren, umhüllt vom Mantel strengsten Glaubens, verbirgt. Ist ein durchschnittlich düsterer Mullah nicht auch nur ein durchschnittlich banaler Mensch, mit einem durchschnittlichen Hang zum Pathos, Aberglauben, Größenwahn? Mit einer durchschnittlichen Liebesfähigkeit und Friedenssehnsucht?

Ja, ich habe den Nobelpreisträger V. S. Naipaul gelesen, sowohl *Among the Believers, An Islamic Journey* (1981) als auch *Beyond Belief, Islamic Excursions Among the Converted Peoples* (1998). Und wenn ich Naipaul richtig lese, dann herrscht überall in der islamischen und islamisierten Welt, wie überall sonst auch, das Menschlich-Allzumenschliche. Wenn die Verhältnisse wahnsinnig werden, werden die Menschen wahnsinnig. Redet man ihnen ein, das Heil hänge davon ab, dass der islamische Glaube in der allerreinsten Form praktiziert werde, und steht gerade kein anderes Heil zur Verfügung – etwa der westliche Wohlstand, der den Bauch voll, die Sinne munter und außerdem Spaß macht –, dann werden die Menschen eben darauf setzen, dass der Staat islamisch sein und, bis hinein in die intimen Couleurs des Privaten, jeder unter der Glaubensknute selig werden muss.

Ich hatte noch das Vergnügen, Professor Annemarie Schimmel, die „Grande Dame der Orientalistik", beste Kennerin der Sufi-Literatur, vor ihrem Tod (27. Januar 2003) kennen zu lernen. Sie hat lange an verschiedenen islamischen Universitäten gelehrt. Als ich sie – man ist ja neugierig – fragte, wie sie sich als Frau „dort" gefühlt habe, schaute sie mich lächelnd an und sagte: „Ich wurde stets behandelt wie ein Mann." Ich glaube, in ihrem Lächeln blitzte etwas Schelmisches auf, wie man es wohl bei weltklugen Menschen findet, wenn man ihnen dumme Fragen stellt. Solche Menschen, denke ich mir, kennen die Not jener, die zu Hause geblieben sind und nun, weil sie sich nicht in der Welt verzettelten, darauf pochen, über alles und jedes in der Welt ein kompetentes Urteil zu haben. Zum Beispiel, dass es Ausdruck einer schweren Diskriminierung des weiblichen Geschlechts sei, wenn eine Wissenschaftlerin „wie ein Mann" behandelt werde. Immerhin hatte ich noch so viel Courtoisie, sie nicht weiter mit den Moralismen eines Zuhausegebliebenen zu belästigen.

Annemarie Schimmel, die stille Erforscherin islamischer Mystik, war Jahre zuvor in die Schlagzeilen geraten, weil sie, wie es hieß, Verständnis für die „Fatwa" des iranischen Revolutionsführers Ayatollah Khomeini habe erkennen lassen. Durch Khomeinis Richterspruch war seit 1989 jeder Moslem aufgerufen, den Autor Salman Rushdie zu ermorden, weil dieser in seinem Roman *Satanische Verse* den Propheten Mohammed schwer beleidigt haben sollte – ein Verbrechen, das in der fundamentalistisch islamischen Welt als todeswürdig gilt. Schon damals hatte ich das Gefühl, vom Islam nichts zu verstehen. Wie ist es möglich, dass ein hoher religiöser Geistlicher glaubt, es sei rechtens, im Namen Gottes alle Glaubensbrüder in der ganzen Welt zu einem Mord anstiften zu dürfen – wegen nichts weiter als einer Blasphemie, noch dazu der fiktionalisierten Blasphemie eines Ungläubigen? Unverständlich. Barbarisch. Übrigens hatte ich auch das Gefühl, Salman Rushdie nicht zu verstehen. Wie konnte ein westlich gesitteter Intellektueller, der zwar ungläubig, aber zu einer Innensicht des Islam befähigt war, sich im Namen der Kunst soweit vergessen? Wie ist es möglich, dass sich Künstler anmaßen, anderen die Achtung fremder Kulturen zu predigen, wenn sie sich in ihren Kunstwerken selbst aufführen wie die Barbaren? Unverständlich.

Aber dann denke ich mir wieder: Vielleicht gibt es hier nicht so viel zu verstehen. Vielleicht ist mein Nichtverstehen bloß eines mit Bezug auf Fragen wie „Was ist das *Wesen* des Islam?" oder „Was unterscheidet uns Abendländer *wesentlich* von der Mentalität des Morgenländers?" Ich habe den Verdacht, dass solche Fragen – *Wesensfragen* – allzu leicht eine unheilvolle Fixierung erzeugen. Man starrt auf „das Andere", als ob es von uns durch einen Kontinent des Menschseins getrennt wäre. Ja, wenn die Trennung wirklich kontinental wäre, dann wäre es im Grunde unmöglich, die Kluft zwischen uns und dem Islam zu überwinden. Zwischen uns und ihm stünde dann nämlich die Große Differenz, das „Wesen", unseres und seines.

Außerdem habe ich den Verdacht, dass gerade unter jenen Gutmeinenden, die lautstark für das Recht auf „kulturelles Anderssein" eintreten und unsere Menschenrechte „eurozentrisch" schelten, sich viele vor einer Wesenskluft zwischen den Menschen ängstigen. Wie wäre es sonst erklärbar, dass sie mit allem, was sie als „anders" rühmen, zugleich umgehen, als ob man es nur ganz, ganz zart berühren dürfte, so wie eine Tretmine, deren Innenmechanismus sich dem Betrachter von außen entzieht?

Schön, ich verstehe nichts vom Islam, aber *in einem bestimmten Sinne* verstehe ich, aufgewachsen in einem katholischen Land, auch nichts – sagen wir – vom Protestantismus. „In einem bestimmten Sinne": damit meine ich das Erlebnis der Fremdheit, das jemanden wie mich, der gar keine katholischen Riten praktiziert, in einer typisch protestantisch-sakralen Umgebung befällt. Mir kommen die Kirchen der „Reformierten" kalt vor. Ich fremdle. Und wenn ich es genau betrachte, dann gilt das für jede Wohnung, die nicht meine eigene ist. Man braucht die Schwelle nur genügend niedrig anzusetzen und schon steht man mitten im Wohnzimmer einer fremden Wohnkultur, deren Wesen man fremd gegenübersteht. Doch deshalb käme ich niemals auf die Idee, ernsthaft zu behaupten, ich verstünde nichts von protestantischen Kirchen oder dem Wohnzimmer meines Nachbarn. Dennoch bleibt es wahr, dass ich „in einem bestimmten Sinne" nie verstehen werde, was es heißt, Protestant zu sein oder im Wohnzimmer meines Nachbarn so zu leben, wie mein Nachbar es tut, der bei sich zuhause ist.

Umgekehrt bedeutet dies aber, dass weder ich noch sonst wer grundsätzliche Schwierigkeiten haben dürfte, die Verhaltensweisen von Menschen, die den Islam praktizieren, zu verstehen. Denn der Punkt, um den sich hier das Verstehen dreht, lautet: Auch die anderen sind nur Menschen. Sie haben an denselben Grundbedürfnissen, Tugenden und Lastern, Ängsten, Großzügigkeiten und Fixierungen teil wie unsereiner. Wenn man ihnen genügend Spielraum lässt, dann predigen einige von ihnen den Hass, das ist wohl richtig – doch einige von uns, und nicht nur die Neonazis, tun genau dasselbe. Dafür werden andere fähig sein, sich aus ihrer kulturellen Konvention und ihrer rituellen Regel zu befreien, sofern Konvention und Regel sie daran hindern, mit ihren Mitmenschen mitmenschlich verständnisvoll umzugehen.

Davon handelte meine Weihnachtsgeschichte. Weder Allah noch sein Prophet können ernsthaft wollen, dass der Schleier vorm Gesicht hängen bleibt, wenn die Abnahme des Schleiers zur Folge hätte, dass man auf der Basis des gemeinsamen Menschseins lernt, einander zu sehen, und über das einander Sehen lernt, einander zu begreifen. Da ich nicht vollkommen hinterm Mond lebe, ist mir klar, dass schwarz verschleiert in einer österreichischen Straßenbahn zu sitzen, nur bedeuten kann, dass man die allerscheelsten Blicke in Kauf nimmt (und in Kauf nimmt, sich den allergrößten Missverständnissen auszusetzen), weil man nicht über genug persönliche Autonomie verfügt. Denn der autonome Menschenverstand sagt einem, dass kein Gott und kein Prophet einen solchen Akt der Selbstausgrenzung jemals wollen kann. Andernfalls wäre da weder ein Gott noch ein Prophet. Das ist es, was wir wissen müssen.

Wir müssen um die mangelnde Autonomie unserer Mitmenschen wissen (von unserer eigenen ganz zu schweigen), damit wir unbefangen genug sein können, um sie in ihrer Befangenheit nicht zu beschämen und eben dadurch auszugrenzen. Tatsächlich hat sich bei mir kein Vertreter des islamischen Glaubens gemeldet, um mir zu bedeuten, das Verhalten der Schwarzverschleierten in meiner Geschichte sei unmöglich, verboten, gegen das religiöse Gesetz. Ich weiß schon, dass sich das gewisse Herrschaften im Stillen gedacht haben, ausgesprochen und gegen mich gehalten haben es indessen nur meine eigenen katholischen und vor allem ungläubigen Bekannten. Statt den Punkt zu akzeptieren, um den es mir ging, haben sie gescheit getan, und waren deshalb, bei allen Detailkenntnissen über das so genannte Wesen des Islam, in meinen Augen die eigentlich Befangenen.

Am meisten stört mich nach wie vor die Wichtigtuerei, mit der unsereinem – dem Naiven, dem „Gutmenschen" – die „Realisten" damit in den Ohren liegen, dass das Netzwerk des Terrors weltweit von Leuten betrieben werde, denen es keineswegs an Nahrung, Arbeit oder Selbstachtung mangle. Als ob irgendjemand, der halbwegs bei Verstand ist, jemals der Meinung gewesen wäre, der Anschlag auf das World Trade Center hätte von den Schuttmenschen, den Familienlosen, den Hungernden in Afghanistan oder Palästina organisiert werden können. Dass wir uns vor Osama bin Laden fürchten und ihn bekämpfen müssen, bedeutet indessen nicht, dass es naiv wäre, die Gesinnung jener zu tadeln, die kaum jemals etwas wirklich Effektives gegen die Armut und oktroyierte Not unternahmen, aus denen Religionshass und Terror erwachsen. Ich rede besonders von denen, die stolz sind auf die „Kontur des Westens" mit ihrem westlichem Wohlstand, ihrer westlichen Liberalität und ihren westlichen Menschenrechten. Diese Kontur zeichnet sich ab gegen die hundertmillionenfache Not in Ländern, denen höchstens geholfen wird, wenn sich ihr Öl, ihr Rohstoffreichtum oder ihre „geopolitische Lage" ausbeuten lässt.

Was wir nicht wahrhaben wollen, ist dennoch eine Grundwahrheit unserer heutigen Unfriedlichkeit: Die stolzen Träger der westlichen Kultur, namentlich die Amerikaner und ihre so genannten Verbündeten, haben den Terror herausgefordert, weil sie über viele Jahrzehnte hinweg auf verantwortungslose Weise in das ökonomische Schicksal und die politische Wirrsal notorisch armer Länder eingriffen, ohne die Lebensnot der Massen zu beseitigen. Ich sage nichts Neues, ich will überhaupt nichts Neues sagen. Ich will bloß sagen: Die Schleier werden erst fallen, wenn Gerechtigkeit sein wird auf Erden. Bis dahin werden nicht die Schleier, sondern die Bomben fallen, auch und gerade an jenem Tag, an dem die Christen der frohen Botschaft von der Geburt des Menschensohnes lauschen.

Bibliographische Notiz

Einige Abschnitte dieses Buches wurden in mehr oder minder veränderter Form an verstreuten Orten vorauspubliziert. Dabei handelt sich um folgende Quellen: „Wir sind der blinde Fleck", in: *Die Presse, Spectrum,* 13. August 2005, 1 f. „Moralischer und religiöser Universalismus", in: *Die Moral der Religion. Kritische Sichtungen und konstruktive Vorschläge,* hg. v. Jean-Pierre Wils, Paderborn 2004, 115–153. „Gibt es ein Leben nach dem Tod? Wohlfühlreligionen und die Suche nach dem wahren Selbst", in: *Religiöse Wellness – Seelenheil heute,* hg. v. Hans-Martin Gutmann/Cathrin Gutwald, München 2005, 191–205. „Was ich vom Islam verstehe/nicht verstehe", in: *wespennest. Zeitschrift für brauchbare Texte und Bilder,* Nr. 138 (2005), 48–51.